Integrierte Unternehmensführung

Band 6

Integrierte Personalkonzepte

Friedel Ahlers, Norbert Gülke, Viktoria Wagner

Bibliografische Information der Deutschen Nationalbibliothek
Die Deutsche Nationalbibliothek verzeichnet diese Publikation in der
Deutschen Nationalbibliografie; detaillierte bibliografische Daten sind im Internet
über http://dnb.d-nb.de abrufbar.
1. Aufl. - Göttingen: Cuvillier, 2017

© CUVILLIER VERLAG, Göttingen 2017
    Nonnenstieg 8, 37075 Göttingen
    Telefon: 0551-54724-0
    Telefax: 0551-54724-21
    www.cuvillier.de

Alle Rechte vorbehalten. Ohne ausdrückliche Genehmigung des Verlages ist
es nicht gestattet, das Buch oder Teile daraus auf fotomechanischem Weg
(Fotokopie, Mikrokopie) zu vervielfältigen.
1. Auflage, 2017
Gedruckt auf umweltfreundlichem, säurefreiem Papier aus nachhaltiger Forst-
wirtschaft.

    ISBN 978-3-7369-9550-5
   eISBN 978-3-7369-8550-6

Integrierte Personalkonzepte – Vorwort

Überlegungen zum „Integrierten Management" finden in Zeiten zunehmender Komplexität und Dynamik in Theorie und Praxis einen immer stärkeren Widerhall. Es geht weniger mehr um die Frage „ob", sondern „wie" das facettenreiche Integrationserfordernis in den Unternehmen umzusetzen ist.

Die Leibniz-FH in Hannover trägt dieser Entwicklung mit einem Master-Studiengang „Integrierte Unternehmensführung" Rechnung. In Zeiten zunehmender fachbezogener Spezialisierung wird damit eine gewisse Art von „Rückbesinnung" eingefordert, die den Gesamtkorpus Unternehmen bzw. von inhärenten Subsystemen wieder stärker in den Vordergrund rückt.

Theoretisch ist bei Integrationsüberlegungen der Zugang über die auf Betriebswirtschaften zugeschnittene Systemtheorie sehr fruchtbar. Sie ermöglicht eine systematische Abschichtung von Betrieben in Systeme, Sub-Systeme, Sub-Sub-Systeme etc. So erlaubt dieses Vorgehen auch partielle Perspektivenanalysen, aber immer vor dem Hintergrund der übergeordneten systemischen Gesamtverankerung.

Mit dem Fokus auf „Integrierte Personalkonzepte" liegt eine solche funktionale Subsystem-Betrachtung vor. Trotz und gerade wegen aller zukunftsorientierten technologischen und automationsbezogenen Optionen wird das „Personal" seine erfolgskritische Rolle im Wertschöpfungsbereich behalten, wenn auch mit immer neuen Vorzeichen.

Als ein solches neues „Vorzeichen" rücken „Integrierte Personalkonzepte" immer mehr in den Vordergrund. Denn die Personalarbeit wird auf der einen Seite strategisch-komplexer, auf der anderen Seite individueller und differenzierter. Operational ausgerichtete und dabei isolierte Personalsysteme können diesen Anforderungen nicht mehr hinreichend Rechnung tragen. Es bedarf einer konzeptionellen „Neu-Orchestrierung" der Personalfunktion u. a. in Richtung integrierter Konzepte.

Im vorliegenden Band wird diese Entwicklungsrichtung aufgegriffen. Das Thema „Integrierte Personalkonzepte" kann dabei aber nur exemplarisch anhand einzelner Fokusbereiche thematisiert werden, ist also breiter angelegt. Insofern erscheinen weitere Forschungsbemühungen in dieser Richtung fruchtbar.

Die Herausgeber bzw. Autoren[1] danken der Leibniz-FH für die ressourcenbezogene Ermöglichung dieser Veröffentlichung. Ein großer Dank gilt Herrn Harder für die professionelle Unterstützung bei der Erstellung der Veröffentlichung.

Hannover, im Juni 2017

Das Autorenteam

Friedel Ahlers, Norbert Gülke und Viktoria Wagner

---

[1] Aus Gründen der besseren Lesbarkeit wird im Folgenden immer von Mitarbeiter etc. gesprochen. Die weibliche Form ist dabei immer mit einbezogen.

Inhaltsübersicht

A. Einführung: Integrierte Personalkonzepte als Herausforderung

Integrierte Personalkonzepte als Herausforderung
Friedel Ahlers / Norbert Gülke / Viktoria Wagner   1

B. Grundlagenbeitrag: Mythos ganzheitlicher Manager

Mythos ganzheitlicher Manager:
Personalisierte Herausforderung der Umsetzung einer integrierten Unternehmensführung
Friedel Ahlers und Norbert Gülke   13

C. Fokusbeiträge: IT-gestützte Personaldiagnostik und integriertes Karrieresystem

Entwurf eines differenzierten IT-gestützten Personaldiagnostikprozesses
Norbert Gülke und Friedel Ahlers   33

Gestaltung von integrierten Karrieresystemen in Unternehmen:
Konzeptentwicklung – Befragungsergebnisse
– Gestaltungsanregungen
Viktoria Wagner und Friedel Ahlers   63

D. Schlussbemerkungen: Integrierte Personalkonzepte als Zukunftsoption

Integrierte Personalkonzepte als Zukunftsoption
Friedel Ahlers / Norbert Gülke / Viktoria Wagner   143

Inhaltsverzeichnis

A. Einführung: Integrierte Personalkonzepte als Herausforderung

Integrierte Personalkonzepte als Herausforderung   **1**

1. Einführung: Zunehmende Bedeutung integrierter Personalkonzepte ... 1
2. Integriertes Gedankengut im Management als Rahmenkonzept 3
3. Prozessbezogene und systemische Analyse integrierter Personalkonzepte 4
    - 3.1 Integrierter Personalprozess als Grundansatz 4
    - 3.2 Differenzierung von Systemebenen 6
4. Einordnung der Beiträge 7

B. Grundlagenbeitrag: Mythos ganzheitlicher Manager

Mythos ganzheitlicher Manager:
Personalisierte Herausforderung der Umsetzung einer integrierten
Unternehmensführung   **13**

1. Ausgangsfrage: Ganzheitlicher Manager als Mythos? 13
2. Umsetzung der integrierten Unternehmensführung als personalisierte Herausforderung 14
    - 2.1 Grundgedanken einer integrierten Unternehmensführung 14
    - 2.2 Führungskräfte als Transformatoren eines ganzheitlichen Managements 16
3. Ideal- versus Realbild eines ganzheitlichen Managers 17
    - 3.1 Idealbild: Rollenprofil einer ganzheitlich denkenden und handelnden Führungskraft 17
    - 3.2 Realbild: Begrenzungen unipersonaler ganzheitlicher Denkmuster 20
4. Ganzheitliches Denken im Kollektiv in Unternehmen 21
    - 4.1 Individuelle und kollektive Intelligenz 21
    - 4.2 Hochleistungsteams: „Leuchttürme" ganzheitlicher Denkleistungen 22
5. Theorie-Praxis-Abgleich: Implikationen für eine empirische Untersuchung 23
6. Ganzheitliches Denken und Handeln – quo vadis? 25
    - 6.1 Zentrale Erkenntnisse 25

6.2 „Bescheidenheit" im Management und Forschungsperspektiven 26

C. Fokusbeiträge: IT-gestützte Personaldiagnostik und integriertes Karrieresystem

Entwurf eines differenzierten IT-gestützten Personaldiagnostikprozesses   **33**

1. Einführung: Richtige Personalauswahl als entscheidender Erfolgsfaktor 33
2. Grundcharakteristika und Entwicklung einer IT-gestützten Personaldiagnostik 34
3. Entwicklung eines differenzierten Prozessentwurfes zur IT-gestützten Personaldiagnostik 35

   3.1 Intention des Prozessentwurfes 35
   3.2 IT-gestützter Prozessentwurf im Überblick 36
   3.3 Explikation zentraler Prozesselemente 40

      3.3.1 Vorbemerkungen 40
      3.3.2 Pre-Phase: Anforderungsermittlung und Bewerberanalyse 41
      3.3.3 Kern-Phase: Auswahldiagnostik i.e.S. 44

         3.3.3.1 Subphase 1: Persönliches Kennenlernen 44
         3.3.3.2 Subphase 2: Weiterführende Gespräche 46
         3.3.3.3 Subphase 3: Assessment Center und virtuelles Büro 49
         3.3.3.4 Subphase 4: Einstellungsentscheidung und Probezeit 52

      3.3.4 Post-Phase: Kompetenzentwicklung im Unternehmen . 54

4. Anwendungsvoraussetzungen und -grenzen in der Praxis 58
5. Fazit und Ausblick 59

Gestaltung von integrierten Karrieresystemen in Unternehmen: Konzeptentwicklung – Befragungsergebnisse – Gestaltungsanregungen   **63**

1. Einführung 63

   1.1 Herauskristallisierung und Stellenwert der Themenstellung 63
   1.2 Problemstellung, Zielsetzung und Aufbau des Beitrags 64

2. Themenbezogener Bezugsrahmen: Ressourcenorientierung und integriertes Management sowie Einordnung des integrierten Karrieresystems 65

2.1 Forschungsmethodischer Themenzugang 65
    2.1.1 Anspruch eines themenbezogenen Bezugsrahmens 65
    2.1.2 Deduktion als relevantes Forschungsprinzip 66
2.2 Ressourcenorientierung als thematischer Referenzrahmen 67
    2.2.1 Grundanliegen der ressourcenorientierten Unternehmensführung 67
    2.2.2 Ressourcenorientiertes Human Resource Management 68
    2.2.3 Human Resource Development: Personalentwicklungssysteme 69
    2.2.4 Karrieresysteme im Entwicklungskontext 70
2.3 Integriertes Management als methodisch-konzeptioneller Bezugsrahmen 71
    2.3.1 Grundzielsetzungen des integrierten Managements 71
    2.3.2 Grundgerüst integrierter Managementkonzepte 72
    2.3.3 Subsysteme des integrierten Managements 73
    2.3.4 Integriertes Karrieresystem: Entwicklung einer Arbeitsdefinition 74

3. Generierung eines idealtypischen Konzepts zur Ausgestaltung eines integrierten Karrieresystems in Unternehmen 75

3.1 Intention und Grundkonturen der Konzeptentwicklung 75
    3.1.1 Genereller Anspruch eines Konzepts 75
    3.1.2 Konzeptspezifische Ziele 76
3.2 Identifizierung von karrieresystemrelevanten Integrationsebenen: Makro-, Meso- und Mikroebene 76
3.3 Makroebene: Einflüsse des gesellschaftlichen Umsystems auf die Ausprägung eines Karrieresystems 78
    3.3.1 Karrieresysteme als Spiegelbild gesellschaftlicher Wertekonstellationen 78
    3.3.2 Werteorientierung der Generation Y und ihre Widerspiegelung in Karrieresystemen 79
3.4 Mesoebene: Relevante Weichenstellungen auf Unternehmensebene zur Gestaltung des Karrieresystems 81
    3.4.1 Normatives Wertegerüst und Implikationen für die Karrieresystemgestaltung 81
    3.4.2 Strategische Verankerung des Karrieresystems 82
3.5 Mikroebene: Integrierte Ausgestaltung des originären Karrieresystems 84
    3.5.1 Integrierte Verknüpfung von Karrieresträngen 84
        3.5.1.1 Führungs-, Fach- und Projektkarrieren 84
        3.5.1.2 Aufnahme neuer Karrieremuster 86

3.5.2 Gestaltung eines entwicklungsorientierten
Karrieresystems 87
    3.5.2.1 Karriere als integriertes Element eines
    Entwicklungssystems 87
    3.5.2.2 Lebenslauforientierte Karrieremodelle 88
3.6 Ebenen- und Elemente-Zusammenführung:
Konzeptdarstellung 89
    3.6.1 Visualisierte Abbildung des entwickelten integrierten
    Karrieresystems 89
    3.6.2 Situative Konzeptdifferenzierung entsprechend der
    jeweiligen Unternehmensbelange 91

4. Triadischer empirischer Untersuchungsansatz: Methodische
Herleitung 92
4.1 Grundanliegen der empirischen Sozialforschung 92
4.2 Begründung des dreigliedrigen Untersuchungsansatzes 93
4.3 Systematische Fragen-Herleitung auf Basis der
Literaturanalyse 93
4.4 Methodische Verfahren der drei Untersuchungsformen 94
    4.4.1 Unternehmens- und Beraterbefragung: Qualitative
    Leitfadeninterviews 94
    4.4.2 Mitarbeiterbefragung: Standardisierte Online-
    Befragung 96
4.5 Limitationen des gewählten Untersuchungsansatzes 97

5. Befragungsergebnisse zur Ausprägung von (integrierten)
Karrieresystemen in der Unternehmenspraxis 99
5.1 Zentrale Ergebnisse der Befragung ausgewählter
Unternehmen 99
    5.1.1 Darstellung der Ergebnisse 99
        5.1.1.1 Ausgestaltung praxisrelevanter
        Karrieresysteme 99
        5.1.1.2 Praxisnahe Problembereiche und
        Herausforderungen 100
        5.1.1.3 Integrationsgrad der analysierten
        Karrieresysteme 101
    5.1.2 Ergebnisinterpretation und Schlussfolgerungen 101
5.2 Expertenbefragung bei Personalberatungen 102
    5.2.1 Zentrale Befragungsergebnisse 102
    5.2.2 Interpretation der Ergebnisse und
    Schlussfolgerungen 104
5.3 Online-Befragung von Mitarbeitern 104

	5.3.1	Darlegung der Ergebnisse	104
	5.3.2	Ergebnisinterpretation und Implikationen	106

5.4 Vergleich und Gesamtinterpretation der Befragungsergebnisse ... 107

6. Gestaltungsanregungen zur Entwicklung und Implementierung eines effektiven integrierten Karrieresystems in Unternehmen ... 108

   6.1 Literatur-Praxis-Abgleich und Konzeptmodifizierung ... 108

      6.1.1 Gegenüberstellung von Literatur- und Praxiserkenntnissen zur Ausprägung (integrierter) Karrieresysteme ... 108

      6.1.2 Modifikation des Konzepts zu integrierten Karrieresystemen ... 111

   6.2 Ableitung von Anregungen zur Gestaltung integrierter Karrieresysteme in Unternehmen ... 113

      6.2.1 Normative Ebene: Etablierung einer zukunftsfähigen Karrierephilosophie und -kultur ... 113

      6.2.2 Strategische Ebene: Nachhaltig verankertes differenziertes Karrieresystem ... 114

         6.2.2.1 Karriere-Diversity mit Integration neuer Karrieremuster in Unternehmen ... 114

         6.2.2.2 Downward Movement: „Hoffähigkeit" eines Karriererückschritts ... 116

         6.2.2.3 Integriertes Unternehmens- und Personalentwicklungssystem mit Karrierefokus ... 117

      6.2.3 Operative Ebene: Umsetzung neuer Karrierekonzepte ... 118

         6.2.3.1 Überzeugung der Führungskräfte ... 118

         6.2.3.2 Evolutorische Einsteuerung und Neujustierung ... 119

      6.2.4 Ebenen-Verzahnung: Durchgängiges Gestaltungskonzept ... 120

   6.3 Gesamtreflexion: Integrierte Karrieresysteme zwischen Realismus und Zukunftsvorstellung ... 121

7. Fazit und Ausblick ... 122

   7.1 Zentrale Erkenntnisse des Beitrags ... 122

   7.2 Ausblick: Vitale Karrieresysteme und weiterer Forschungsbedarf ... 123

D. Schlussbemerkungen: Integrierte Personalkonzepte als Zukunftsoption

Integrierte Personalkonzepte als Zukunftsoption   **143**

1. Handlungsherausforderung in Unternehmen 143
2. Zukunftsfähigkeit von Personalkonzepten: Integration als ein Rahmenelement 145
3. Situationsspezifischer Integrationszuschnitt 148

Die Autorin und Autoren **153**

A. Einführung:
Integrierte Personalkonzepte als Herausforderung

Integrierte Personalkonzepte als Herausforderung

Friedel Ahlers / Norbert Gülke / Viktoria Wagner

1. Einführung: Zunehmende Bedeutung integrierter Personalkonzepte

Das Personal gilt als ein zentraler, wenn nicht als der entscheidende Erfolgsfaktor in Unternehmen. Entsprechend hat das Personalmanagement in den letzten Dekaden deutlich an Bedeutung gewonnen. Es sieht sich dabei immer neuen Anforderungen gegenübergestellt, die aus dem In- und speziell Umsystem des Unternehmens erwachsen. Aus der Perspektive des Komplexitätsmanagements geht es im Personalmanagement wie auf Gesamtunternehmensebene generell darum, der zunehmenden Außen-Komplexität eine adäquate Binnen-Komplexität gegenüberzustellen, um wettbewerbs- und damit überlebensfähig zu bleiben. „Social systems can be said to have a high degree of internal complexity if they can represent their environments as highly complex" (Schneider et al. 2017, S. 188). Neben marktbezogenen Ansprüchen gilt dies auch für das Personalmanagement aufgrund der vielfältigen Herausforderungen wie die demografische Entwicklung, die zunehmende Internationalisierung, veränderte gesellschaftliche Wertestrukturen etc. Um diesen Anforderungen gerecht zu werden, reicht die lange Zeit existente und auch heute noch nicht immer ganz abgestreifte Rolle als weitgehend isoliert agierender administrativer Dienstleister („HR zu administrativ unterwegs" – Hackl/Gerpott 2015, S. 17) mit ausschließlich operativer Funktionsausrichtung bei weitem nicht mehr aus. Vielmehr ist einerseits eine Stärkung der strategischen Ausrichtung des Personalbereichs erforderlich, um der vielfach postulierten Business Partner-Rolle mit strategischer Mitgestaltungskompetenz (vgl. dazu näher Ulrich 1997) gerecht zu werden. Zudem sollte eine synergetische Verknüpfung der einzelnen personalwirtschaftlichen Teilfunktionen zu einem effektiven Gesamtgefüge führen, dass die Ausschöpfung von Synergieeffekten befördert. In genau diese Richtung zielen auch die nachfolgenden Ausführungen von Walther (2011, S. 161) zum integrierten Personalmanagement:

„Ein zukunftsweisendes Personalmanagement hat heute vielfältigen Ansprüchen Rechnung zu tragen, die sich insbesondere aus der strategischen Ausrichtung des Unternehmens, internen Effizienzerfordernissen, den Interessenlagen der Mitarbeiter und gesellschaftlichen Ansprüchen ergeben. Einfach gestrickte und isoliert gehandhabte personalwirtschaftliche Einzelkonzepte können diesen miteinander vernetzten Ansprüchen nicht mehr hinreichend Rechnung tragen. Vor diesem Hintergrund rückt mehr und mehr ein integriertes Personalmanagement in den Vordergrund. Dieses zeichnet sich intersystemisch durch eine enge Verknüpfung der Personalarbeit mit der Unternehmenspolitik und -strategie und intrasystemisch durch eine zielführende Verzahnung und sinnvolle Abstimmung personalwirtschaftlicher Aktivitätsfelder untereinander aus … ."

Beide Perspektiven, die intersystemische bzw. vertikale und die intrasystemische bzw. horizontale, führen auf die Implementierung integrierter Personalkonzepte hin, die diesen Anforderungen von der konzeptionell-methodischen Seite her Rechnung tragen (sollen). Die vertikale Perspektive rückt zudem die strategische und zukunftsprägende Funktion des Personalmanagements in den Fokus: „Vor allem ist eine Personalstrategie, die als integrierter Bestandteil der Unternehmensstrategie entwickelt wird, ein kraftvolles Signal für die Zukunft der Personalfunktion im Unternehmen" (Oberschulte 2012, S. 74).

Überlegungen zu integrierten (ganzheitlichen, vernetzten) Konzepten sind mittlerweile en vogue oder wie es Malik (2008, S. 1) prononciert formuliert: „Alle Welt spricht von Ganzheitlichkeit und Vernetzung". Der Terminus „integriert" ist insofern zu einem Modewort avanciert mit der starken Gefahr der inhaltlichen Entleerung (Ahlers et al. 2011, S. 3). Grundlegend steht er für das nach Möglichkeit synergetische Zusammenwirken einzelner Elemente in Richtung eines als Ganzheit betrachteten Systemkorpus unterschiedlichster Ausrichtung. Den Hintergrund bilden die Systemtheorie und die dahinter stehenden und mit einem hohen Universalitätsanspruch ausgestatteten Überlegungen. „A system can be simply described as containing highly interdependent parts or sub-systems, all of which interact among themselves and with the environment in determining how the organization functions" (Pernick 1981, S. 72).

Praxisnah wiedergegeben und auf den Personalbereich bezogen werden damit auf Ergebnisse hinführende und in einzelne Teilschritte differenzierbare Subsysteme wie z. B. der Auswahlprozess intra- und intersystemisch analysiert. Intrasystemisch steht hier für die schlüssige Abfolge der Teilaktivitäten im Auswahlprozess selbst, intersystemisch für die Verknüpfung mit anderen Subsystemen wie z. B. dem Personalentwicklungssystem. Je nach gewählter Referenzebene können dabei die Bezugsobjekte der Termini intra- und intersystemisch variieren, sie sind also nicht festgeschrieben, sondern erkenntnisleitend zu definieren. Die Integrationsherausforderung zeigt sich damit auf mehreren Ebenen, ist also als multilaterale Aufgabe zu verstehen.

Die Forderung nach integrierten Konzepten in einer vielfältig vernetzten Wirtschaftswelt scheint per se plausibel ohne näheren Begründungszwang. Um allerdings einer damit einhergehenden gewissen Beliebigkeit der Wortverwendung zu entgehen, sollte immer die Substanzhaltigkeit integrierter Konzepte verdeutlicht werden. Anhand der in diesem Band analysierten integrierten Personalkonzeptelemente mit Fokus Personaldiagnostik und Karrieresysteme ist dies transparent möglich. Der Integrationsgedanke ist damit nicht ein abgehobener Spross einer (nur) abstrakt denkenden wissenschaftlichen Community, sondern durchaus nah der Realität. Dass er die personalbezogene Realität schon durchdrungen hat, ist damit nicht gleichzeitig gesagt. Die weiteren Ausführungen werden zeigen, dass sich hier noch ein markanter Handlungsbedarf heraus kristallisiert.

2. Integriertes Gedankengut im Management als Rahmenkonzept

Seit den St. Galler Forschungsinitiativen zum integrierten und ganzheitlichen Management hat sich dieses Konzept in der deutschsprachigen Unternehmungsführungslehre etabliert. So stellen auch Dillerup/Stoi (2011, S. 43) fest: „Die Notwendigkeit eines integrierten Führungsansatzes ist in Theorie und Praxis unbestritten." Eng verknüpft ist dies mit der zunehmenden Komplexität nahezu aller Handlungsvollzüge im Unternehmen, bedingt durch die sich vielfältiger zeigenden und sich dynamisch ändernden relevanten Faktoren in der In- und Umwelt eines Unternehmens, beispielsweise der zunehmende Internationalisierungsgrad. Diese Komplexität zieht quasi per se Integration nach sich: „Integratives Gedankengut hat dort seine Berechtigung, wo Komplexität herrscht" (Eggers 2006, S. 79).

Wichtig für eine Grundeinordnung ist das Selbstverständnis des integrierten Managements als „Ordnungsrahmen" bzw. „Leerstellengerüst" (Bleicher 2011, S. 86 f.). Es ist damit als Methodik zu verstehen, die einen Denkrahmen mit Impulsfunktion in Richtung ganzheitlicher Denk- und Handlungsprozesse vorgibt, ohne jedoch konkrete Inhalte festzulegen. Damit ist zugleich eine allgemeine Adaptionsfähigkeit des integrierten Gedankenguts auf komplexe bzw. komplex erscheinende Fragestellungen in zielgerichteten Sozialsystemen gegeben.

Diese Einordnung des integrierten Managements als Denk- und Handlungsmethodik erweist sich als hilfreich für die nicht immer leichte Abgrenzung zum strategischen Management. Insgesamt ist ein integriertes Management in Zeiten zunehmender Vernetzungen von entscheidungsrelevanten Faktoren ein zentraler methodischer Baustein des strategischen Managements, um komplexitätsadäquate strategische Entscheidungen treffen zu können. Die Antwort auf eine hohe Umweltkomplexität sind nicht komplizierte, sondern integrierte Managementsysteme, deren Aufgabe es ja gerade ist, Komplexität zu bewältigen (Koubek/Pölz 2014, S. 252).

Den systemtheoretischen Grundlagen des Konzeptes entsprechend ist ein integriertes Management nicht nur auf der Gesamtunternehmensebene verortet, sondern hat auch seine Anwendungsberechtigung auf Subsystemebene wie z. B. den betrieblichen Teilfunktionen, weil auch hier vernetzte Problemstellungen zu bearbeiten sind. Damit lässt sich auch ein „Brückenschlag" zum Personalbereich vollziehen. Auch hier zeigen sich bei einer prozessbezogenen Perspektive viele Anknüpfungspunkte integrierter Handlungsvollzüge, die in der Literatur mit dem Wortbestandteil „...system" belegt werden, z. B. Entwicklungssystem und Anreizsystem. Der System-Terminus ist hier als Herausforderung zu interpretieren, die einzelnen Teilaktivitäten in den jeweilig betrachteten Bereichen zu einem schlüssigen und wirkmächtigen Ganzen im Sinne einer zu einem bestimmten Zeitpunkt abgerundeten, aber für Anpassungen jederzeit offenen Konzeptvorstellung zusammenzuführen.

3. Prozessbezogene und systemische Analyse integrierter Personalkonzepte

3.1 Integrierter Personalprozess als Grundansatz

Um die verschiedenen Personalaktivitäten in einen sinnvollen Gesamtzusammenhang zu bringen, ist – wie schon ansatzweise angedeutet – eine Prozessbetrachtung sinnvoll. Diese hat sich generell in der Betriebswirtschafts- und Organisationslehre fest etabliert: „Inzwischen gilt die ‚Prozessorientierung' als zentrales ‚Paradigma' des Organisationsmanagements" (Strohmeier 2012, S. 285) einschließlich des Personalmanagements. Eine solche Prozessorientierung liegt auch den als „integriert" betitelten Konzepten von Hilb (2011) und der DGFP[2] (2012) zugrunde. Nach der DGFP (2012, S. 37) bezeichnet ein integriertes Personalmanagement „… ein ganzheitliches Personalmanagementkonzept, das auf einem wechselseitigen Zusammenspiel der einzelnen Aktivitäten des Personalmanagements (horizontaler Fit) sowie der Personalmanagementaktivitäten und der unternehmensinternen und -externen Kontextbedingungen (vertikaler Fit) beruht." Eher wissenschaftlich orientierte Konzepte fokussieren stärker den Strategie-Fit der Personalaktivitäten, während praxisaffine Konzepte das Zusammenwirken der einzelnen Personalaktivitäten verstärkt im Blick haben. Wobei beide Blickwinkel ihre Berechtigung haben und eine Prioritätensetzung auch nur als solche ohne Ausschließungsfunktion zu verstehen ist.

Deutlich von den wissenschaftlich-konzeptionellen Definitionen eines integrierten Personalmanagements zu unterscheiden sind von Beratungen angebotene, zumeist elektronisch unterstützte und als „integriert" deklarierte Lösungen für die Personalwirtschaft, z. B. in den Bereichen Entgeltabrechnung und Zeitwirtschaft. Sie stellen Partiallösungen zur Effizienzsteigerung in einzelnen Funktionsfeldern der Personalarbeit dar, nehmen aber dabei den in der DGFP-Definition aufgeführten vertikalen und horizontalen Fit nicht in den Blick. Schlussfolgernd kann damit festgehalten werden: „Integriert ist damit nicht integriert", d.h. die Begriffsverwendung erfolgt breitgefächert und lässt allein über den verwandten Terminus keine klare inhaltliche Deutungshoheit zu. Unabhängig davon ist der Effizienzgedanke in gewinnorientiert ausgerichteten Organisationen natürlich handlungsprägend auch für die betriebliche Personalarbeit. Der Frage nach der internen Effizienz des Personalbereichs und seinem (strategischen) Wertschöpfungsbeitrag müssen sich auch integrierte Personalkonzepte im Lichte der ökonomischen Legitimation stellen, wollen sie einen hohen Penetrationsgrad in der Personalpraxis erreichen.

Die Anleihen beim Geschäftsprozessmanagement in der angeführten DGFP-Definition sind aus mehrfacher Hinsicht handlungsleitend: Auch die einzelnen Prozessschritte im Personalbereich müssen sinnvoll aufeinander abgestimmt und dabei durch Feedback- und Feedforwardschleifen miteinander verknüpft werden

---

[2] Deutsche Gesellschaft für Personalführung

(Drumm 2008, S. 553). Die Schnittstellen müssen dabei funktionsfähig sein. Die allgemeinen Prozessziele wie Qualität und Zeitressourcenoptimierung gelten unisono auch für Personalprozesse. Einmal modellierte Prozesse sollten zudem permanent optimiert werden.

Eine sehr anschauliche prozessorientierte Vorstellung liefert die Zielstellung der Fraunhofer-Gesellschaft für ein integriertes Personalmanagement: „Jede und jeder Mitarbeitende soll die Personalarbeit über die Personalfunktionen „integriert" erleben – vom ersten Kontakt als Bewerberin und Bewerber bis weit über das Beschäftigungsverhältnis hinaus als Mitglied im Alumni-Netz" (Fraunhofer 2015, S. 9). Gerade für solche wissensintensiven Unternehmen ist eine schlüssige Gesamtvorstellung wichtig, um qualifizierte Mitarbeiter an sich zu binden. Der zweite konstitutive Aspekt eines integrierten Personalmanagements, die strategische Verankerung, wird von der Fraunhofer-Gesellschaft auch rezipiert, indem sie es explizit in die Unternehmensentwicklung einbezogen sieht (Fraunhofer 2015, S. 9).

Als Bezugsmodell für ein integriertes Prozesskonzept dient oft der Michigan Ansatz. So nimmt z. B. Hilb bei seinem integrierten Personalmanagement-Modell explizit Bezug auf diesen Ansatz. Im Kern geht es um die prozessbezogene Abstimmung der vier Teilfunktionen Personalgewinnung, -beurteilung, -honorierung und -entwicklung zur intendierten Leistungserzielung, wobei Rückkopplungen systemimmanent sind (näher dazu Devanna et al. 1984). Dieser „Ur"-Ansatz des strategischen bzw. integrierten Personalmanagements ist aber nicht ohne Kritik geblieben, so z. B. die fehlende zukunftsgestaltende Rollenzuweisung. Hilb (2011, S. 15 f.) postuliert deshalb explizit ein „Visionsorientiertes Personalmanagement" vor dem Hintergrund einer breitgefächerten Anspruchsgruppenorientierung, was auch mit den Vorstellungen von Bleicher (2011, S. 431) zur normativ verankerten Sinnprägung von betrieblichen Handlungen korrespondiert. Wobei dieser umfassende Anspruch per se die Gefahr in sich birgt, alle damit verbundenen Facetten nicht thematisieren zu können und damit zwangsläufig „unvollständig" zu bleiben. Dies ist ein generelles Problem integrierter Konzepte, insofern man diesen Kritikpunkt als solchen überhaupt akzeptiert. Denn integrierte Konzepte stehen nicht in erster Linie für die selbstnominierte Omnipräsenz bezogen auf alle denkbaren Elemente, sondern für einen methodischen Denk- und Handlungsrahmen mit konkretem, situationsspezifisch unterschiedlichem Befüllungspotenzial.

Insgesamt ist zu konstatieren, dass integrierte Personalkonzepte nichts grundlegend Neues im Human Resource Management sind. Die Ursprünge lassen sich bis zu Beginn der 1980er-Jahre mit „Integrated Approaches to Human Resource Management" zurückverfolgen (für ein Beispiel Pernick 1981). In den Folgejahren ist es punktuell zu einer stärkeren Subsystemdifferenzierung gekommen, indem der Integrationsgedanke auf verschiedene Einzelfelder des Personalmanagements „heruntergebrochen" und dabei konkretisiert und spezifiziert wurde. Integrierte Personalkonzepte sind damit nicht ahistorisch, sondern können schon auf eine gewisse Tradition in der noch jungen Forschungsdisziplin Personalwirtschaftslehre zurückblicken.

3.2 Differenzierung von Systemebenen

Eine systembezogene Analyse bietet – wie schon kurz angedeutet – die Möglichkeit einer Feinjustierung durch Betrachtung von Sub- und Sub-Sub-Systemen etc. Ganzheitliches Denken erschöpft sich damit nicht nur in eher abstrakten Überlegungen auf höheren (strategischen) Ebenen, sondern stellt sich auch der operativ-elementbezogenen und damit praktischen Gestaltungsbasis. Ein intendiertes „Wechselspiel ganzheitlich-synthetischen und elementaristischen Denkens" (Steinle 2005, S. 21) ist damit angezeigt. Ein gezieltes „Mixtum compositum" (Eggers 1994, S. 77) aus beiden Denkrichtungen wird derart angestrebt, das die ganzheitliche Denkebene nicht den elementbezogenen Gestaltungsfokus und vice versa die konkrete Elementgestaltung nicht den ganzheitlich Denkrahmen ausblendet.

Die Ein- bzw. Begrenzung der Systembetrachtung in Richtung Mikro-Analysen ist dabei nicht von vornherein festgelegt, ergibt sich aber aus dem Sinnzusammenhang und aus ökonomischen Überlegungen. So sollte z. B. noch genügend Vernetzungspotenzial von Teilelementen vorhanden sein, damit systemtheoretische Überlegungen legitimiert werden können. Eine künstlich herbeigeführte Systemverkomplizierung macht aber keinen Sinn und steht dem ökonomischen Kalkül entgegen.

Bezogen auf den Personalbereich als Referenzebene gesetzt bietet sich als erste Subsystemebene die Teilfunktionsbetrachtung an, z. B. die Differenzierung nach Personalbeschaffung, -entwicklung etc. Je nach Größe und Bedeutung der Bereiche kann die systemanalytische Betrachtung weiter „runtergebrochen" werden auf die dann Sub-Sub-Systemebene. Die in diesem Band näher betrachteten Bereiche „IT-gestützte Personaldiagnostik" im Kontext der Personalbeschaffung und -auswahl sowie „integrierte Karrieresysteme" im Kontext der Personalentwicklung sind hier einzuordnen. Ein weiteres Beispiel dafür ist ein entwickeltes „ganzheitliches Talent Management-Konzept", dem im Kern ein Prozesskreislauf im Rahmen einer übergeordneten Personal- und Talentmanagementstrategie zugrunde liegt (dazu näher Ritz/Sinelli 2011, S. 11 ff.). Nach Bleicher (2011, S. 356), der mit seinem in vielfacher Auflage erschienenen Buch „Das Konzept Integriertes Management" die Diskussion um integrierte Ansätze erheblich mitgeprägt und voran gebracht hat, konstituiert sich das strategische Personalmanagementsystem insbesondere anhand der beiden Subsysteme „Anreizsysteme" und „Personalbeurteilungs- und -entwicklungssysteme". Bezogen auf den Bereich Anreizsysteme ist auf einer nachgeordneten Subsystemebene z. B. der Total Compensation-Ansatz objektbezogener Ausdruck einer ganzheitlich-integrierten Betrachtungsweise (dazu näher z. B. Lang 2014, S. 26 ff.). Die fokussierte Sub- und Sub-Sub-Systembetrachtung ist aber nicht festgeschrieben und hängt von dem jeweiligen Forschungs- und Praxisinteresse ab.

Die mögliche sehr weitgehende Feinauffächerung und -verästelung der Systemebenen bis hin zu definierten Mikro-Analyseeinheiten im Personalbereich ist insofern unter Zweckdienlichkeitsgesichtspunkten zu entscheiden. Wichtiger als der formale Differenzierungsgrad ist aber das grundlegende Denken in systemischen Dimensionen auf allen HR-Ebenen und darüber hinaus im gesamten Unternehmenskorpus. Es sensibilisiert dafür, dass einzelne Gestaltungsakte immer auch im Kontext des Gesamtgeschehens gesehen und in dessen Rahmen interpretiert werden müssen. In diesem Sinne argumentiert auch Drumm (2008, S. 579): „Die elementare Sichtweise auf ein Einzelproblem muss also immer durch eine ganzheitliche und zugleich integrative Sichtweise auf mindestens den gesamten Personalbereich, wenn nicht sogar die gesamte Unternehmung ergänzt werden."

4. Einordnung der Beiträge

Im Folgenden wird an zwei ausgewählten Beispielen, der IT-gestützten Personaldiagnostik zur systematischen Personalauswahl und der Gestaltung von betrieblichen Karrieresystemen im Entwicklungskontext, das Nutzenpotenzial einer integrierten Denk- und Handlungskonzeption verdeutlicht. Zuvor wird in einem Grundlagenbeitrag das ganzheitliche Denken und Handeln von Führungskräften als Voraussetzung auch für integrierte Personalprozesse thematisiert. Denn zur Überführung des ganzheitlichen Gedankens in die Realität bedarf es nicht nur einer belastbaren und auf die situationsspezifischen Bedingungen des jeweiligen Unternehmens zugeschnittenen konzeptionellen Grundlage, sondern in hohem Maße der Umsetzungskompetenz der Führungskräfte in den von ihnen verantworteten Bereichen. Ohne deren Bereitschaft und Fähigkeit zur Implementierung werden integrative Konzepte nur Konzepte bleiben. Dabei ist es gerade aus einer integrativen Perspektive wichtig, die Rahmenbedingungen für eine ganzheitliche Denk- und Handlungsweise der Führungskräfte zu schaffen, wozu z. B. die Vorstellungen von einer „Lernenden Organisation" und „Vertrauenskultur" zählen. Diese Komponenten sind Ausdruck eines nachhaltigen Personalmanagements (vgl. dazu z. B. Armutat 2011), das damit enge Bezüge zum Konzept des integrierten Personalmanagements aufweist.

Bezugspunkt der folgenden Beiträge sind zwei miteinander verbundene Forschungszweige an der Leibniz-Fachhochschule in Hannover. Zum einen wird ein Master-Studiengang „Integrierte Unternehmensführung" angeboten, der mit entsprechenden Forschungsaktivitäten zur (anwendungsorientierten) Konzeptanalyse, -auffächerung und -weiterentwicklung verbunden ist. Der Grundlagenbeitrag zum ganzheitlich denkenden und handelnden Manager und der Fokusbeitrag zum integrierten Karrieresystem, der aus einer Master-Arbeit von Viktoria Wagner hervorging, sind hier einzuordnen. Zum anderen hat sich aus der hochschulbezogenen Projektarbeit heraus das Themenfeld „IT-gestützte Personaldiagnostik" als lohnenswertes Forschungsfeld mit gewichtigen Zukunftsambitionen herauskristallisiert. Impulsgeber war hier Prof. Dr. Norbert Gülke vom Studiengang Wirtschaftsinformatik.

Die Beiträge stehen nur exemplarisch für die Ausprägung integrierter Personalkonzepte, lassen also noch viele Betätigungsfelder im Sinne von offenen Handlungs- und Forschungssektoren zu. Es geht insofern nicht um die inhaltlich vollständige Ausformung integrierter Personalkonzepte auf Sub-System- und Sub-Sub-Systemebene etc., sondern um die Verdeutlichung des Anwendungspotentials des integrativen Prinzips bezogen auf exemplarische personalwirtschaftliche Aktivitätsfelder mit der Option auf die Übertragung auf weitere HR-Handlungsbereiche.

Literatur

Ahlers, F./Eggers, B./Eichenberg, T. (2011): Ganzheitliches Management: eine mehrdimensionale Sichtweise integrierter Unternehmungsführung; in: Eggers, B./Ahlers, F./Eichenberg, T. (Hrsg.), Integrierte Unternehmungsführung, Wiesbaden 2011, S. 3-13.

Armutat, S. (2011): Konzeptionelle Eckpunkte eines nachhaltigen Personalmanagements; in: DGFP e. V. (Hrsg.), Personalmanagement nachhaltig gestalten, Bielefeld 2011, S. 37-48.

Bleicher, K. (2011): Das Konzept Integriertes Management, 8. Aufl., Frankfurt 2011.

Devanna, M. A./Fombrun, C. J./Tichy, N. M. (1984): A Framework for Strategic Human Resource Management; in: Fombrun, C. J./Tichy, N. M./Devanna, M. A. (Eds.), Strategic Human Resource Management, New York 1984, pp. 33-55.

DGFP e.V. (Hrsg.) (2012): Integriertes Personalmanagement in der Praxis, 2. Aufl., Bielefeld 2012.

Dillerup, R./Stoi, R. (2011): Unternehmensführung, 3. Aufl., München 2011.

Drumm, H. J. (2008): Personalwirtschaft, 6. Aufl., Berlin/Heidelberg 2008.

Eggers, B. (1994): Ganzheitlich-vernetzendes Management: Konzept, Workshop-Instrumente und strategieorientierte PUZZLE-Methodik, Wiesbaden 1994.

Eggers, B. (2006): Integratives Medienmanagement: Konzepte, Instrumente und Publisher Value Scorecard, Wiesbaden 2006.

Fraunhofer (2015): Integriertes Personalmanagement: Human Resources im Wissenschaftsmanagement, München 2015.

Hackl, B./Gerpott, F. (2015): HR 2020 – Personalmanagement der Zukunft, München 2015.

Literatur

Hilb, M. (2011): Integriertes Personalmanagement, 20. Aufl., Köln 2011.

Koubek, A./Pölz, W. (2014): Integrierte Managementsysteme, München 2014.

Lang, K. (2014): Personalmanagement 3.0, Wien 2014.

Malik, F. (2008): Strategie des Managements komplexer Systeme, 10. Aufl., Bern/Stuttgart/Wien 2008.

Oberschulte, H. (2012): Die Personalstrategie als integrierter Bestandteil der Unternehmensstrategie am Beispiel der BASF; in: Stein, V./Müller, S. (Hrsg.), Aufbruch des strategischen Personalmanagements in die Dynamisierung, Baden-Baden 2012, S. 67-75.

Pernick, R. (1981): An Integrated Approach to Human Resource Management; in: GAO Review, Spring 1981, pp. 71-78.

Ritz, A./Sinelli, P. (2011): Talent Management – Überblick und konzeptionelle Grundlagen; in: Ritz, A./Thom, N. (Hrsg.), Talent Management, 2. Aufl., Wiesbaden 2011, S. 3-23.

Schneider, A./Wickert, C./Marti, E. (2017): Reducing Complexity by Creating Complexity: A Systems Theory Perspective on How Organizations Respond to Their Environments; in: Journal of Management Studies, Vol. 54, 2017, No. 2, pp. 182-208

Steinle, C. (2005): Ganzheitliches Management – eine mehrdimensionale Sichtweise integrierter Unternehmungsführung, Wiesbaden 2005.

Strohmeier, S. (2012): Prozessorientiertes Personalmanagement – dynamische Reorientierung betrieblicher Personalarbeit? In: Stein, V./Müller, S. (Hrsg.), Aufbruch des strategischen Personalmanagements in die Dynamisierung, Baden-Baden 2012, S. 284-290.

Ulrich, D. (1997): Human Resource Champions, Boston 1997

Walther, H.-G. (2011): Integriertes Personalmanagement bei den VGH Versicherungen; in: Eggers, B./Ahlers, F./Eichenberg, T. (Hrsg.), Integrierte Unternehmungsführung, Wiesbaden 2011, S. 161-172.

B. Grundlagenbeitrag:
„Mythos ganzheitlicher Manager"

Mythos ganzheitlicher Manager:
Personalisierte Herausforderung der Umsetzung einer integrierten Unternehmensführung

Friedel Ahlers und Norbert Gülke

1. Ausgangsfrage: Ganzheitlicher Manager als Mythos?

„Ganzheitliches Denken und Handeln wird heute als Voraussetzung einer erfolgreichen Unternehmensführung angesehen" – diese Feststellung von Peter Gomez (2008, S. 9) in einem Buch-Geleitwort trifft den hier relevanten Sachverhalt „auf den Kopf". Relativierend wird aber im nächsten Satz hinzugefügt: „Dabei wird aber oft unterschätzt, was dies in der Umsetzung bedeutet". Hieraus könnte ein „Gap" zwischen einerseits dem Anspruch und andererseits der Umsetzung ganzheitlich ausgerichteter Denk- und Handlungsweisen bei den entscheidungsrelevanten Managern in Unternehmen herausgelesen werden, der in die bewusst provokant formulierte These münden könnte, ob ein ganzheitlich denkender und agierender Manager nur ein „Mythos" weitab der Realität darstellt. Zumindest kann aber von einer „personalisierten Herausforderung der Umsetzung einer integrierten Unternehmensführung" gesprochen werden. Wobei der Terminus „Herausforderung" hier für das hohe Anspruchsniveau steht, ganzheitliches Denken und speziell Handeln von der Postulats- in die Realitätsebene zu überführen. Das dies notwendig ist, verdeutlicht nachfolgendes Zitat: „Ganzheitliches Denken und Handeln ist gerade im 21. Jahrhundert mit der anwachsenden Komplexität der Problemstellungen auf nahezu allen politischen und institutionellen Entscheidungsebenen gefragt, also weit über das Handlungsfeld einzelner Unternehmungen hinaus" (Eggers et al. 2011, S. 213).

Zu beobachten ist allerdings seit Jahren ein „Hype" um Ganzheitlichkeit und damit in Verbindung stehenden Vorstellungen und Konzepten: „Alle Welt spricht von Ganzheitlichkeit und Vernetzung" (Malik 2008, S. 1). Der vielfältige, z. T. unreflektierte Gebrauch dieses Terminus führt geradezu zwangsläufig zu einem nahezu diffusen Begriffsverständnis und der damit verbundenen Gefahr der „inhaltlichen Entleerung" (Ahlers et al. 2011, S. 3). Dieses strahlt zwangsläufig auch auf die Diskussion um einen „ganzheitlichen Manager" als Kurzform für einen ganzheitlich denkenden und handelnden Manager ab. Klare inhaltliche Konturen treten teilweise hinter einer gewissen Beliebigkeit des Gebrauchs zurück mit der Konsequenz eines ausufernden Wortgebrauchs jenseits terminologischer Klarheit und Akribie.

2. Umsetzung der integrierten Unternehmensführung als personalisierte Herausforderung

2.1 Grundgedanken einer integrierten Unternehmensführung

Unter dem konstitutiven Begriff „integrativ" bzw. seiner handlungsbezogenen Ausprägung „integrieren" wird grundlegend „zu einem Ganzen bilden, ergänzen und vervollständigen" bzw. „in ein übergeordnetes Ganzes aufnehmen" verstanden (Eggers 2006, S. 79). Hans Ulrich, der maßgebliche Begründer und Initiator einer integrierten Denkweise in der deutschsprachigen Managementlehre, stellt vor dem Hintergrund eines systemtheoretischen Ansatzes den Bezug zu einem zielgerichteten Sozialsystem her, wie es Unternehmen abbilden: „Integration ist also eine Vorstellung, die Ergebnis eines Systemdenkens ist, die von der Existenz von Teil und Ganzheit ausgeht. In einer Systemterminologie ausgedrückt, bedeutet also Integrieren, Zusammenfügen von Komponenten zu einem System. Dabei verstehen wir bekanntlich unter einem System eine Ganzheit, die aus verschiedenen miteinander verknüpften Komponenten besteht und eine bestimmte Ordnung oder Struktur aufweist" (Ulrich 1984, S. 261). Eine integrierte Unternehmensführung strebt somit an, „... sowohl den integrierten Gesamtzusammenhang als auch die miteinander verflochtenen Teile von Organisationen gleichermaßen zu berücksichtigen" (Deeg et al. 2010, S. 112). Die Berücksichtigung der vielfältigen Wechselwirkungen von Gestaltungsfaktoren rückt damit in den Vordergrund und der „Ganzheit", die bewusst mehr und anderes ist als die Summe ihrer Teile, wird besondere Aufmerksamkeit geschenkt. Insofern muss ein ganzheitliches Management dem Anspruch Rechnung tragen, „... dem integrierten Gesamtgefüge und den vernetzten Teilen von Unternehmungen gerecht zu werden (also selektive Perspektiven und Positionen zu überwinden)" (Steinle 2005, S. 5).

Die Überlegungen zur Notwendigkeit einer „Integrierten Unternehmensführung" sind aufs Engste mit dem Begriff Komplexität verbunden: „Integratives Gedankengut hat dort seine Berechtigung, wo Komplexität herrscht" (Eggers 2006, S. 79). Und eine solche Komplexität hat durch Rahmenbedingungen wie fortschreitende Globalisierung, Technisierung und Dynamik heute Einzug in die meisten zumindest größeren Unternehmen gehalten. Komplexe Probleme kennzeichnen sich in Abgrenzung zu komplizierten und erst recht zu einfachen Problemen insbesondere durch viele, stark verknüpfte Einflussgrößen und Wirkvariablen, die ihrerseits einer permanenten Veränderung unterliegen (vgl. zur näheren Kennzeichnung Gomez/Probst 1999, S. 22 ff.). Einfache Management-Antworten und -Lösungen werden diesen komplexen Herausforderungen nicht mehr gerecht. Dieses hat den Nährboden für einen Paradigmenwechsel im Management bereitet von der singulären funktionalistischen Betrachtungsweise (wieder) hin zu einer (Rück-) Besinnung auf eine ganzheitlich-systemische Perspektive. Entsprechend „... liegt der Kernanspruch anspruchsvoller ganzheitlicher Managementkonzepte darin, eine wissenschaftlich begründete wie zugleich praxisverwertbare Antwort zu finden, wie Unternehmungen diese zunehmende Komplexität in der Umwelt und darauf folgend in der Inwelt des betrieblichen Sozialsystems zielführend handhaben können" (Ahlers et al. 2011, S. 3). Die gängige Vorstellung einer Komplexitätsreduktion muss dabei im Einzelfall um eine gewollt inszenierte und damit bewusste Komplexitätserhöhung ergänzbar sein, um zunächst komplexe Probleme in ihren vielfältigen Facetten erfassen zu können, bevor der Reduktionsmechanismus einsetzt (vgl. dazu näher Ulrich/Probst 1990, S. 255 ff.). Allerdings darf das intendierte Komplexitätsmanagement nicht fundamentale Kosten-Nutzen-Kalküle „sprengen", muss als von Umfang und Intensität ökonomisch legitimierbar sein. Zudem erscheint es nahezu unmöglich, eine Vorstellung davon zu gewinnen, wie viele und welche Informationen ein komplexes Problem vollumfänglich charakterisieren. Insofern erscheint es hilfreich, Limitationen derart zu akzeptieren, dass bei komplexen Problemen eine unvollkommene Informationsbasis ein natürlicher Begleiter von Lösungsprozessen ist, dessen gänzliche Ausräumung weder möglich noch ökonomisch vertretbar ist.

Im deutschsprachigen Raum sind die Forschungen an der Hochschule St. Gallen zur integrierten Unternehmensführung federführend, die sich in dem St. Galler Management Modell manifestiert haben, das mittlerweile in der sogenannten „4. Generation" vorliegt (vgl. dazu Rüegg-Stürm/Grand 2015). Sehr transparent wird das integrative Element anhand der drei Managementebenen normativ, strategisch und operativ im „Konzept Integriertes Management" von Bleicher (2011) herausgearbeitet. Im Gefolge der eruierten Konzepte rückte das ganzheitliche Problemlösen als eine auf Entscheider bezogene Handlungsanleitung zur Umsetzung ganzheitlicher Denk- und Handlungsweisen in den Vordergrund (vgl. zur ganzheitlichen Problemlösungsmethodik näher Gomez/Probst 1999).

Neben den wissenschaftlich fundierten Konzepten zu einer integrierten Unternehmensführung im deutschsprachigen Raum, wozu z. B. neben dem populären St. Galler Konzept auch der Ansatz von Steinle (2005) mit dem „Managementkubus" als Kristallisationspunkt zählt, haben sich (vermeintlich) praxisnahe und beratungsaffine Konzepte unter diesem Label positioniert, die allerdings „... bei genauer Analyse nur ‚Spurenelemente' bzw. Subaspekte der anspruchsvollen Vorstellung einer integrierten Unternehmungsführung enthalten" (Ahlers et al. 2011, S. 4). Entsprechend fordern diese rudimentären und vordergründig als „integriert" firmierenden Ansätze ganzheitliches Denken auch nicht in dem Maße wie die arrivierten wissenschaftlichen Konzepte ein. Dennoch ist ihr vordergründiger Verdienst darin zu sehen, den Weg für ein ganzheitliches und integratives Denken (wenn auch nicht im anspruchsvollen Sinne) in der betrieblichen Praxis bereitet zu haben (Eggers et al. 2011, S. 216).

Die integrierte Unternehmensführung ist nicht nur ein Leit- und Denkkonzept mit stark heuristischem Charakter und von der wissenschaftlichen Konzeptseite her ein „Leerstellengerüst für Sinnvolles und Ganzheitliches" (Bleicher 2011, S. 87), was es als impulsgebendes und pulsierendes Denk- und Handlungskonzept mit hoher Anschluss- und Zukunftsfähigkeit ausweist. Sondern sie weist im Kontext einer anwendungsorientierten Betriebswirtschaftslehre auch einen expliziten Handlungsanspruch auf. Begründet wird dieser Handlungsanspruch durch die zugrunde liegende systemorientierte Managementlehre, die sich als „angewandte Wissenschaft" versteht und zu deren zentralen Grundprinzipien entsprechend eine explizite Anwendungsorientierung zählt (Dyllick / Probst 1984, S. 11). Diesem Handlungsansinnen folgend benötigt es Transformatoren zur Konzeptumsetzung, womit in erster Linie die Führungskräfte eines Unternehmens adressiert sind. „Ganzheitlichkeit ist über die Leitidee einer integrierten Unternehmensführung hinaus auch „personifizierbar" als eine spezielle Denk- und Handlungsweise, die den Menschen als Problemlöser in den Fokus rückt" (Steinle et al. 2008, S. 91). Entsprechend ist einerseits eine integrierte Unternehmensführung ohne ganzheitlich denkende und handelnde Akteure undenkbar und andererseits würden diese ohne ein ganzheitliches Managementkonzept im Hintergrund quasi in einem „luftleeren Raum" agieren (müssen).

2.2 Führungskräfte als Transformatoren eines ganzheitlichen Managements

Das integrierte Denken ist keine technokratische, sondern originär und zuallererst eine personalisierte Herausforderung (Eggers et al. 2011, S. 214). „Letztlich sind es immer Menschen, die im Management Entscheidungen zu treffen haben" (Steinle et al. 1999, S. 28). Entsprechend sind grundsätzlich alle betrieblichen Akteure, aber aufgrund ihrer ambitionierten Stellung besonders die Führungskräfte, die Transformatoren eines ganzheitlichen Managements in Unternehmen im Sinne von situationsadäquaten Interpretatoren, Zuschneidern und Umsetzern. Ohne ihr aktives und gezieltes dazutun werden die Konzepte nur Konzepte bleiben ohne irgendwelche praktische Wirkkraft. Insofern gilt: Die Führungskraft selber muss ein ganzheitliches Denken und Handeln nicht nur zu besonderen Problemlösungsanlässen, sondern auch im täglichen Handeln praktizieren und damit vorleben, ansonsten kann dies auch nicht von Mitarbeitern erwartet werden. Vielmehr würde eine wahrgenommene Diskrepanz zwischen Bekundungen und Tun die Bemühungen zu ganzheitlichen Denk- und Handlungsleistungen in hohem Maße konterkarieren.

Entsprechend der hohen Bedeutung kommt auch kaum eine detaillierte Auflistung von notwendigen Managementkompetenzen im 21. Jahrhundert mehr ohne die Kategorie „ganzheitliches Denken und Handeln" aus (vgl. für viele z. B. Becker 2013, S. 344). Diese Kategoriennennung ist quasi eine Art „Selbstläufer", der nahezu jeder zustimmen kann, ohne aber oft genau zu wissen, was sich dahinter genau verbirgt. Wird dieser Begriff aber wie oft nur in den „Raum geworfen", läuft er Gefahr, „… zu einer hohlen Phrase (zu) verkommen. Manchmal löst er nur noch ein müdes Lächeln oder sogar Ablehnung aus" (Honegger 2008, S. 27). Es ist zu konstatieren, „… dass der Begriff ‚ganzheitlich' mittlerweile zum Modewort avanciert ist mit der Gefahr der inhaltlichen Entleerung" (Steinle et al. 2008, S. 91). Dabei steht aber die Notwendigkeit einer solchen Denk- und Handlungsweise außer Frage.

Die Führungskräfte sind in diesem Zusammenhang in mehrfacher Hinsicht gefordert. Sie müssen definieren, was für den von ihnen verantworteten Bereich vor dem Hintergrund normativer und strategischer Orientierungspunkte ganzheitliches Denken und Handeln bedeutet und daraus entsprechende Handlungsschlüsse ziehen. Zudem müssen sie als Vernetzer zu übergeordneten und aufgabenaffinen Bereichen Zusammenhänge und Wirkbeziehungen erkennen und nach Möglichkeit synergetisches Potenzial erschließen. Dazu müssen sie gerade bei komplexen Problemen die Limitationen einer konstruktivistischen Methode der Problemlösung erkennen und sich evolutionären Problemlösungsmethoden zuwenden (dazu näher Malik 2008, S. 231 ff.).

3. Ideal- versus Realbild eines ganzheitlichen Managers

3.1 Idealbild: Rollenprofil einer ganzheitlich denkenden und handelnden Führungskraft

Bevor ein Rollenbild einer ganzheitlich denken und handelnden Führungskraft entwickelt werden kann, ist sich zunächst der Frage zuzuwenden, was ganzheitliches Denken ausmacht. Eine exakte Antwort darauf darf angesichts des nahezu konturlosen Diskussionsbildes nicht erwartet werden. Eine – sicherlich nicht abschließende – erste Umschreibung kann anhand von verschiedenen Merkmalen bzw. Komponenten vorgenommen werden (vgl. dazu u. a. Steinle et al. 1999, S. 28; Honegger 2008, S. 47 ff.):

- Denken in Neben- und Spätfolgen unter Einkalkulation von Rückkopplungen
- Denken in Tendenzen und Interdependenzen
- Denken in kreisförmigen Kausalketten statt linearen Ursache-Wirkungs-Kreisläufen
- Verständnis für Zusammenhänge entwickeln und dieses lösungsorientiert nutzen
- Strategisches Denken mit Nachhaltigkeitsbezug
- Denken in Alternativen und damit verbundenen Konsequenzen
- Entwicklung von Sensibilität für schwache Signale
- Unsicherheit aushalten und auf Überraschungen vorbereitet sein
- Auftreten, Handeln und tägliches Vorleben kommunizierter, teamorientierter, lösungszentrierter und persönlicher Grundausrichtung

Treffend zusammengefasst verstehen Probst/Gomez (1989, S. 3) unter einer ganzheitlichen Denkweise „… ein integrierendes, zusammenfügendes Denken, das auf einem breiteren Horizont beruht, von größeren Zusammenhängen ausgeht, viele Einflussfaktoren berücksichtigt und das weniger isolierend und zerlegend ist als das übliche Vorgehen." Mit dem „üblichen Vorgehen" wird das kausalanalytische, reduktionistische Denken bezeichnet, das für die Lösung komplexer Probleme als nicht geeignet angesehen wird.

Die nahezu Unmöglichkeit der exakten und belastbaren Bestimmung setzt sich mit der Identifikation eines Rollenprofils fort, was einen ganzheitlich denkenden und handelnden Manager ausmacht. Davor zu „kapitulieren" wäre allerdings auch der falsche Weg, kann doch nur anhand von zwangsläufig unvollständigen Vorstellungsansätzen auch die ihnen immanente Begrenztheit verdeutlicht werden.

Ein Ansatz zur Bestimmung eines Rollen-Sets ganzheitlich denkender und handelnder Führungskräfte wurde von Eggers et al. (1995, S. 9) entwickelt, wobei vier Rollenkomplexe unterschieden werden (vgl. Abb. 1):

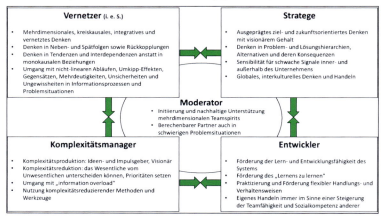

Abbildung 1: Rollen-Set ganzheitlich denkender und handelnder Führungskräfte
Quelle: Eigene Darstellung in Anlehnung an Eggers et al. 1995, S. 9 (mit Ergänzungen)

Die einzelnen Rollen und Rollenelemente sind nicht exakt voneinander abzugrenzen und weisen vielfältige Verknüpfungen auf, was mit den Grundprinzipien ganzheitlichen Denkens korrespondiert. Zudem stehen sie exemplarisch für zentrale Elemente ganzheitlichen Denkens und Handelns ohne Vollständigkeitsanspruch. Die Autoren selbst ziehen die Grenzen von Auflistungen zu ganzheitlichen Qualifikationsmerkmalen ins Kalkül, wenn sie formulieren: „Nicht-Routine-Situationen bzw. hochkomplexe Situationen sind ex definitione in hohem Maße neu- und einzigartig und stellen situationsbedingt neue Anforderungen an Führungskräfte, die nicht bzw. nicht alle katalogmäßig erfaßt werden können. Auflistungen von ‚ganzheitlichen' Persönlichkeits- und Qualifikationsmerkmalen stellen demnach nur Annäherungen an einen nicht allgemein bestimmbaren ‚Qualifikations-Cocktail' dar, der jeweils situationsbezogen die Grundlage für ganzheitliches Denken repräsentiert, und insofern nur Orientierungswert ist" (Eggers et al. 1995, S. 11). Diese limitierenden Überlegungen treffen auch die in der Literatur vorzufindenden Merkmalskataloge zu einem ganzheitlichen Manager (z. B. Jung 2011, S. 935), die einen Übersichtscharakter haben, aber in ihrer Aussagekraft begrenzt sind.

„Das Idealbild eines ‚ganzheitlichen Managers' (so es sich überhaupt generieren lässt, Anm. der Verf.) ist jedoch nur schwer zu verwirklichen" (Steinle et al. 1999,

S. 31). Es kann von einer „Unmöglichkeit des Wünschbaren" gesprochen werden. Insofern bietet es sich an, sich mit dem Pendant „Realbild" zu beschäftigen. Demzufolge schützt der mit dem Terminus „Ideal" mittelbar verbundene „Schutzmechanismus" nicht vor der Frage der praktischen Umsetzbarkeit der damit verbundenen Überlegungen.

Eine solche praktische Umsetzbarkeit rückt wieder die einzelnen Führungskräfte als Transformatoren (vgl. Abschnitt 2.2) in den Vordergrund. In den gängigen Kompetenzzuschreibungen ganzheitlich denkender und handelnder Manager in der Literatur wird das tägliche Auftreten der Manager weit weniger fokussiert als ihr Verhalten in komplexen Problemsituationen. Wenn dies einerseits aufgrund der naheliegenden Problemzuordnung auch verständlich erscheint, so ist aus Praxisgesichtspunkten auch die Relevanz und Symbolkraft des täglichen Auftretens der Führungskraft mit Blick auf ganzheitliche Denkleistungen nicht zu unterschätzen. Es sollte in diesem Zusammenhang nicht vorschnell ganzheitliches Denken auf den „geschützten Raum" einer komplexen Problemlösungsgruppe und damit rein anlassbezogen beschränkt werden. Im erweiterten Sinne sind dem ganzheitlichen Denken zugeschriebene Rollenelemente wie Denken in Zusammenhängen und Konsequenz-Folgen etc. auch bei einer Reihe von vermeintlich alltäglichen Entscheidungen nicht zu vernachlässigen. Und hierzu benötigt es durch die Führungskraft gestaltete denkfreundliche Rahmenbedingungen, um Mitarbeiter zu neuen „Denkhorizonten" zu motivieren und gleichzeitig „Schwellenängste" zur Artikulierung ganzheitlicher Überlegungen abzubauen. Dazu zählen z. B. eine Spirit-freundliche Teamkultur und die gesamte Art und Weise der kooperativen und teamorientierten Entscheidungs- und Lösungsfindung und -kommunikation. Im Vorgriff auf die Überlegungen auf „kollektive Intelligenz" und „Hochleistungsteams" (vgl. Kapitel 4) wird damit deutlich, dass eine Führungskraft sich explizit als Teamplayer verstehen und entsprechend auch handeln sollte. So ist auch in der angeführten Abbildung zum Rollen-Set ganzheitlich denkender und handelnder Führungskräfte im Vergleich zum Ursprungsentwurf die Moderatoren-Rolle bewusst in den Fokus gerückt worden. Es gilt die kollektive Intelligenz des Teams zu adressieren. Dabei ist gerade bei komplexen Fragestellungen, die aus unterschiedlichen Interessenperspektiven betrachtet werden können, die Moderationsfunktion in besonderer Weise gefordert, um einen lösungsorientierten und zugleich praktikablen Interessenausgleich zu initiieren.

Die Uni-Personalität der Diskussion, indem von „einem" oder „dem" ganzheitlich denkenden und handelnden Manager gesprochen wird, ist damit per se beschränkt. Ein Einzelner ist nicht vordergründig in seiner Singularität, sondern vielmehr in seiner Funktion als Teamplayer gefragt. Dies wird auch an den nachfolgend aufgeführten Beschränkungen einer unipersonalen Perspektive deutlich.

3.2 Realbild: Begrenzungen unipersonaler ganzheitlicher Denkmuster

Generell ist es schwer, die angelernte und durch unser Bildungssystem Vorschub geleistete „Einengung im Denken" auf logische Abläufe und naheliegende Ursache-Wirkungs-Beziehungen zu überwinden und z. B. akausale Verhaltensweisen mit ins Kalkül zu ziehen (Vester 2000, S. 15). Insofern wäre ein Paradigmenwechsel im Denken erforderlich. Dieser wird aber aufgrund der gesellschaftlichen und kulturellen Verankerung von Denkprozessen nicht kurzfristig zu realisieren sein.

Trotz aller neuen technischen Hilfsmittel bleibt die beschränkte Informationsaufnahme- und -verarbeitungskapazität und speziell personenspezifische Deutungs- und Interpretationsmuster eines einzelnen Individuums ein Faktum. Die neuen technisch offerierten Informationsoptionen werden von der Informationsüberlastung wieder kompensiert. Eine Begrenzung unipersonaler ganzheitlicher Denk- und Handlungsmuster ist damit per se gegeben. Insofern ist festzuhalten: „Das ganzheitliche Denken dabei einem Individuum zu überantworten, stößt schnell an Erfassungs- und Bearbeitungsgrenzen. Ganzheitliche Problemstellungen verlangen insofern eine multipersonale Perspektive ..." (Steinle et al. 2008, S. 92). Dieser „Multi-Perspektivismus" ist schon bei der Problemidentifikation und -analyse eine Conditio sine qua non im Interesse einer möglichst ganzheitlichen Erfassung komplexer interessengeleiteter Ausgangslagen vor dem Hintergrund der involvierten Anspruchsgruppen (Steinle et al. 1995, S. 18 f.). Ob ein Einzelner wirklich eine dafür notwendige „Helikoptersicht" einnehmen kann (so z. B. Honegger 2008, S. 85), erscheint zumindest sehr fraglich. Generell gilt, dass mit der Komplexitätszunahme des zu lösenden Problems zunehmend ein einzelner Problemlöser überfordert ist (Eggers et al. 1995, S. 11).

Eine andere, eher politisch motivierte Begrenzung ganzheitlicher Denkmuster erwächst aus dem Eigenleben von Subsystemen innerhalb des Gesamtsystems Unternehmen. Danach ist „... ganzheitliches Denken nicht immer gewünscht (Sparten- und Abteilungsegoismus, unbeliebte Querdenker, ..." (Steinle et al. 1999, S. 30). Noch zu oft beherrschen Bereichsegoismen und mikropolitische Überlegungen die Szenerie weitab einer ganzheitlichen, bereichsübergreifenden Denkweise in Unternehmen. Speziell wenn das Gesamtinteresse mit den Eigeninteressen von Subsystemen kollidiert und von ihnen bzw. einzelnen Akteuren einen schmerzlichen Verzicht bzw. das Verlassen einer angestammten Komfortzone einfordert, ist mit offenen oder unterschwelligen Konflikten zu rechnen.

Um – auch vor dem Hintergrund der aufgezeigten potenziellen Barrieren – eine intendierte weitgehende Dualität zwischen den Komponenten ganzheitliches Denken und Handeln herzustellen, sollten die vorgelagerten ganzheitlichen Denkprozesse, die die notwendige Vorstufe eines ganzheitlichen Handelns darstellen (Ulrich/Probst 1991, S. 22) nicht „abgehoben" erfolgen, sondern die politisch vorgeprägten und ressourcenbezogen vorgezeichneten Realitäten im Unternehmen von vornhinein ins Kalkül ziehen, um die Umsetzungswahrscheinlichkeit zu erhöhen. Denn es ist sich immer vor Augen zu führen: Ganzheitliches

Denken in Betriebswirtschaften ist kein Selbstzweck, sondern auch dem ubiquitären Kosten-Nutzen-Kalkül unterworfen. So ist z. B. der Gefahr von unfokussierten kostenintensiven Endlos-Analysen von komplexen Problemen vorzubeugen (Künzli 2012, S. 356). Allerdings ist das bewusst nicht als Plädoyer für eine pragmatische Begrenzung des ganzheitlichen Denkens mit impliziten „Denkverboten" zu verstehen. Das Dualitätspaar „Denken und Handeln" heißt nicht vermeintliche Gleichschaltung, sondern das Denken ist nach Ulrich (1985, S. 17) immer auch als kritischer Wegbegleiter des Handelns zu verstehen.

Die Einsicht wächst, dass ganzheitliches Denken und Handeln zur Lösung komplexer Probleme sich nur in einem multipersonalen Rahmen entfalten kann. Unzweideutig und damit klar formuliert: „Komplexe Probleme können nur in Teamarbeit erfolgreich bewältigt werden" (Gomez/Probst 1999, S. 32). Auch im St. Galler Management Modell neuster Prägung wird z. B. die Bedeutung von Manager-Communities betont (Rüegg-Stürm/Grand 2015, S. 197 f.).

4. Ganzheitliches Denken im Kollektiv in Unternehmen

4.1 Individuelle und kollektive Intelligenz

Aufgrund der angeführten Begrenzungen unipersonaler ganzheitlicher Denk- und Handlungsmuster rücken Teams als institutioneller Nukleus derartiger Denkkonstellationen in den Vordergrund. Denn „... das Idealbild eines „ganzheitlichen Managers" ist ... nur schwer zu verwirklichen. Als pragmatisches Vorgehen bietet sich die Bildung ganzheitlich zusammengesetzter Teams ..." an, die ganzheitlich ausgerichtete Problemlösungs-Tools nutzen (Steinle et al. 1999, S. 31). Auch praxisbewährte ganzheitliche Problemlösungsmethodiken wie z. B. die PUZZLE-Methodik (näher dazu Steinle et al. 1999) oder Netmapping/Erfolgslogik (näher dazu Honegger 2008) setzen auf Teams. Den Teams werden dabei viele positive Eigenschaften zugeschrieben, z. B. gemeinsames Verständnis für komplexe Herausforderungen (Honegger 2008, S. 63). Auch können Denk-Synergien im Gruppenkontext erzielt werden, die für eine ganzheitliche Problemsichtweise von besonderer Bedeutung sind. Ziel ist die Realisierung einer „gebündelten Intelligenz" in dem und durch das Problemlösungsteam (Eggers et al. 1995, S. 11 f.). Bei bestimmten überbetrieblichen Fragestellungen mit komplexen Charakter sollte eine solche „gebündelte Intelligenz" nicht an den Unternehmensgrenzen halt machen: „Oft kommen interorganisationale Netzwerke zu vorteilhafteren Lösungen als die beteiligten Unternehmen alleine" (Gärtner/Duschek 2011, S. 387).

Dabei sollten aber die Einschränkungen nicht außer Acht gelassen werden. So ist nicht per se ein Team einem einzelnen Problemlöser überlegen, z. B. bei fachzentrierten Teilfragen des Gesamtproblems. Auch wird sich die vielbeschworene kollektive Intelligenz mit ihren positiven Wirkungen nur unter bestimmten Voraussetzungen voll entfalten können, wozu z. B. eine problemlösungsadäquate interdisziplinäre Teamzusammensetzung und ein kreativ- und diskussionsförderliches Gruppenklima zählen. Dies schließt eine ausgesprochene Teamreflexivität (vgl. näher Kriz/Nöbauer 2008, S. 62 ff.) und Feedback-Kultur (dazu näher Jenewein/Heidbrink 2008, S. 129 ff.) ein.

Bei Vorhaben von hoher unternehmenspolitischer Tragweite und längerfristiger zeitlicher Ausdehnung wäre in diesem Zusammenhang ein professionelles Vorgehen z. B. bei der Auswahl der Teammitglieder empfehlenswert. Diese könnte bis hin zum Einsatz spezieller personaldiagnostischer Verfahren reichen, um ansatzweise das ganzheitliche Denkpotenzial potenzieller Teamteilnehmer und damit deren Grad an systemischer Intelligenz zu eruieren. Der aktuelle Stand der Personaldiagnostik (zu einem Überblick Gülke/Ahlers (Hrsg.) 2016) könnte dazu auf adäquate Optionen speziell im Verfahrensbereich überprüft bzw. situationsspezifisch angepasst werden.

Generell ist die Vermittlung ganzheitlicher Denkweisen ein diffiziles Unterfangen in Unternehmen. Nicht ganz abwegig kann von einer „Kunst" (so auch Vester 2000) gesprochen werden, vernetzt zu denken, da eine rationale Vermittlung dieser Denkweise nur bedingt möglich ist. Die angebotenen ganzheitlichen Problemlösungsmethodiken liefern hier sicherlich einen wertvollen Rahmen, ohne aber direkt Einfluss auf das ganzheitliche Problemlösungspotenzial der involvierten Individuen nehmen zu können. Es ist sich „... zu verdeutlichen, daß Managerinnen und Manager keinesfalls „omnipotente Wesen" sein können, die unter Einsatz situationsadäquater Problemlösungs- und Entscheidungstechniken stets ganzheitliche Strategien entwickeln und durchsetzen" (Eggers 1994, S. 172). Aber eine Sensibilisierung der Manager für ganzheitliche Denkmuster erscheint möglich, so z. B. sich frühzeitig die Frage zu stellen, welche eventuellen späteren Folgen mit Entscheidungen verbunden sind (Heyse/Erpenbeck 2009, S. 75).

4.2 Hochleistungsteams: „Leuchttürme" ganzheitlicher Denkleistungen

Komplexe Problemstellungen stellen derart hohe Anforderungen an das Problemlösungsteam, dass in diesem Zusammenhang zur Differenzierung von Teamarbeit oft der Terminus „Hochleistungsteams" genutzt und in Zusammenhang mit vernetztem Denken gebracht wird. Pawlowsky und Völker (2012, S. 128) definieren: „Wir verstehen ... unter Hochleistungsteams solche, die erstens in der Lage sind, mit unvorhergesehenen Situationen erfolgreich umzugehen, die zweitens durch effizientes Handeln kritische Situationen meistern können und dabei drittens weniger Fehler produzieren als statistisch zu erwarten wäre." Gerade die ersten beiden Merkmale weisen eine enge Affinität zu komplexen Problemen auf. Auch Merkmale von Hochleistungsteams wie hohe Leidenschaft und intrinsische Motivation der Teammitglieder, offene und konstruktive Konfliktaustragung sowie kontinuierliche Reflexionsprozesse (vgl. z. B. Schäffner/Bahrenburg 2010, S. 17) sind einem ganzheitlichem Denken und Problemlösen im Team förderlich.

Hochleistungsteams mit der Intention der Hervorbringung einer ganzheitlichen Problemlösung brauchen anspruchsvolle Methodiken und Verfahren, um dahin zu kommen, wozu z. B. eine diskursgeprägte Problemlösungsmethodik zählt. „Gerade in hochqualifiziert besetzten Teams rückt ein anspruchsvoller Diskurs im Sinne synergetisch und ergebnisorientiert genutzter Meinungsunterschiede in den Vordergrund" (Eggers/Ahlers 2011, S. 39). Ziel ist eine argumentativ gewonnene Übereinstimmung Kraft des besseren Argumentes und Achtung der prinzipiellen Gleichberechtigung der Diskussionsteilnehmer unabhängig von ihrer hierarchischen Position. Allerdings kann nicht a priori „… davon ausgegangen werden, dass jeder Mitarbeiter in gleichem Umfang diskursbereit und -fähig ist" (Eggers/Ahlers 2011, S. 40). Insofern werden auch hier Grenzen der Praktizierung ganzheitlicher Denkweisen evident. Dies lenkt auch ein Augenmerk auf die problemadäquate Zusammenstellung von Hochleistungsteams, denen ganzheitliche Denkprozesse überantwortet werden. Eine interessante Detailfrage ist in diesem Zusammenhang die Ausbalancierung und -tarierung der Diversität der Teammitglieder, um einerseits unterschiedliche und kreative Denkprozesse zu beflügeln, aber andererseits notwendige Abstimmungsprozesse nicht zu gefährden. Anzustreben ist in diesem Rahmen ein gemeinsamer „… Konsens über den anzuwendenden kognitiven Bezugsrahmen bei gleichzeitiger Akzeptanz divergierender Standpunkte …" (Probst et al. 2012, S. 130), wobei letztere sich den schon erwähnten Diskursprozessen mit der Option auf Lösungsfindung zu stellen haben.

Hochleistungsteams mit zugedachter ganzheitlicher Managementleistung dürfen auch nicht als „Isolationskörper" in Unternehmen agieren (müssen). Sie müssen vielmehr quasi als akzeptierte und respektierte „Leuchttürme" im Rahmen einer bret im Unternehmen diffundierten lernfreundlichen und denkförderlichen Unternehmenskultur fungieren (können). Ganzheitliche Fragestellungen können allerdings nur bedingt von einem dazu berufenen kleinen Kreis im Unternehmen gelöst werden. Zumindest förderlich für die Umsetzung ist ein breiter Ideenfluss in der Mitarbeiterschaft, um das organisationale Problemlösungspotenzial in der Breite auszuschöpfen.

5. Theorie-Praxis-Abgleich: Implikationen für eine empirische Untersuchung

Der Kernfrage, ob überhaupt und inwieweit ganzheitliches Denken und Handeln breiten Einzug in die Managementpraxis erhalten hat, ist empirisch „nachzuspüren". Dabei erhebt ganzheitliches Denken und Handeln explizit den Anspruch, in der betrieblichen Realität Anwendung zu finden. „Mit den Analysen und der Problemlösung auf dem Papier oder im Kopf des Problemlösers ist noch wenig gewonnen. Lösungen müssen umgesetzt und verwirklicht werden" (Probst/Gomez 1991, S. 18). Konkrete Wege dahin wurden mit entwickelten ganzheitlichen Problemlösungstechniken aufgezeigt. Inwiefern diese Anwendung finden und ob sie den Ansprüchen eines ganzheitlichen Denkens und Handelns in der Realität auch entsprechen, ist in der Literatur allenfalls mit Fallbeispielen und damit kursorisch belegt. Eine belastbare Antwort auf die aufgeworfene Frage ist damit aber nicht möglich.

Allerdings ist vorab der Konzeption eines empirischen Untersuchungsansatzes mit dem Ziel der Erhebung des Durchdringungs- und Anwendungsgrades der betrieblichen Praxis mit ganzheitlichen Denk- und Handlungsweisen dafür zu sensibilisieren, dass dieser sich mit erheblichen Problemen konfrontiert sehen wird. Ein Grund dafür ist der geringe Fundus dazu an Überlegungen in der ganzheitlichen Managementliteratur. So sind noch viele relevante Fragen offen: „Ein spezifisches Modell, um einen Integrationsgrad zu bewerten, wurde bis dato noch nicht entwickelt ..." (Koubek/Pölz 2014, S. 237). Ein anderes Problem was sich stellen wird ist, wie die Fragen ausgerichtet werden müssen, um belastbare Rückschlüsse auf den Verbreitungs- und Intensitätsgrad des ganzheitlichen Denkens und Handelns von Führungskräften in Unternehmen ableiten zu können. Die Fragen müssen praxisorientiert interpretierbar und einsortierbar sein, d. h., sie müssen das Entscheidungs- und Problemlöseverhalten von Führungskräften in der Realität abbilden. Beispielhaft wäre die Frage, ob und inwieweit Führungskräfte bei ihrem Entscheidungsverhalten auch Folgewirkungen berücksichtigen.

Als Untersuchungsform spricht vieles für eine qualitative, halbstrukturierte mündliche Befragung ausgewählter Führungskräfte auskunftsbereiter Unternehmen, den der Vorzug vor einer großzähligen schriftlichen Online-Befragung gegeben werden sollte. „Qualitative, leitfadengestützte Interviews sind eine verbreitete, ausdifferenzierte und methodologisch vergleichsweise gut ausgearbeitete Methode, qualitative Daten zu erzeugen" (Helfferich 2014, S. 559). Damit würde man sicherlich einerseits die Limitationen dieser Befragungsform in Kauf nehmen müssen, z. B. die nur begrenzt adressierbare Anzahl an Befragten und somit die Erzielung von Ergebnissen weitab einer repräsentativen Untersuchung mit dem damit zwangsläufig verbundenen „.... Mangel bezüglich der Generalisierungsfähigkeit der ermittelten Forschungsresultate" (Schnell et al. 2013, S. 241). Den durch das Themenfeld vorgegebenen Untersuchungsanforderungen, z. B. die Komplexität und Situativität der Thematik und die damit verknüpften Interpretations- und Deutungsräume, kann aber am besten in einer persönlichen Interview-Situation mit der Option z. B. zu Nachfragen Rechnung getragen werden.

Insgesamt zeigt sich, dass eine empirische Untersuchung zum Themenfeld „ganzheitliches Denken und Handeln" ein lohnenswertes wie diffiziles Unterfangen zugleich ist. Handlungsleitend sollte hier eine gewisse Form von „empirischer Bescheidenheit" sein, die anstelle eines vermeintlich „großen Wurfes" im Sinne breitgefächerter, dafür aber weniger tiefgehender Untersuchungsergebnisse auf vertiefte Einzeleindrücke setzt, aus denen auch – wenn auch nicht ohne weiteres verallgemeinerbar – wertvolle Erkenntnisse gewonnen werden können. Eine solche „Bescheidenheit", richtig interpretiert als selbstkritische Reflexion des Machbaren in punkto Erkenntnisgewinn und Gestaltungsanspruch, steht auch dem Management gut zu Gesicht, worauf im Abschlusskapitel noch einmal Bezug genommen wird.

6. Ganzheitliches Denken und Handeln – quo vadis?

6.1 Zentrale Erkenntnisse

Die aufgeworfene Frage, ob und inwieweit das Vorstellungsbild von einem ganzheitlich denkenden und speziell auch handelnden Manager zugespitzt und dabei vereinfacht formuliert „Mythos oder Realität" ist, muss einer noch ausstehenden tiefgehenden Managerbefragung überantwortet werden, kann also hier nicht final beantwortet werden.

Generell ist bei komplexen Sozialsystemen, die sich ebenso komplexen Umwelten gegenübersehen und darauf Antworten finden müssen, ein systemisch-vernetztes Denken im Entscheidungsgefüge gefragt, um ihre Existenz abzusichern. Ob das uni- und/oder multipersonalisiert überhaupt und dabei in welcher Intensität möglich ist, ist die Frage, die auch auf den „Mythos"-Gedanken abstrahlt. Wird „das Ganze" als Denk- und Handlungskonstrukt absolut und damit quasi als 100%-Optimum gesehen, dann sind bei den komplexen Problemstellungen dem ganzheitlichen Denken und Handeln per se Grenzen gesetzt und es rückt nahezu zwangsläufig in die Rolle eines „Mythos". Ähnlich einer „Gebrauchs-Integralität" mit hinreichendem, aber nicht perfekten Anspruch (Deeg et al. 2010, S. 217 ff.) im Kontext einer integrierten Unternehmensführung mit situativem Regulativ könnte auch für das ganzheitliche Denken und Handeln ein realistischer Anspruch formuliert und zugrunde gelegt werden, der praktikabel umsetzbar erscheint. Vereinfacht ausgedrückt: Nicht überall im Unternehmen macht ganzheitliches Denken und Handeln ökonomisch Sinn (z. B. bei Routineaufgaben) bzw. die Intensität muss immer der Herausforderung angepasst und damit nicht überdimensioniert sein, was eine Fehlallokation von Ressourcen zur Folge hätte und damit nicht ökonomisch legitimierbar ist. Eine „integrale Übersteuerung" im Gefolge einer unvorteilhaften Ganzheitlichkeitseuphorie gilt es damit zu vermeiden. Rechnung trägt diesen Überlegungen der Gedanke, dass Integration sowohl als Konzept auf Unternehmensgesamtebene als auch als individuelle oder teamorientierte Denkweise etwas Graduelles darstellt (Koubęk/Pölz 2014, S. 236). Das heißt, der Grad an notwendiger Ganzheitlichkeit variiert von Unternehmen zu Unternehmen und von Subsystem zu Subsystem. Die Taxierung des notwendigen Grades an Integralität und damit auch die Vermeidung von Überintegralität (Deeg u. a. 2010, S. 217 ff.) stellt insofern eine permanente situationsspezifische Herausforderung für Unternehmen dar.

Zu vermeiden gilt es auch eine aus dem Betriebsalltag unfokussiert übertragene planerisch-technokratische Annäherung an das ganzheitliche Denken und Handeln in dem Sinne, dass offerierte ganzheitliche Problemlösungstechniken automatisch darauf hin führen. Gerade der ganzheitliche Denkansatz ist „weitab einer Patentlösung" (Eggers et al. 1995, S. 8) und bedarf kreativ denkender Mitarbeiter. Dabei wird aber auf der anderen Seite auch nicht einem allzu unvorbereiteten Vorgehen das Wort geredet. Ulrich/Probst (1991, S. 25) sprechen bewusst von einem „disziplinierten" ganzheitlichen Denken, das einerseits eine gewisse Systematik und andererseits auch eine gewisse Beharrlichkeit einfordert. Eine Unipersonalität in dem Sinne, dass von „einem" oder „dem" ganzheitlich denkenden und handelnden Manager ausgegangen wird, ist dabei i. d. R. nicht zielführend. Treffender ist von einem ganzheitlich denkenden und handelnden Managementteam als Akteur mit größeren Erfolgschancen bei komplexen Problemstellungen auszugehen.

Unternehmen werden angesichts neuer Herausforderungen immer wieder „neu zu denken sein" (Eggers et al. 2011, S. 217). Festgezurrte Managementkonzepte werden obsolet, während sich als Rahmengerüste und Leitplanken verstehende offenere Konzepte mit bewusst zugedachten Handlungs- und Entscheidungsspielräumen für die Akteure, wie dies auch im Besonderen für das integrierte Management gilt, an Bedeutung gewinnen. „Insofern spielt die zukünftig zu erwartende Dynamik dem Konzept eines ganzheitlichen Managements „in die Hände", in dem es dessen Existenzberechtigung und Bedeutungszunahme in besonderer Weise begründet" (Eggers et al. 2011, S. 219). Dieses gilt damit auch in besonderem Maße für das ganzheitliche Denken und Handeln von Führungskräften.

6.2 „Bescheidenheit" im Management und Forschungsperspektiven

Der gemäßigte Voluntarismus gibt die Wegrichtung des Gestaltungshandelns in Unternehmen auch im Kontext integrierter Management- und Denkprozesse vor. Ganzheitliches Denken und Handeln lässt sich zwar herbei sehen, aber nicht herbei reden. Ein Mythos ist ein ganzheitlicher Manager insbesondere dann, wenn überhöhte Ansprüche gestellt werden, die sich in einer unvollkommenen (Betriebs-)Welt nicht erfüllen werden lassen. Wohltuend sollte dem eine „ ... ‚Bescheidenheit' im Sinne der Anerkennung begrenzter betrieblicher Wirkmechanismen ..." (Eggers et al. 2011, S. 220) entgegengesetzt werden. Eine solche „wohltuende Bescheidenheit des Managements" unter bewusster Abkehr von technokratisch-technomorph vorgeprägten Ansprüchen in Richtung vollständig optimaler Lösungen und der Hinwendung auf „machbare" Gestaltungs- und Lenkungsalternativen weist einen realistischen Weg (auch Jung et al. 2011, S. 587). Diese Art von Bescheidenheit steht auch ganz in der Tradition des Vordenkers und Konzeptbegründers Hans Ulrich. Für ihn ist ein ganzheitlicher Denker „ ... kein ‚Alleswisser' – ganz im Gegenteil: mehr als dem linearen Kausaldenker sind ihm die Grenzen des Wissenskönnens bewusst" (Ulrich 1985, S. 10).

Die eingeforderte „Bescheidenheit" meint hier keinesfalls eine Abkehr von einem ganzheitlichem Denken und Handeln, sehr wohl aber eine Abkehr von undifferenziert vorgetragenen Machbarkeitsillusionen in Verbindung mit diesem Denkansatz, überwiegend hervorgerufen durch eine eher unüberlegte und inflationäre Verwendung dieses Terminus in Teilen der Literatur. Ganzheitliches Denken und Handeln ist eine hochkomplexe, vitale und sich immer wieder in neuen Konstellationen stellende Herausforderung weitab von Routinen. Deshalb ist auch ein „Mehr" an ganzheitlichem Denken und Handeln von Führungskräften ohne eine Fokussierung auf ein wie auch immer geartetes Optimum (was zudem sehr schwer zu bestimmen ist) im Team in Unternehmen schon ein bemerkenswerter Gewinn.

Die akzentuierte „Bescheidenheit" kann auch sehr praxisnah wieder am geforderten Führungsverhalten verortet werden. Im Team generierte ganzheitliche Lösungen sollten z. B. bei Präsentationen auch bewusst als solche ausgegeben und nicht seitens des Vortragenden vereinnahmt werden. Gerade die Mitarbeiter sind für das Auftreten ihrer Führungskräfte und die von ihnen genutzte Wortwahl und Symbolik in besonderer Weise sensibilisiert. Diese eher „weichen" Faktoren in Richtung Klima und Kultur sind der entscheidende Nährboden, auf dem breit angelegtes ganzheitliches Denken und Handeln der Mitarbeiter wächst – oder eben auch nicht. Die gängige Literatur zum ganzheitlichen Denken und Handeln fokussiert weniger die Impuls- und Symbolkraft des täglichen Führungsgeschehens und ihre „Abstrahlkraft" auf die ganzheitliche Denkbereitschaft der Mitarbeiter. Eine besondere Form von ganzheitlicher Perspektive würde aber auch diesem Aspekt verstärkt Beachtung schenken.

Trotz der jetzt schon längeren Historie ist das Thema „Ganzheitliches Denken und Handeln" noch nicht „ausgeforscht". Die nachfolgende Feststellung von Steinle et al. aus dem Jahr 1995 gilt vom Prinzip her auch noch heute: „Das Thema ‚ganzheitliches Problemlösen' hält vielmehr noch viel Forschungsarbeit bereit und wird insofern Interessierten noch viel ganzheitliche Denkleistungen abverlangen" (Steinle et al. 1995, S. 22).

Gegenüber anderen Forschungsfeldern z. B. mit Technologiebezug sind die betrachteten Themengebiete „Integriertes Management" und damit in enger Verbindung stehend „Ganzheitliches Denken und Handeln" weitaus weniger „zeitgetrieben". Es kann ein ruhiger Verlauf der Forschungsdiskussion ohne disruptive Ausschläge beobachtet werden. Die damit in Verbindung stehenden Überlegungen haben kein „echtes Verfallsdatum" wie manche zeitaffinen Managementvorstellungen in Subsystemen. Sie sind in der gegenwärtigen Managementdiskussion weitgehend akzeptierte Grundvorstellungen, deren Aktualität auch in den nächsten Dekaden erhalten bleibt bzw. eher noch zunimmt. Ausgehend von dieser fundierten Forschungsbasis lassen sich aber „Verästelungen" in diesem Forschungsfeld neu eruieren bzw. vertiefter erforschen. Neuere Erkenntnisse aus den Neurowissenschaften könnten hier z. B. in vielerlei Hinsicht neue Denkhorizonte eröffnen (für ein Beispiel Kenning/Kopton 2013). Auch eine internationale Kulturkreisdifferenzierung könnte interessante Erkenntnisse liefern, da in anderen Kontinenten und Ländern ganzheitliche Denkweisen schon eher im Kulturgut verankert sind, womit hilfreiche Anknüpfungspunkte für eine betriebliche Übertragung vorliegen könnten. Zudem sollte generell das Themenfeld „Ganzheitliches Denken und Handeln" gesamtheitlich und in seinen vielfältigen Facetten empirisch stärker beforscht werden, wie z. T. in Kapitel 5 schon angeführt. Die zu erhebenden Praxiserkenntnisse zum Ausprägungsgrad des ganzheitlichen Denken und Handelns in Unternehmen könnten ihrerseits wieder zu Forschungsimpulsen Anlass geben.

Die Diskussion um das Für und Wider ganzheitlichen Denkens und Handelns und die zugespitzte Frage, ob die Vorstellung eines ganzheitlichen Managers ein Mythos ist oder nicht, sollte zudem nicht den Blick auf das Wesentliche verstellen, nämlich „... was Management auch ist oder sein kann: Ein faszinierendes geistiges Abenteuer" (Ulrich 1984, S. 298).

Literatur

Ahlers, F./Eggers, B./Eichenberg, T. (2011): Ganzheitliches Management: eine mehrdimensionale Sichtweise integrierter Unternehmungsführung; in: Eggers, B./Ahlers, F./Eichenberg, T. (Hrsg.), Integrierte Unternehmensführung, Wiesbaden 2011, S. 3-13.

Becker, M. (2013): Personalentwicklung, 6. Aufl., Stuttgart 2013.

Bleicher, K. (2011): Das Konzept Integriertes Management: Visionen – Missionen – Programme, 8. Aufl., Frankfurt/New York 2011.

Deeg, J./Küpers,W./Weibler, J. (2010): Integrale Steuerung von Organisationen, München 2010.

Dyllick, T./Probst, G.J.B. (1984): Einführung in die Konzeption der systemorientierten Managementlehre von Hans Ulrich; in: Ulrich, H., Management, Bern 1984, S. 9-18.

Eggers, B. (1994): Ganzheitlich-vernetzendes Management: Konzepte, Workshop-Instrumente und strategieorientierte PUZZLE-Methodik, Wiesbaden 1994.

Eggers, B. (2006): Integratives Medienmanagement: Konzepte, Instrumente und Publisher Value Scorecard, Wiesbaden 2006.

Eggers, B./Ahlers, F. (2011): Diskursgeprägte Problemlösungsmethodik als praxisorientiertes Anwendungsbeispiel des normativen Managements; in: Eggers, B./Ahlers, F./Eichenberg, T. (Hrsg.), Integrierte Unternehmungsführung, Wiesbaden 2011, S. 39-48.

Eggers, B./Ahlers, F./ Eichenberg, T. (2011): Integrierte Unternehmungsführung – quo vadis?; in: Eggers, B./Ahlers, F./Eichenberg, T. (Hrsg.), Integrierte Unternehmungsführung, Wiesbaden 2011, S. 213-221.

Eggers, B./Bertram, U./Ahlers, F. (1995): Notwendigkeit und Förderung ganzheitlichen Denkens und Handelns von Führungskräften; in: Der Betriebswirt, 36. Jg., 1995, H. 3, S. 8-15.

Gärtner, C./Duschek, S. (2011): Kollektive Intelligenz in Netzwerken; in: Zeitschrift Führung + Organisation, 80. Jg., 2011, H. 6, S. 387-393.

Gomez, P. (2008): Geleitwort; in: Honegger, J. (2008), Vernetztes Denken und Handeln n der Praxis, Zürich 2008, S. 9-10.

Gomez, P./Probst, G. (1999): Die Praxis des ganzheitlichen Problemlösens, 3. Aufl., Bern 1999.

Gülke, N./Ahlers, F. (Hrsg.) (2016): Personaldiagnostik, Göttingen 2016.

Helfferich, C. (2014): Leitfaden- und Experteninterviews; in: Baur, N./Blasius, J. (Hrsg.), Handbuch Methoden der empirischen Sozialforschung, Wiesbaden 2014, S. 559-574.

Heyse, V./Erpenbeck, J. (2009): Kompetenztraining, 2. Aufl., Stuttgart 2009.

Honegger, J. (2008): Vernetztes Denken und Handeln in der Praxis, Zürich 2008.

Jenewein, W./Heidbrink, M. (2008): High-Performance-Teams, Stuttgart 2008.

Jung, H. (2011): Personalwirtschaft, 9. Aufl., München 2011.

Jung, R. H./Bruck, J./Quarg, S. (2011): Allgemeine Managementlehre, 4. Aufl., Berlin 2011.

Kenning, P./Kopton, I. M. (2013): Entwicklung einer Neuroleadership-Forschungsagenda; in: Zeitschrift Führung + Organisation, 82. Jg., 2013, H. 6, S. 388-393.

Koubek, A./Pölz, W. (2014): Integrierte Managementsysteme, München 2014.

Kriz, W. C./Nöbauer, B. (2008): Teamkompetenz, Göttingen 2008.

Künzli, B. (2012): Systemisches Problemlösen; in: Zeitschrift Führung + Organisation, 81. Jg., 2012, H. 5, S. 354-357.

Malik, F. (2008): Strategie des Managements komplexer Systeme, 10. Aufl., Bern/Stuttgart/Wien 2008.

Pawlowsky, P./Völker, M. (2012): Wie Hochleistungsteams besondere Herausforderungen meistern; in: Krüger, S./Kresse, O. (Hrsg.), Die Energiewende beginnt im Kopf, Halle 2012, S. 127-131.

Probst, G.J.B./Gomez, P. (1989): Die Methodik vernetzten Denkens zur Lösung komplexer Systeme; in: Probst, G.J.B./Gomez, P. (Hrsg.), Vernetztes Denken: Unternehmen ganzheitlich führen, Wiesbaden 1989, S. 3-18.

Probst, G.J.B./Gomez, P. (1991): Die Methodik vernetzten Denkens zur Lösung komplexer Systeme; in: Probst, G.J.B./Gomez, P. (Hrsg.), Vernetztes Denken: Ganzheitliches Führen in der Praxis, 2. Aufl., Wiesbaden 1991, S. 3-20.

Probst, G./Raub, S./Romhardt, K. (2012): Wissen managen: Wie Unternehmen ihre wertvollste Ressource optimal nutzen, 7. Aufl., Wiesbaden 2012.

Rüegg-Stürm, J./Grand, S. (2015): Das St. Galler Management-Modell, 2. Aufl., Bern 2015.

Schäffner, L./Bahrenburg, I. (2010): Kompetenzorientierte Teamentwicklung, Münster u. a. 2010.

Schnell, R./Hill, P. B./Esser, E. (2013): Methoden der empirischen Sozialforschung, 10. Aufl., München 2013.

Steinle, C. (2005): Ganzheitliches Management – eine mehrdimensionale Sichtweise integrierter Unternehmungsführung, Wiesbaden 2005.

Steinle, C./Eggers, B./Ahlers, F. (1995): Ganzheitlichkeit als Leitidee der St. Galler Problemlösungsmethodik „Vernetztes Denken"; in: Der Betriebswirt, 36. Jg., 1995, H. 3, S. 16-22.

Steinle, C./Eggers, B./Ahlers, F. (2008): Change Management, München und Mering 2008.

Steinle, C./Eggers, B./Kolbeck, F. (1999): Wandel planen und umsetzen mit PUZZLE, Frankfurt 1999.

Ulrich, H. (1984): Management, Bern 1984.

Ulrich, H. (1985): Plädoyer für ganzheitliches Denken; www.bengin.net/zpapersd/ulrich_plaedoyer.pdf; abgerufen am 15.08.2016.

Ulrich, H./Probst, G.J.B. (1990): Anleitung zum ganzheitlichen Denken und Handeln: Ein Brevier für Führungskräfte, 2. Aufl., Bern/Stuttgart 1990.

Ulrich, H./Probst, G.J.B. (1991): Anleitung zum ganzheitlichen Denken und Handeln: Ein Brevier für Führungskräfte, 3. Aufl., Bern/Stuttgart 1991.

Vester, F. (2000): Die Kunst vernetzt zu denken, 6. Aufl., Stuttgart 2000.

C: Fokusbeiträge:
IT-gestützte Personaldiagnostik und integriertes Karrieresystem

Entwurf eines differenzierten IT-gestützten Personaldiagnostikprozesses

Norbert Gülke und Friedel Ahlers

1. Einführung: Richtige Personalauswahl als entscheidender Erfolgsfaktor

Viele betriebswirtschaftliche Bereiche reklamieren für sich mehr oder weniger zurecht, ein entscheidender Erfolgsfaktor für das Unternehmen zu sein. Für die Personalauswahl gilt dieses aber unzweideutig. „Es gibt kaum einen Bereich, in dem die getroffenen Entscheidungen stärker den Erfolg eines Unternehmens beeinflussen, als die Personalauswahl" (IQP, o. J., S. 2). Denn mit der Personalauswahl werden entscheidende „Weichen" für den weiteren Personalverlauf, sowohl im positiven als auch im negativen Sinne, gestellt. Unzulänglichkeiten wirken sich hier demgemäß besonders negativ aus: Der Grund für „… personalwirtschaftliche Fehlsteuerungen liegt fast immer in unzureichenden Verfahren der Eignungsdiagnostik" (Lau 2016, S. 69). Entsprechend ist die „richtige" Personalauswahl mittels geeigneter Verfahren der Eignungsdiagnostik von essentieller Bedeutung.

Die damit geforderte Professionalität bei der Personalauswahl auf der einen Seite und die davon z. T. noch deutlich abweichende Realität auf der anderen Seite lassen deutlichen Handlungsbedarf erkennen. Noch zu oft wird bei der Personalauswahl in der betrieblichen Praxis auf vermeintlich „bewährte" Elemente gesetzt, statt sich offen für notwendige Optimierungen zu zeigen. Die Konsequenz ist „… eine nicht unerhebliche Anzahl von inadäquat besetzten Führungspositionen in Unternehmen" (Ahlers/Gülke 2016a, S. 5) mit den damit verbundenen dysfunktionalen Folgewirkungen. Insofern gilt als Handlungsherausforderung:

„Personal(auswahl)entscheidungen zumal für Führungspositionen müssen sicherer gemacht werden" (Gülke 2016a, S. 45).

Neben dieser originären Notwendigkeit gibt es noch einen weiteren wichtigen Grund für die Professionalisierung des personaldiagnostisch vorgeprägten Auswahlverfahrens in Zeiten knapper Bewerberkonstellationen für spezialisierte Stellen. Das Auswahlverfahren avanciert mehr und mehr zu einer entscheidenden „Visitenkarte" des Unternehmens, denn gute Bewerbungs- und Auswahlverfahren „ … gelten Kandidaten als Belege für die Qualität eines Arbeitgebers" (Faber 2016, S. 8). Unprofessionelle Verfahrensweisen von Unternehmensseite könnten insofern Bewerberabsagen begünstigen.

Ein wichtiger Ansatz zur intendierten „Modernisierung" und Optimierung des Auswahlverfahrens mit eignungsdiagnostischer Prägung liegt in der konsequenteren Nutzung der computerbasierten Varianten und Optionen. Gegenüber den Einsätzen in industrietechnologischen Bereichen ist hier aber noch ein deutlicher Nachholbedarf zu erkennen (vgl. Gülke 2016a, S. 47), dem es in diesem Beitrag ansatzweise nachzuspüren gilt.

2. Grundcharakteristika und Entwicklung einer IT-gestützten Personaldiagnostik

Die IT-gestützte Personaldiagnostik hat mit den fortschreitenden technologischen Möglichkeiten der letzten beiden Dekaden an Bedeutung gewonnen. Es ist keine eigene Form der Personaldiagnostik von der Grundintention her, sondern meint die maßgebliche Adaption informationstechnologischer Möglichkeiten zur gezielten Unterstützung der eignungsdiagnostischen Aufgaben.

Die Nutzung neuer Technologien stellte für Wottawa im Jahr 2008 noch eine „fundamentale Veränderung" des Möglichkeits- und Handlungsspektrums der Eignungsdiagnostik dar (Wottawa 2008, S. 316). Mittlerweile hat sich hier sicherlich einiges getan, wenn auch der „große Durchbruch" noch aussteht. So ist – wie schon in Kapitel 1 angedeutet – bisher nur ein eher rudimentärer Adaptionsgrad zu konstatieren: „Die Durchdringung personaldiagnostischer Prozesse mit modernen integrierten IT-Systemen ist eher noch als „weißes Feld" zu betrachten und bietet damit ein bei Weitem (noch) nicht ausgeschöpftes Nutzungspotenzial" (Ahlers/Gülke 2016b, S. 209).

Diese gewisse „Zurückhaltung" in Sachen IT-Nutzung auf Seiten der Recruiter, über deren Gründe nur spekuliert werden kann (z. B. stark verhaltenswissenschaftlich-psychologische Vorprägung), überrascht umso mehr, als deren Einsatz nahezu unbestreitbare Vorteile mit sich bringt. So wird der zentrale Vorteil des Einsatzes computergestützter Verfahren darin gesehen, personaldiagnostische Prozesse objektiver, effizienter und flexibler zu gestalten (u. a. Merkle et al. 2009, S. 171). Verfahrenstechnisch eröffnet die Computerunterstützung „… die Möglichkeit zur effizienzorientiert zu legitimierenden Abbildung einer positionsorientiert zugeschnittenen Zusammenstellung unterschiedlicher eignungsdiagnostisch geprägter Testsituationen" (Ahlers/Gülke 2016a, S. 12).

Die Computer- bzw. IT-gestützten Methoden ermöglichen neuartige Testformate z. B. in Richtung verhaltenszentrierter Systemsimulationen (Klinck 2013, S. 651), die die betriebliche Realität besser abbilden können als ursprünglich eingesetzte allgemeine Testbatterien. So können z. B. im Rahmen von computergestützten Problemlöseszenarien die Probanden einzeln oder in Gruppen mit komplexen Aufgaben mit einer Vielzahl von untereinander vernetzten Gestaltungsvariablen konfrontiert werden (Kanning 2004, S. 365), was realitätsnahe Problemstellungen mit strategischem Charakter abbildet. Die technologische Entwicklung in anderen Bereichen „beflügelt" das Einsatzspektrum an personaldiagnostisch nutzbaren computergestützten Simulationsoptionen (vgl. dazu näher Gülke 2016a, S. 48 ff.; Gülke 2016b, S. 164 ff.), wobei aus verschiedenen Gründen „die Realität" immer nur bedingt simuliert werden kann.

Zur richtigen und speziell kritischen Einordnung ist auch generell anzumerken, dass die IT-gestützte Personaldiagnostik mit Sicherheit kein – wie auch immer geartetes – „Allheilmittel" ist, was jegliche Unsicherheit im Auswahlprozess ausschließen kann. Die Diskussion ist zu großen Teilen praktiker- und speziell beratergetrieben mit einer gebührenden Portion an Zurückhaltung auf wissenschaftlicher Seite. Diese zumindest partielle Zurückhaltung ist zu Teilen mit den verfahrensimmanenten Problemen der computergestützten Personaldiagnostik zu erklären (dazu z. B. Buss et al. 2016, S. 25 f.). Wobei viele dieser Probleme durch verfahrenstechnische Modifikationen mehr oder weniger auszuräumen sind und damit dem Einsatz einer IT-gestützten Personaldiagnostik nicht grundlegend entgegenstehen. Aber auch aus Praxissicht gibt es Zweifel an der Akzeptanz einer computergestützten Personalauswahl, speziell in oberen bzw. obersten Führungsebenen (vgl. Buss et al. 2016, S. 120 f.). Relativierend ist zum Nutzenpotenzial der IT-gestützten Personaldiagnostik generell anzumerken: „Allerdings ist nicht einfach die IT-Unterstützung per se ein Erfolgsfaktor, sondern auch sie muss bestimmten Gütekriterien entsprechen, um die Qualität und Professionalität des Auswahlverfahrens zu erhöhen. Außerdem wird bewusst von IT-Unterstützung gesprochen, die wichtigen konzeptionellen Vorarbeiten bleiben davon in ihrer hohen Bedeutung unberührt. Die IT-Unterlegung des Personaldiagnostikprozesses ist und bleibt damit ein bewusster Gestaltungsakt von Personalverantwortlichen und muss konzeptionell unterlegt und fundiert sein" (Ahlers/Gülke 2016b, S. 211). Damit wird also die originäre Diagnostikaufgabe nicht entpersonalisiert und vollends einem anonymen System überlassen. Eine IT-gestützte Personaldiagnostik ist damit nicht primär technisch vorprogrammiert, sondern immer noch „Überlegungssache".

3. Entwicklung eines differenzierten Prozessentwurfes zur IT-gestützten Personaldiagnostik

3.1 Intention des Prozessentwurfes

Allgemein wird unter einem diagnostischen Prozess eine Abfolge von Maßnahmen zur Gewinnung diagnostisch relevanter Informationen und deren Nutzung für eine vorgegebene Frage- bzw. Aufgabenstellung verstanden (Schmidt-Atzert/Amelang 2012, S. 386).

Der generierte Prozessentwurf versteht sich insofern als „ganzheitlich" derart, als er den gesamten Auswahlprozess eines Kandidaten im weiteren Sinne erfasst und in die vorgelagerten Such- und speziell nachgelagerten Entwicklungsprozesse mit hineinragt. Damit soll bewusst über die Vorauswahl als das bislang zentrale Anwendungsfeld einer „ernsthaften" Internet- bzw. IT-gestützten Diagnostik (Schuler 2014, S. 205) hinausgegangen werden. Zudem erlaubt die Internet- und IT-Nutzung „... völlig neue Möglichkeiten der Integration der Teilschritte der Bewerberauswahl" in Richtung eines „verbundenen Systems" (Wottawa 2008, S. 307).

Der im Folgenden skizzierte sehr ausdifferenzierte Prozessentwurf zur IT-gestützten Personaldiagnostik (vgl. dazu auch grundlegend Buss et al. 2016) trägt zwar dem Anspruch der Ganzheitlichkeit Rechnung, was aber nicht heißt, dass alle Prozesselemente quasi als unverzichtbare „Kettenglieder" zu interpretieren sind, wonach das Herauslösen eines Gliedes zwangsläufig den Gesamtprozess gefährden würde. Vielmehr ist in Richtung eines „Baukastensystems" zu denken, wonach in gewisser Bandbreite Neuarrangements der Systemelemente und speziell eine Prozessverkürzung unter bewusstem Verzicht auf einzelne falkutative Auswahlschritte möglich sind. Allerdings sollten entsprechende „Verkürzungen", die vordergründig mit der damit verbundenen geringeren Ressourcenbeanspruchung legitimiert werden könnten, genau überlegt sein, um die Aussagekraft des Gesamtprozesses nicht negativ zu tangieren. „Ein Diagnostikprozess „light" ist aber immer noch besser als eine nahezu unsystematische Vorgehensweise, die das Risiko von Fehleinstellungen anwachsen lässt" (Ahlers/Gülke 2016b, S. 208).

3.2 IT-gestützter Prozessentwurf im Überblick

Die Suche nach neuen Mitarbeiterinnen und Mitarbeitern ist keine neue Aufgabe von Unternehmen, sondern schon seit Jahrzehnten geübte Praxis. Allerdings unterliegt die Vorgehensweise vielfältigen Änderungen, die z. B. durch wissenschaftliche Erkenntnisse, neue Technologien, geänderte Verhaltensmuster oder praktische Erfahrungen beeinflusst werden. Leicht beobachtbar ist beispielsweise die vermehrte und für manche Stellenausschreibungen als umfassend zu bezeichnende Nutzung von Job-Portalen im Internet anstelle der noch bis vor einigen Jahren allgemein üblichen Printmedien. Auch wird diese Aufgabe mehr und mehr als wesentlich für die weitere Entwicklung von Unternehmen angesehen und als Prozess betrachtet, der regelmäßig durchlaufen werden muss.

Damit ist gleichzeitig evident, dass Bewerberinnen und Bewerber auf andere Art und Weise einen für sie passenden Job suchen und finden müssen. Und natürlich hat sich damit auch die Vorgehensweise der Unternehmen bei der Suche, Auswahl und Einstellungsentscheidung neuer Mitarbeiterinnen und Mitarbeiter geändert und wird sich weiter ändern!

Wissenschaftliche Arbeiten zur Eignungsdiagnostik haben zu neuen Verfahren für die Beurteilung von Personen geführt. Computer kommen vermehrt nicht nur unterstützend zum Einsatz. Aber augenscheinlich ist der Versuch einer integrativen und durchgehenden Prozessentwicklung unter Einbeziehung beider Fachbereiche noch nicht dokumentiert. Dies ist die Grundlage für die nachfolgende Beschreibung eines derartig ausgestalteten personaldiagnostischen Prozesses, der sich durch drei wesentliche Merkmale von bisher veröffentlichten Ansätzen unterscheidet:

- Bisher bekannte personaldiagnostische Verfahren (z. B. strukturierte Interviews, Assessment Center (AC) usw.) werden häufig isoliert oder nur ansatzweise verbunden angewendet. In der Literatur bisher nicht dokumentiert ist deren durchgehende Integration innerhalb eines entsprechenden Prozesses. Der Entwurf eines solchen Prozesses ist Bestandteil dieses Beitrages.

- Ergänzend dazu scheint es übliche Praxis zu sein, das personaldiagnostische Einstellungsverfahren von der danach zu erfolgenden Mitarbeiterentwicklung der eingestellten Bewerberin oder des Bewerbers zu trennen. Mit dem nachfolgend beschriebenen Ansatz wird genau diese Trennung überwunden und damit ein durchgehender Prozess entwickelt mit dem Vorteil, Entwicklungen der Mitarbeiterin oder des Mitarbeiters über die Gesamtbeobachtungszeit verifizieren zu können. Für die gezielte (Weiter-)Entwicklung des Personals in Unternehmen können sich damit Vorteile ergeben.

- Der Einsatz von Computer-Technologie fokussiert neben Online-Bewerbungen und -Befragungen zumeist Excel zur Unterstützung deren Auswertung. Ein integrativer Ansatz zur reproduzierbaren Ermittlung von Kenndaten unter Nutzung verschiedener diagnostischer Verfahren ist ebenfalls bisher nicht nachweisbar. Mit dieser Arbeit wird der zuvor beispielhaft entwickelte personaldiagnostische Prozess so dokumentiert, dass ein jeweils integrierter Kennzahlenstand einer phasenbezogenen Bewertung mit Entscheidungsmöglichkeit zugeführt werden kann.

Ausgehend von den zuvor formulierten grundsätzlichen Annahmen für die nachfolgende Prozessentwicklung erfolgt zuerst eine Skizzierung der beiden essentiellen Prozessphasen, die mit „Personalsuche und Einstellungsentscheidung" und „Mitarbeiterentwicklung" beschrieben sind.

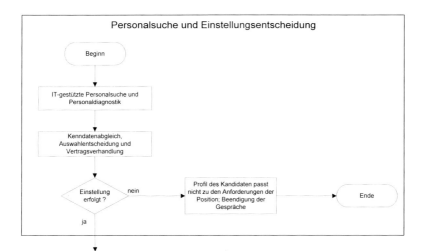

Abbildung 1: Personalsuche und Einstellungsentscheidung
Quelle: Eigene Darstellung

Die Prozessphase „Personalsuche und Einstellungsentscheidung" beinhaltet alle Aktivitäten, die mit der Analyse notwendiger positionsbezogener Eigenschaften und deren Abgleich mit eingehenden Bewerbungen auf eine entsprechende Stellenausschreibung einhergehen sowie der Auswahlentscheidung einschließlich möglicher Vertragsverhandlungen. Die Ausdifferenzierung dieser Aktivitäten sowie die Beschreibung der notwendigen datentechnischen Integration verschiedener diagnostischer Methoden erfolgt in einem der nachfolgenden Abschnitte.

Die oben dargestellte Verzweigung mit der Frage „Einstellung erfolgt?" symbolisiert eine an mehreren Stellen des eigentlichen Prozessentwurfes hinterlegte phasenbezogene Bewertung der entsprechenden Kandidatin oder des Kandidaten mit der Möglichkeit differenzierter Entscheidungsmöglichkeiten und weiterführender Aktivitäten innerhalb des diagnostischen Prozessteils. Bei positivem Ergebnis der Einstellungsentscheidung erfolgt an dieser Stelle der integrierte Übergang in die dann folgende Prozessphase der „Mitarbeiterentwicklung". Während mithin die vorhergehende Prozessphase nur einmalig durchlaufen wird und mit einer möglichen Vertragsunterzeichnung der Phasenübergang erfolgt, ist die „Mitarbeiterentwicklung" ein regelmäßig stattfindender Prozessteil. Auch symbolisieren die Darstellungen der Prozessaktivitäten und -verzweigungen im später dokumentierten detaillierten Prozess ausdifferenzierte Methoden und Verfahren. Die Prozessphase der „Mitarbeiterentwicklung" kann letztlich nur auf zwei Arten verlassen werden. Entweder ergeben sich in der Person der Mitarbeiterin oder des Mitarbeiters liegende Gründe, dass Unternehmen zu verlassen oder ein altersbedingtes Ausscheiden aus dem Arbeitsleben führt zur Beendigung der „Mitarbeiterentwicklung". Diese beiden Prozessschritte werden nachfolgend in Ansätzen mit einer Potenzialvermutung formuliert. Die datentechnische Verbindung beider übergeordneter Prozessphasen ist für eine Weiterführung des während des diagnostischen Prozesses erstmalig ermittelten Bewerberprofils essentiell.

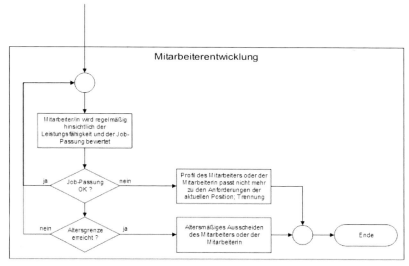

Abbildung 2: Mitarbeiterentwicklung
Quelle: Eigene Darstellung

Das Bewerberprofil und in der Fortsetzung der Prozessphase „Mitarbeiterentwicklung" das daraus entstandene Mitarbeiterprofil umfassen alle bereits ermittelten und im Laufe der Jahre aktualisierten und/oder neu erhobenen Kenndaten der Mitarbeiterin oder des Mitarbeiters. Es lässt sich daraus über den Betrachtungszeitraum die fachliche und persönliche Entwicklung zeigen, tatsächliche Ergebnisse von Personalentwicklungsmaßnahmen verifizieren und eine gezielte Profilpräzisierung erreichen.

An mehreren Stellen des nachfolgend gezeigten personaldiagnostischen Prozesses sind (IT-gestützt) der Kenndatenabgleich und die Frage der Profilpassung implementiert. Natürlich ist dies in erster Linie ein Datenabgleich zwischen Soll- und Ist-Daten. Dieser wird jedoch durch eine grafische Aufbereitung zu einem tatsächlich so zu bezeichnenden Eignungsprofil erweitert. Eine solche Profildarstellung wird im Rahmen der Entwicklung eines Audit-Tools zur Ermittlung der Demografiefestigkeit skizziert und ist bereits für den hier betrachteten personaldiagnostischen Prozess angepasst.

3.3 Explikation zentraler Prozesselemente

3.3.1 Vorbemerkungen

Die beiden zuvor skizzierten wesentlichen Prozessphasen „Personalsuche und Einstellungsentscheidung" sowie „Mitarbeiterentwickung" werden nachfolgend weiter detailliert. Grundlegend ist dabei festzuhalten, dass von einer durchgehend integrierten Datenstruktur ausgegangen wird. Diese ist derart ausgeführt, dass separat aufgeführte IT-gestützte Methoden ihre jeweiligen Ergebnisse so in dieser Datenstruktur hinterlegen, dass phasenweise eine jeweils dem Diagnosestand entsprechende Profilanalyse erfolgen kann. Alle entscheidungsrelevanten Kenndaten werden also so angepasst hinzugefügt, dass auf einer immer integralen Datenbasis jederzeit ein Kenndatenabgleich (Soll – Ist) zwischen personengebundenen und positionsrelevanten Profilinformationen erfolgen kann.

Die Beschreibung bestimmter Details des sich in der Entwicklung befindlichen personaldiagnostischen Gesamtprozesses macht eine weitere Untergliederung erforderlich, die in erster Näherung mit Pre-Phase, Kern-Phase und Post-Phase skizziert werden kann. Der zentrale Schwerpunkt weitergehender Analysemethoden wird mit der Kern-Phase gezeigt, die auf Grund doch eher umfangreich zu nennender Prozessschritte ihrerseits in vier Subphasen gegliedert ist. Der Prozessablauf wird grafisch verdeutlicht und an markanten Stellen ausführlich beschrieben. Die textliche Ergänzung nimmt Bezug auf eine durchgehende Nummerierung aller Prozessschritte.

Bereits entwickelte Software-Tools werden für bestimmte Prozessschritte skizziert. An anderen Stellen des Prozessablaufs sind Software-Tools so angedeutet, dass sie nach erfolgter Entwicklung und Fertigstellung in den Prozess eingebunden werden.

Möglichst alle Prozessschritte sollen IT-gestützt durchlaufen werden, da nur damit die Erstellung einer im Prozessablauf wachsenden und sich hinsichtlich ihres Informationsgehaltes verdichtenden Datenbank gewährleistet ist. Die jeweilige Auswertung des Datenbestandes im Sinne eines Kennzahlenabgleichs mit den Soll-Vorgaben des Anforderungsprofils der zu besetzenden Position wird an den dafür vorgesehenen Stellen des Prozesses automatisiert erfolgen und grafisch als Eignungsprofil dargestellt.

3.3.2 Pre-Phase: Anforderungsermittlung und Bewerberanalyse

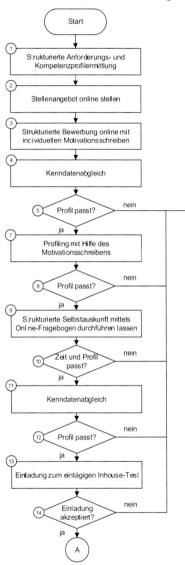

Der Start des personaldiagnostischen Prozesses beginnt mit einer strukturierten Ermittlung der Anforderungen für die zu besetzende Position und der daraus abgeleiteten Skizzierung des Kompetenzprofils der dafür notwendigen Personalbesetzung (Prozessschritt 1).

Strukturiert bedeutet, dass in diesem Zusammenhang und auch gleichzeitig für alle nachfolgend so beschriebenen Aktivitäten eine adäquate methodische Unterstützung mittels noch zu entwickelnder Software für eine weitestgehend reproduzierbare Vorgehensweise sowie einer integrierten Datenhinterlegung derart gegeben ist, dass jederzeit separat als auch im Vergleich mit im weiteren Prozessablauf erzeugten Daten ein Kenndatenabgleich erfolgen kann.

Aus den so ermittelten Anforderungsinformationen wird in Ergänzung mit CI-Vorgaben des jeweiligen Unternehmens automatisch ein Stellenangebot online gestellt (Prozessschritt 2). Die eingehenden (strukturierten) Bewerbungsinformationen werden in einem nächsten Prozessschritt mit den eingangs ermittelten Anforderungen der zu besetzenden Position automatisch abgeglichen (Kenndatenabgleich im Prozessschritt 4) und führen zu der ersten Prozessverzweigung (Prozessschritt 5). Die Entscheidung, ob auf Basis dieser ersten Bewertung eine Kontaktaufnahme mit der sich bewerbenden Person erfolgen soll oder nicht, kann auf Grund der erstmalig verfügbaren integrierten Profilanalyse automatisch getroffen werden.

Wird durch entsprechende Software eine Profilpassung zwischen den Anforderungen und der sich bewerbenden Person nicht festgestellt, so erfolgt automatisch erzeugt der Mail-Versand eines entsprechenden Dankschreibens an die Bewerberin oder den Bewerber (Prozessschritt 6). Im weiteren Prozessverlauf gibt es mehrfach auf Basis der jeweiligen Kenndatenabgleiche die Notwendigkeit, den Kontakt mit der sich bewerbenden Person zu beenden (z. B. Prozessschritte 19, 23, 41 usw.). Da sich aber phasenbezogen das Profil der betrachteten Person schärft bzw. Eigenschaften mit einem geringer werdenden Fehlergrad zugeordnet werden können, erfolgen u. U. andere Aktivitäten mit der Entscheidung zur negativen Profilpassung. Dies wird im weiteren Verlauf der Prozessbeschreibung jeweils beschrieben.

Wird mit dem ersten Kenndatenabgleich eine Profilpassung festgestellt, so wird im nächsten Prozessschritt das bereits initial angeforderte Motivationsschreiben einer linguistischen Textanalyse zugeführt (Prozessschritt 7). Sollte dieses Motivationsschreiben mit der strukturierten Bewerbungsvorgabe nicht eingegangen sein, so ist auch dies ein Grund für die bereits zuvor geschilderte Beendigung weiterer Prozessaktivitäten mit dieser Bewerberin oder diesem Bewerber. Mit der computerbasierten Textanalyse des nunmehr vorliegenden Motivationsschreibens werden bei diesem Prozessschritt zwei Ziele verfolgt:

1. Mittels Profiling werden Eigenschaftsinformationen über den Schreiber des Textes erhoben und mit den bereits eingegangenen persönlich hinterlegten Daten aus der strukturierten Bewerbung verglichen. Ergeben sich hier deutliche Abweichungen, so kann auch an dieser Stelle auf eine eher nicht passende Profilabdeckung mit den Anforderungen der zu besetzenden Position geschlossen und der Mail-Versand eines Dankschreibens initiiert werden.

2. Alle im Rahmen der linguistischen Textanalyse gewonnenen Daten, also auch syntaktische, grammatikalische und semantische Detailinformationen, werden für eine spätere Verwendung separat zu den Eigenschaftsinformationen der betreffenden Person gespeichert. In einem zeitlich nachgelagerten Prozessschritt werden diese Informationen sowie die bereits daraus abgeleiteten Profildaten zur Verifizierung tatsächlicher Personendaten genutzt.

Wird also erneut eine Profilpassung (Prozessschritt 8) mit inzwischen weiter angereichertem Datenumfang festgestellt (auch dies erfolgt automatisch durch entsprechende Rechnertechnik), so wird die Bewerberin oder der Bewerber per Mail aufgefordert, an einer Online-Befragung innerhalb eines vorgegebenen Zeitrahmens teilzunehmen (Prozessschritt 9). Dazu wird mit der Einladungs-Mail zu dieser Befragung ein Passwort verschickt, das der entsprechenden Person die Möglichkeit zur individuellen und geschützten Eingabe von persönlichen Antworten verschafft.

Das Online-Befragungs-Tool ist Teil des im Zusammenhang mit dieser Prozessentwicklung entstandenen Tool-Systems, deren jeweiliger Datenoutput automatisch dem Datensatz identifizierter Bewerberinnen oder Bewerber zugeführt wird. Wie auch bereits bei der zuvor skizzierten linguistischen Textanalyse reichert sich der Datenumfang für jede betrachtete Person mit nahezu jedem Prozessschritt weiter an und erlaubt nach und nach eine personenbezogene Profilanalyse mit zunehmender Genauigkeit. Manche dieser Analysen können vollkommen automatisch ausgeführt werden, andere Entscheidungen zur Profilpassung (vor allem solche aus späteren Prozessphasen) sollen ganz bewusst auch durch den Prozess begleitende Personen des suchenden Unternehmens gesteuert und ggf. beeinflusst werden (z. B. Prozessschritte 16, 24 usw.).

Mit der Annahme, dass die Online-Befragung innerhalb des Zeitfensters abgeschlossen wurde und das Profil weiterhin passt (Prozessschritt 10), erfolgt an dieser Stelle ein Gesamt-Kenndatenabgleich aller bisher erhobenen Informationen (Prozessschritt 11). Dies erscheint an dieser Stelle explizit erforderlich, da man davon ausgehen kann, dass neben einem etablierten Bewerbungsprozess auch eine individuelle ergänzende Kontaktaufnahme seitens der Bewerberin oder des Bewerbers berücksichtigt werden sollte. Hier sollten also entsprechende Personen des suchenden Unternehmens Einflussmöglichkeiten auf eine mögliche Beendigung des Bewerbungsprozesses für die betrachtete Person haben. Im Sinne einer durchgehend aktuellen Datenbasis sind manuelle Eingaben/Änderungen zu dokumentieren und nachvollziehbar zu begründen.

Bei weiterhin positiver Profilpassung erfolgt nun der automatische (also Rechner-getriebene) Mail-Versand einer Einladung zu einem Inhouse-Test (Prozessschritt 13) entweder unmittelbar im suchenden Unternehmen oder bei einer damit speziell beauftragten Personalberatung. Mit der innerhalb eines gegebenen Zeitfensters eingehenden Bestätigung des vorgegebenen Termins (andernfalls sollte der Kontakt wegen mangelndem Interesse der entsprechenden Person beendet werden; vergleiche hierzu Prozessschritt 14) erfolgt der erste Übergang innerhalb dieses personaldiagnostischen Prozesses in eine persönliche Kennenlernphase, die geprägt ist durch persönliche Gespräche und eine IT-gestützte Methodik.

3.3.3 Kern-Phase: Auswahldiagnostik i.e.S.

3.3.3.1 Subphase 1: Persönliches Kennenlernen

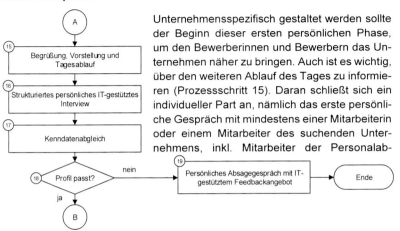

Unternehmensspezifisch gestaltet werden sollte der Beginn dieser ersten persönlichen Phase, um den Bewerberinnen und Bewerbern das Unternehmen näher zu bringen. Auch ist es wichtig, über den weiteren Ablauf des Tages zu informieren (Prozessschritt 15). Daran schließt sich ein individueller Part an, nämlich das erste persönliche Gespräch mit mindestens einer Mitarbeiterin oder einem Mitarbeiter des suchenden Unternehmens, inkl. Mitarbeiter der Personalabteilung oder der beauftragten Beratung (Prozessschritt 16). Wie zuvor bereits angedeutet wird dieses Interview IT-gestützt durchgeführt. Dazu wird mit passender Software ein Fragenkatalog durchlaufen, der durch die jeweilig beauftragten Personen interaktiv mit der Bewerberin oder dem Bewerber abgearbeitet wird. Die entsprechend angezeigte Frage (nicht einsehbar für die Bewerberin oder den Bewerber) wird im Rahmen eines möglichst lockeren Gesprächs verbal ausformuliert und entsprechende Antworten werden mit Hilfe der Software notiert. Hierbei können sowohl geschlossene als auch offene Fragen zum Einsatz kommen. Vorgegebene Antworten können durch Maus-Klick gespeichert werden. Für Antworten zu offenen Fragen wird im Rahmen der Tool-Entwicklung überlegt, eine Spracheingabe-Software zu nutzen, damit die fragende Person nicht durch eine ggf. umfangreiche manuelle Antworteingabe abgelenkt wird und es damit zu einer möglichst zu vermeidenden Gesprächsunterbrechung kommt.

Der Fragenkatalog nimmt Bezug auf die bereits online durchgeführte Befragung im gleichen Themenkontext, allerdings ohne gleichformulierte Fragen. Hiermit werden mindestens zwei Ziele verfolgt:

1. Verifizierung der Antworten aus der Online-Befragung. Überprüft werden kann damit z. B., ob tatsächlich die Bewerberin oder der Bewerber die Online-Fragen beantwortet hat. Auch kann bei übereinstimmenden Antworten deren qualitative Berücksichtigung in der nachfolgenden Profilanalyse erhöht werden, um nicht zuletzt eine wachsende Ergebnissicherheit zu erzielen.

2. Durch die die Befragung begleitende Software ist die Möglichkeit gegeben, Kommentare und ergänzende Anmerkungen während des Gesprächsverlaufs zu hinterlegen. Dies erfolgt z.T. mit vorformulierten Sätzen und/oder im Freitext-Modus durch die gesprächsdurchführenden Personen. Dadurch kann eine individuelle Informationsanreicherung für die folgenden Kenndatenabgleiche realisiert werden, da diese Informationen entweder gleich einer automatischen Auswertung zugeführt werden können oder jeweils unmittelbar nach dem Gespräch manuell nachbearbeitet werden (damit ab dem jeweiligen Zeitpunkt konsistente Datenstände eine jederzeitige Profilanalyse ermöglichen).

Als nächster Prozessschritt erfolgt der bereits zuvor geschilderte Kenndatenabgleich zur Profilanalyse und der Möglichkeit zur Prozessverzweigung bei entsprechenden Antworten (Prozessschritte 17 und 18). Sollte sich zu diesem Zeitpunkt herausstellen, dass eine Weiterführung der Gespräche nicht zweckdienlich ist, so sollte noch am gleichen Tag ein persönliches Absage- oder Beendigungsgespräch mit der Bewerberin oder dem Bewerber durchgeführt werden (Prozessschritt 19). Hierzu kann auf Basis der aktuellen Datenlage IT-gestützt ein ausformulierter Feedbackbericht erstellt und falls gewünscht auch übergeben werden. Dadurch wird auch abgelehnten Personen eine Wertschätzung entgegen gebracht, die sich sehr wahrscheinlich selbst in dieser Situation positiv auf die Einstellung zum Unternehmen auswirken kann. Eventuell ergeben sich zukünftig weitere Aufsetzpunkte einer möglichen Zusammenarbeit, die bei einem derartig durchgeführten Abschlussgespräch zu einem Value-Add für beide Seiten führen können.

3.3.3.2 Subphase 2: Weiterführende Gespräche

Wird der Prozess bei erkannter Profilpassung fortgesetzt, dann geht es in der weiteren Gesprächsrunde um eine Verifizierung personengebundener Daten (Prozessschritt 20). Dieser Informationsabgleich kann sowohl in dem zuvor skizzierten Befragungsgespräch integriert oder wie in der Prozessdarstellung gezeigt in einem zweiten separaten Gesprächsteil realisiert werden. Beide Möglichkeiten werden IT-gestützt durchgeführt und erlauben verschiedene Vergleichsmöglichkeiten mit den zuvor online hinterlegten Informationen. Mit dem Kenndatenabgleich (Prozessschritt 21) wird erneut die Profilanalyse (beides IT-gestützt) vorbereitet. Wie schon zuvor angedeutet kann das Feedbackangebot bei Beendigung des Einstellungsprozesses nach und nach im Prozessverlauf erweitert werden. Der jeweilige Value-Add steigt also stetig an und kann u.U. neue Optionen eröffnen.

Als nächster Schritt im Einstellungsprozess erscheint es sinnvoll, auch für die im Verfahren verbleibenden Bewerberinnen oder Bewerber ein allerdings ausführliches Feedbackgespräch zu führen (Prozessschritt 24). Neben der Spiegelung bestimmter erkannter Eigenschaften oder gewisser Defizite, können diese individuell hinterfragt werden. Im Sinne einer bereits zuvor angedeuteten Wertschätzung der Bewerberin oder des Bewerbers sind im weiteren (positiven) Verlauf des personaldiagnostischen Prozesses an weiteren Stellen solche ausführlichen Feedbackrunden eingebaut (z. B. Prozessschritte 30, 36 usw.). Hier wird der Bewerberin oder dem Bewerber Gelegenheit gegeben, in einer geeigneten Gesprächsatmosphäre über die Selbstbeobachtung des zuvor durchlaufenden diagnostischen Prozessschrittes zu reflektieren. Hierbei schildert zuerst die betreffende Person die eigene Wahrnehmung. Auch die hierbei entstehenden Informationen über die Bewerberin oder den Bewerber sollten in geeigneter (das Gespräch nicht behindernder oder beeinflussender) Art und Weise dem datentechnisch bereits verfügbaren Eignungsprofil zugeführt werden. IT-gestützt können dann bestimmte Informationen des Fremdbildes gespiegelt werden, denn mit Hilfe des Profilabgleichs lassen sich unterstützende Hinweise software-technisch ableiten und dem Gesprächspartner so zur Verfügung stellen, dass er diese Feedback-Informationen verbal der Bewerberin oder dem Bewerber im persönlichen Gespräch übermitteln kann (vgl. Kanning 2003 und 2009, S. 43).

Eine Unterstützung insbesondere im Hinblick auf zu hinterfragende Defizite oder Entwicklungspotenziale erfolgt IT-gestützt auf Basis des vorherigen Profilergebnisses. Da hier mit wesentlich individuelleren Gesprächsverläufen und ergänzenden Antworten gerechnet werden sollte, muss eine dafür geeignete Software genau diese Informationseingaben unterstützen. Eine manuelle Nachbearbeitung der während des Gesprächs aufgenommenen Informationen erscheint obligatorisch im Hinblick auf den bereits erwähnten jederzeit möglichen Kenndatenabgleich mit anschließender Profilanalyse.

Entwicklung eines differenzierten Prozessentwurfes zur IT-gestützten Personaldiagnostik 47

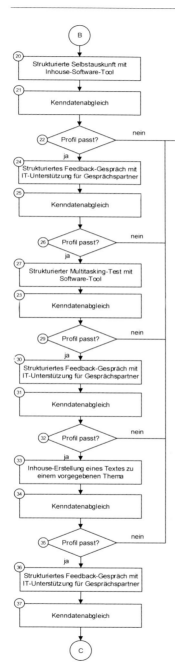

Insbesondere bei Suche nach zukünftigen Führungskräften eines Unternehmens kommt es auf Fähigkeiten an, mehrere Prozessabläufe gleichzeitig im Blick zu behalten. Es geht also im nächsten Schritt des Personaldiagnostikprozesses um die Untersuchung der Multitaskingfähigkeit der Bewerberinnen oder Bewerber (Prozessschritt 27). Hier wurde ein strukturierter Multitasking-Test entwickelt, bei dem gleichzeitig drei Aufgaben unterschiedlicher Dauer, Geschwindigkeit und Wichtigkeit beherrscht werden müssen. Die Aufgabenteile sind jeweils nur separat und nicht gleichzeitig auf einem Bildschirm sichtbar und können durch die Bewerberin oder den Bewerber selbstständig eingeschaltet werden. Hierbei handelt es sich um die grafische Zuordnung bestimmter geometrischer Formen innerhalb eines Zeitintervalls, das Auffangen eines herunter fallenden Balls mittels horizontalem Verschieben eines Fangkorbes sowie das Lösen eher einfacher mathematischer Aufgaben ebenfalls innerhalb eines Zeitintervalls. Strukturiert heißt auch bei diesem Tool, dass alle entstehenden Daten im Zusammenhang mit dem Testablauf so aufbereitet und strukturiert sind, dass sie dem Eignungsprofil zugeordnet werden können, wodurch der Kenntnisumfang über die Bewerberin oder den Bewerber weiter wächst und ein höheres Qualitätsniveau erlangt.

Wie bereits mehrfach zuvor folgt nun ein neuer Kenndatenabgleich (Prozessschritt 28) auf Basis eines aktualisierten Datenstands mit der sich anschließenden möglichen Prozessverzweigung in Richtung vorzeitiger Beendigung oder Weiterführung des Einstellungsprozesses (Prozessschritt 29).

Auch das sich anschließende Feedback-Gespräch wurde bereits mit Prozessschritt 24 skizziert und ist an mehreren Stellen des Prozesses wichtig, um der Kandidatin oder dem Kandidaten jeweils unmittelbar nach bestimmten Einstellungstests eine direkte Rückmeldung zu geben und damit eine Wertschätzung entgegen zu bringen. Hiermit wird bereits zu einem sehr frühen Zeitpunkt im Verlauf des Prozesses des gegenseitigen Kennenlernens die gewünschte Kultur des suchenden Unternehmens transparent gemacht und gleichzeitig verfestigt sich das Bild der Kandidatin oder des Kandidaten, da dies immer mit IT-Unterstützung durchgeführt wird und gesprächsbegleitend zu weiterer Datenanreicherung führt. Der wiederum folgende Kenndatenabgleich mit möglicher Prozessverzweigung erscheint ab dieser Stelle transparent erklärt und obligatorisch (Prozessschritte 28 und 29). Gleiches gilt für das unmittelbare Feedback (Prozessschritt 30). Der grafische Prozessablauf macht die diversen Prozessschritte Kenndatenabgleich, Prozessverzweigung und Feedback sichtbar (hier die Prozessschritte 31 und 32 mit der möglichen Verzweigung zum Prozessschritt 23).

Im weiteren Prozessablauf wird verifiziert, ob der mit der Online-Bewerbung eingereichte Motivationstext authentisch erstellt wurde. Dazu wird die Kandidatin oder der Kandidat aufgefordert, zu einem vorgegebenen Thema einen zusammenhängenden Text in einem bestimmten Mindestumfang an einem vorbereiteten Computer zu erstellen und zu speichern (Prozessschritt 33). Dieser Computer hat keinen Internetzugang und der Raum, in dem der Computer zur Texterstellung genutzt werden muss, sollte auch per Smartphone keine Connectivity zulassen. Alle im Rahmen der linguistischen Textanalyse des bereits erwähnten Motivationstextes gewonnenen Daten werden nach Fertigstellung IT-basiert mit den entsprechenden Werten des nun vorliegenden Textes verglichen. Hinzu kommt, dass die Kandidatin oder der Kandidat nunmehr persönlich bekannt ist und selbstständig (also ohne ggf. Hilfe anderer Personen) den zweiten Text erstellt hat. Dies erscheint vor dem Hintergrund zunehmender Verfügbarkeit von internetbasierter Dienstleistung zur Erstellung entsprechender Texte bestimmbarer Länge und Güte wichtig. Sollte sich nämlich herausstellen, dass es hier erkennbare Abweichungen zwischen den Kenndaten beider Texte gibt, so kann das auf eine nicht authentische Einreichung des ursprünglichen Motivationstextes hindeuten und sollte zu einer deutlichen Hinterfragung im sich obligatorisch anschließenden Feedbackgespräch führen mit der Möglichkeit, den Einstellungsprozess vorzeitig zu beenden (Prozessschritte 36, 37, 38 mit eventueller Prozessverzweigung zum Prozessschritt 46).

An dieser Stelle erscheint es sinnvoll, den eintägigen Inhouse-Test zu beenden und die Bewerberin oder den Bewerber mit dem Hinweis zu verabschieden, dass auf Basis der bisher gewonnenen Erkenntnisse eine unternehmensinterne Beurteilung und Entscheidung für oder gegen weitergehende Gespräche getroffen wird (Prozessschritt 39). Insgesamt könnte auch die Information weitergegeben werden, dass bis jetzt der Prozess eigentlich positiv verlaufen ist, Fragen jederzeit an das suchende Unternehmen per Telefon oder per Mail übermittelt werden können und man sich zeitnah melden wird.

Die Güte und der Umfang der Erkenntnisse über die betreffende Person sollten an dieser Stelle des personaldiagnostischen Prozesses ausreichen, um qualifiziert über den Fortgang der Gespräche zu entscheiden. Auch ein Vergleich der Eignungsprofile verschiedener Bewerberinnen oder Bewerber ist möglich, mit dem Ergebnis der Erstellung einer eventuell gewünschten Rangliste auf Basis der konkret vorliegenden Profildaten. Damit besteht eine reproduzierbare Möglichkeit, die Anzahl der Personen für die kommenden Inhouse-Tests im weiteren Verlauf des Prozesses selektiv zu beeinflussen.

Mit dem Versenden von Einladungen zu einem unternehmensinternen Assessment-Center wird die nächste Phase des personaldiagnostischen Prozesses eingeläutet, gefolgt von der IT-gestützten Überwachung möglicher Akzeptierungen dieser Einladung im vorgegebenen Zeitrahmen (Prozessschritt 40). Gehen Zusagen zum Assessment-Center nach Ablauf der vorgegebenen Frist ein, so sollten diese mit einer IT-gestützten Rückmeldung in Form der Beendigung der Einstellungsgespräche und Dank nicht weiter berücksichtigt werden (Prozessschritt 41). Auch dies führt zu einem Kenntnisgewinn der betreffenden Person. Denn selbst wenn die Bewerberin oder der Bewerber inzwischen anderweitige Pläne realisiert haben sollte, so ist im Sinne einer gegenseitigen Wertschätzung eine zeitnahe Rückinformation an das einladende Unternehmen zu erwarten. Entsprechend können aus Abweichungen von dieser Erwartung Rückschlüsse auf die Eignung der Person gewonnen werden (z. B. Verlässlichkeit), die bei einer ggf. später erneut eintreffenden Stellenbewerbung der gleichen Person unmittelbare Rückschlüsse zulassen.

An dieser Stelle muss natürlich auf bestehende gesetzliche Rahmenbedingungen zum Datenschutz hingewiesen werden, die mit der finalen Ausgestaltung des hier vorgestellten personaldiagnostischen Prozesskonzeptes noch geprüft werden müssen.

3.3.3.3 Subphase 3: Assessment Center und virtuelles Büro

Sind die gewünschten Einladungen akzeptiert, so kann zum vorgesehenen Zeitpunkt die Gruppe der zuvor identifizierten Bewerberinnen und Bewerber zum nächsten Inhouse-Test begrüßt werden. Nach der Begrüßung im Gruppenzusammenhang kann entschieden werden, ob Informationen zum weiteren Ablauf der Gespräche individuell, mit der damit verbundenen Möglichkeit der separaten Erkenntnisanreicherung zum Bewerberprofil, oder in größerem Rahmen erfolgen. Auf jeden Fall sollte jede Möglichkeit zum strukturierten Erkenntnisgewinn einerseits und zum wertschätzenden Gespräch mit den ja nunmehr bereits vorselektierten und damit in einer engeren Wahl befindlichen Bewerberinnen und Bewerber genutzt werden. Ob die folgenden Inhouse-Tests vom zeitlichen Umfang her einen oder mehr als einen Tag erfordern, ist an dieser Stelle des Prozessentwurfs weniger relevant, da AC-Verfahren sowie deren Art und Umfang je nach zu besetzender Position spezifiziert werden müssen. Die Angabe, dass die Beobachter im AC IT-gestützt operieren, unterstellt eine dafür entwickelte Software, die es mindestens ermöglichen muss, eine bessere Konzentration auf das AC-Geschehen zu realisieren und somit die Möglichkeit schafft, persönliche Erkenntnisse während der Aktivitäten schneller und einfacher zu hinterlegen.

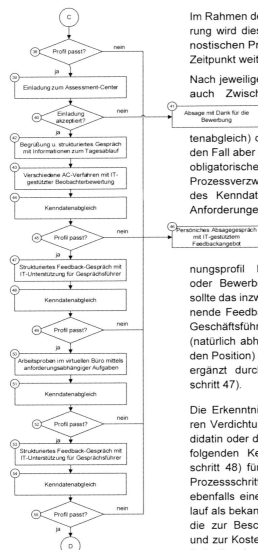

Im Rahmen der weiteren Konzeptverfeinerung wird dieser Punkt des personaldiagnostischen Prozesses zu einem späteren Zeitpunkt weiter detailliert.

Nach jeweiligen Aktivitäten im AC können auch Zwischenbewertungen (Kenndatenabgleich) durchgeführt werden. Auf jeden Fall aber erfolgt nach Beendigung der obligatorische Abgleich mit eventueller Prozessverzweigung. Sind die Ergebnisse des Kenndatenabgleichs zwischen den Anforderungen der Position und dem Eignungsprofil bestimmter Bewerberinnen oder Bewerber immer noch positiv, so sollte das inzwischen obligatorisch zu nennende Feedbackgespräch nun mit einem Geschäftsführer des Unternehmens oder (natürlich abhängig von der zu besetzenden Position) einer höheren Führungskraft ergänzt durchgeführt werden (Prozessschritt 47).

Die Erkenntnisgewinne führen zur weiteren Verdichtung des Profilbildes der Kandidatin oder des Kandidaten, das mit dem folgenden Kenndatenabgleich (Prozessschritt 48) für die Entscheidung weiterer Prozessschritte genutzt wird. Dies ist ebenfalls eine inzwischen im Prozessablauf als bekannt vorausgesetzte Prozedur, die zur Beschleunigung des Verfahrens und zur Kostenreduzierung beitragen soll. Bei allen kennzahlenbasierten Prozessentscheidungen zum weiteren Verlauf, sollte bei einer möglichen vorzeitigen Gesprächsbeendigung in einem persönlichen Gespräch ein umfangreiches Feedback zum Profil der entsprechenden Person angeboten werden. Bei allen kennzahlenbasierten Prozessentscheidungen zum weiteren Verlauf, sollte bei einer möglichen vorzeitigen Gesprächsbeendigung in einem persönlichen Gespräch ein umfangreiches Feedback zum Profil der entsprechenden Person angeboten werden. Dies eröffnet sowohl der Bewerberin oder dem Bewerber aber insbesondere auch dem suchenden Unternehmen ein Potenzialfeld.

Das suchende Unternehmen kann seine personalpolitische Außenwirkung steigern, da es unmittelbar die Unternehmenskultur im Sinne der Unterstützung von am Unternehmen interessierten Menschen zeigt. Denn auch die zu einem bestimmten Zeitpunkt im Einstellungsprozess als weniger oder nicht passend identifizierten Bewerberinnen oder Bewerber können so ggf. als gegenüber dem Unternehmen immer noch positiv eingestellt verabschiedet werden. Auch das Angebot eines fundierten persönlichen Feedbacks (z. B. im Prozessschritt 46) stellt einen Mehrwert für abgelehnte Bewerberinnen und Bewerber dar und wird diesen helfen, eine adäquate Position in einem anderen Unternehmen zu finden. Ein solches Auftreten des suchenden Unternehmens wird nachhaltig positive Wirkung entfalten und ggf. für erhöhte Attraktivität zukünftiger Stellenbesetzungen sorgen. Hierzu würde sich eine empirische Untersuchung eines so ausgestalteten vorzeitigen Abbruchs einer Bewerbung anbieten.

Wie schon einleitend skizziert ist dieser personaldiagnostische Prozess mosaikartig komponiert aus IT-gestützten neuen Methoden und strukturierten persönlichen Gesprächen, die in der Kombination unterschiedliche Erkenntnisgewinne erlauben. Die jeweiligen Informationen werden datentechnisch aufbereitet und zu einem Eignungsprofil zusammengefasst. In diesem Rahmen wurde das Konzept des sogenannten virtuellen Büros entwickelt (vgl. Gülke 2016a, S. 53 und Gülke 2016b, S. 166), welches bekannten professionellen Flugsimulatoren vom Grundgedanken her gleicht. Durch ein solches virtuelles Büro können Arbeitsanforderungen der zu besetzenden Position im Unternehmen realitätsnah „durchlebt" und Arbeitsproben der Bewerberinnen und Bewerber erhalten werden. Auch die dabei entstehenden Daten (z. B. Art und Weise der Reaktion auf Arbeitsunterbrechungen durch eingehende Mails und Telefonate, Gesprächsführung in Stresssituationen usw.) führen erneut zur weiteren Verdichtung des jeweiligen Eignungsprofils in Ergänzung bereits zuvor durchlaufender Tests. Art und Umfang des Tests im virtuellen Büro richten sich ebenfalls nach der zu besetzenden Position, denn es macht natürlich einen Unterschied, ob eine eher operative Tätigkeit im Produktionsbereich oder eine mehr administrative Aufgabe in der Buchhaltung zu besetzen ist. Entsprechend wird das virtuelle Büro vor Beginn der Arbeitsprobe konfiguriert.

Ein Kenndatenabgleich, eine mögliche Prozessverzweigung und ein ggf. intensives Feedbackgespräch im gleichen Personenkreis wie zuvor beschrieben vervollständigen diesen Prozessteil (Prozessschritte 51, 52 und 53). Damit ist der zweite persönliche Auftritt der Bewerberin oder des Bewerbers beendet und es wird mit einem persönlichen Gespräch auf weitere Aktivitäten des Unternehmens verwiesen. Bei Weiterführung des jeweils individuellen Einstellungsprozesses kommt es nunmehr zu einer umfassenden IT-gestützten Validierung aller vorhandenen Kenndaten und einer davon abhängigen Entscheidungsvorbereitung (Prozessschritt 56).

3.3.3.4 Subphase 4: Einstellungsentscheidung und Probezeit

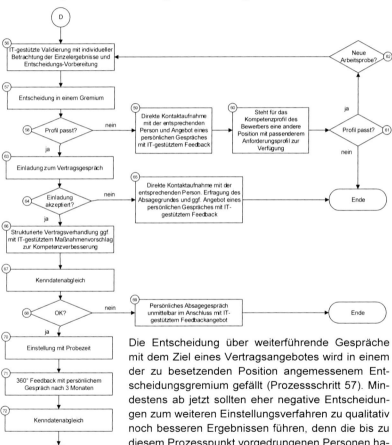

Die Entscheidung über weiterführende Gespräche mit dem Ziel eines Vertragsangebotes wird in einem der zu besetzenden Position angemessenem Entscheidungsgremium gefällt (Prozessschritt 57). Mindestens ab jetzt sollten eher negative Entscheidungen zum weiteren Einstellungsverfahren zu qualitativ noch besseren Ergebnissen führen, denn die bis zu diesem Prozesspunkt vorgedrungenen Personen haben auf jeden Fall ein gewisses Potenzial.

Im Falle des eher als nicht ausreichend entschiedenen Eignungsprofils sollte in Erweiterung der bereits zuvor skizzierten Aktivitäten des suchenden Unternehmens eine direkte Kontaktaufnahme mit der Bewerberin oder dem Bewerber erfolgen verbunden mit dem Angebot eines persönlichen, umfangreichen und qualifizierten Gespräches (Prozessschritt 59). Dies sollte nicht nur genutzt werden, um der entsprechenden Person ein IT-gestützt erzeugtes aber persönlich erläutertes Feedback anzubieten, sondern vielmehr auch um auszuloten, ob es andere zu besetzende Positionen im Unternehmen gibt, für die das Eignungsprofil der Bewerberin oder des Bewerbers passen könnte (Prozessschritt 60). Für den damit einhergehenden sicherlich größeren Aufwand für das Unternehmen gibt es gute Gründe wie z. B. die bereits entstandenen Kosten der Eignungsprüfung und viel mehr die bereits fundierten Kenntnisse über die betreffende Person. Auch kann man in dieser Phase des Einstellungsprozesses annehmen, dass eine Profil-Passung mit der generellen kulturellen Ausrichtung des suchenden Unternehmens gegeben ist, denn sonst wäre ein Ausscheiden aus dem Prozess zu einem deutlich früheren Zeitpunkt sehr wahrscheinlich gewesen. Die Person hat also Potenzial, das eventuell auf andere Art und Weise oder an anderer Stelle im Unternehmen eingesetzt werden kann.

Sollte sich hier eine Profilpassung einerseits und eine Bereitschaft der Bewerberin oder des Bewerbers andererseits zeigen, so sollten weitere Maßnahmen ergriffen werden (Prozessschritt 61). Hierzu gibt es verschiedene Möglichkeiten des Wiedereinstiegs in den personaldiagnostischen Prozess, allerdings jetzt für eine andere Position im Unternehmen. Auf jeden Fall wäre dies ein deutlich verkürzter Verfahrensablauf, da ja wesentliche Kenndaten über die entsprechende Person bereits fundiert erhoben wurden. Mit entsprechender Gesprächsvorbereitung könnte ggf. eine neue Arbeitsprobe im dafür neu konfigurierten virtuellen Büro als nützlich betrachtet werden usw. Eine weitere Ausarbeitung des Prozesskonzeptes für diesen Bereich ist für einen späteren Zeitpunkt vorgesehen (siehe Prozessschritt 62 mit der Möglichkeit, neu zu entwickelnde Prozessschritte zu ergänzen).

Wird für die betrachtete Person und die zu besetzende Position eine Weiterführung des Einstellungsprozesses entschieden, so folgt nunmehr die Einladung zum Vertragsgespräch (natürlich auch dies abhängig von der zu besetzenden Position; Prozessschritt 63). Falls zu diesem Prozesszeitpunkt die Einladung nicht akzeptiert wird (Prozessschritt 64), sollte versucht werden, den Absagegrund zu erfahren (Prozessschritt 65). In Abhängigkeit dieser Information könnte beispielsweise das zuvor skizzierte Verfahren greifen und eine ggf. aus Bewerbersicht passendere Position diskutiert werden (der personaldiagnostische Prozess ist an dieser Stelle noch nicht vervollständigt und könnte ggf. mit dem Prozessschritt 60 fortgesetzt werden). Gibt es andere Gründe wie z. B. ein inzwischen akzeptiertes Konkurrenzangebot, so sollte der Einstellungsprozess an dieser Stelle beendet werden. Allerdings gibt es selbst in einer solchen eher finalen Gesprächssituation die Möglichkeit, die personalpolitische Kultur des suchenden

Unternehmens in ihrer Außenwirkung nachhaltig zu steigern. Eine Möglichkeit wäre die Offerte einer jederzeitigen Wiederaufnahme von Gesprächen für eine spätere Zusammenarbeit durch das suchende Unternehmen. Damit dies auch als ernsthaft und nachhaltig wahrgenommen wird, sollten mindestens Kontaktdaten des dafür zuständigen Ansprechpartners verbindlich mitgeteilt werden. Auch an dieser Stelle des Prozessentwurfes gibt es sicherlich Potenzial für die Entwicklung weiterer Verfahrensschritte zu einem späteren Zeitpunkt.

Mit der Durchführung von Vertragsverhandlungen (Prozessschritt 66) wird deutlich, dass der Einstellungsprozess in seine finale und erfolgreiche Phase eintritt. Wie schon zuvor an mehreren Stellen skizziert kann für die Verdeutlichung der gegenseitigen Wertschätzung nie genug getan werden. So können auch gleich im Zuge der Vertragsgespräche mögliche Eignungsverbesserungspotenziale durch IT-gestützt erstellte Maßnahmenvorschläge ein unmittelbares Value-Add bedeuten. Ebenfalls werden durch dieses Gespräch weitere Kenntnisse gewonnen, die das Profil der Einstellungskandidatin oder des Einstellungskandidaten weiter schärfen. Dies führt nach Abschluss dieses Gesprächsteils zum erneuten, jetzt aber finalen, Kenndatenabgleich (Prozessschritt 67), zu dem ggf. eine kleine Gesprächspause genutzt werden kann. Damit kann noch während der Anwesenheit der entsprechenden Person im Hause des Unternehmens entweder der Anstellungsvertrag unterschrieben oder selbst an dieser Stelle mit zuvor beschriebenen Maßnahmen das Einstellungsverfahren (vorerst) beendet werden (Prozessschritte 68 und ggf. 69).

3.3.4 Post-Phase: Kompetenzentwicklung im Unternehmen

Ab jetzt gilt die Post-Phase des personaldiagnostischen Prozesses, denn mit Beginn der Tätigkeit handelt es sich um eine Mitarbeiterin oder einen Mitarbeiter des Unternehmens innerhalb der vereinbarten Probezeit (Prozessschritt 70).

Bisher bekannte entsprechende Verfahren lassen an dieser entscheidenden Stelle eine durchgehende und damit nachhaltige Kenndatennutzung vermissen. Der bisher doch mit z.T. erheblichem Aufwand erreichte Kenntnisstand zum Eignungsprofil der entsprechenden Person sollte beibehalten und weiter geführt werden für eine ab jetzt ggf. unmittelbar einsetzende Weiterentwicklung der neuen Mitarbeiterin oder des neuen Mitarbeiters. Deswegen sprechen wir im Zusammenhang mit den persönlichen Kenndaten dieser Person ab jetzt von einem Eigenschaftsprofil.

Wie allgemein üblich geht der nächstfolgende Prozessschritt von einer Einstellung auf Probezeit aus gefolgt von einem ersten offiziellen 360°-Feedback mit persönlichem Gespräch nach 3 Monaten Zugehörigkeit zum Unternehmen (Prozessschritt 71). Wie bereits mehrfach während der ersten Prozessphase (Einstellungsprozess) gezeigt, werden mit dem strukturiert durchgeführten persönlichen Gespräch Informationen generiert, die das Eigenschaftsprofil der Mitarbeiterin oder des Mitarbeiters qualitativ erweitern. Aussagen auf dieser Datenbasis zu den Eigenschaften der Person werden weiterhin von Mal zu Mal exakter. Darüber hinaus wird die Software zur Verwaltung und Nutzung dieser personenbezogenen Datenbasis erweitert, um die Funktion der Generierung und Nutzung einer fortlaufenden Datenhistorie zu ermöglichen. Es wird also ab der Einstellung einer Person in ein Unternehmen der zuvor gewonnene Datenstand zum Eignungsprofil „eingefroren" und durch darauf aufbauende Personalentwicklungsmaßnahmen mit jeweils entsprechendem Kenntnisgewinn weiter entwickelt. So entstehen bei regelmäßig stattfindenden Feedbackterminen zusätzliche Informationen, die jeweils auf dem dann gültigen Kenndatenstand zu einem Eigenschaftsprofil verdichtet ausgewertet werden können. Das ursprüngliche Eignungsprofil und die nach und nach darauf aufbauend entstehenden Eigenschaftsprofile erhalten immer einen Zeitstempel und können nun zu Profilverlaufsdarstellungen erweitert werden. Damit ergeben sich weitergehende personaldiagnostische Möglichkeiten wie z. B. die Ergebnisanalyse von Weiterbildungsmaßnahmen nach Zeitabläufen. Wenn also beispielsweise bei einem regelmäßigen Feedbackgespräch unter Zuhilfenahme des Eigenschaftsprofils der Bedarf einer weiteren Entwicklung der Teamfähigkeit festgestellt und mit der Mitarbeiterin oder dem Mitarbeiter abgestimmt sowie die Maßnahme durchgeführt wurde, so sollte sich nach einiger Zeit unter Nutzung z. B. erneuter 360° Feedbackrunden eine Veränderung der entsprechenden Eigenschaft im Profil zeigen. Auch aus einer möglicherweise nicht sichtbaren Änderung können Erkenntnisse zu dieser Eigenschaft der entsprechenden Person gewonnen werden wie z. B. eine wenig wirksame Bildungsmaßnahme oder eine gewisse Veränderungsresistenz oder sonstige Lernhemmnisse.

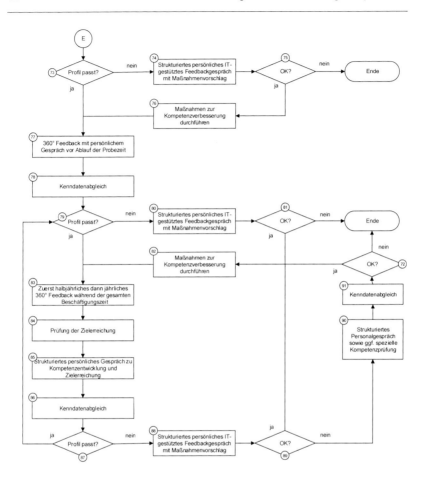

Ein Ergebnis der beiden Feedbackgespräche innerhalb der 6 monatigen Probezeit kann auch darin bestehen, dass derartige Diskrepanzen zwischen Personalverantwortlichen des Unternehmens und der Mitarbeiterin oder dem Mitarbeiter offenkundig werden, dass über eine Vertragsauflösung nachgedacht werden muss (Prozessschritte 74 und 75). Auch dies ist eine Stelle im hier beschriebenen personaldiagnostischen Gesamtprozess, die weiter entwickelt wird. Denn wie schon zuvor bei einem möglichen Abbruch von Vertragsverhandlungen skizziert, hat das Unternehmen einen nicht unbeträchtlichen Aufwand zur adäquaten Besetzung einer vakanten Position zu realisieren, der sich natürlich mit Einarbeitungskosten in der ersten Zeit der Betriebszugehörigkeit erhöht. Dieses mögliche Potenzial sollte vor einem endgültigen Bruch wesentlich besser ausgelotet und in einer noch zu untersuchenden Art und Weise dem Unternehmen erhalten werden (z. B. Prozessschritt 76).

Das zweite 360°-Feedback erfolgt kurz vor Ablauf der Probezeit wieder mit IT-gestütztem Check des Eigenschaftsprofils, persönlichem Gespräch und ggf. Maßnahmenvereinbarung für erkannte persönliche Entwicklungsfelder (Prozessschritte 77 bis 82). Die Probezeit endet mit der Feststellung der nachhaltigen Eignung der Mitarbeiterin oder dem Mitarbeiter für das Unternehmen auf der aktuell ausgefüllten Position.

Die Post-Phase geht jetzt über in einen sich regelmäßig wiederholenden Prozessteil, der die Weiterentwicklung der nunmehr festangestellten Mitarbeiterin oder des Mitarbeiters auf Basis des fortgeschriebenen Eigenschaftsprofils zum Inhalt hat. Wie schon seit längerer Zeit in großen Bereichen der Industrie etabliert, werden positionsabhängig jährliche Zielvereinbarungsgespräche geführt und persönliche Ziele der entsprechenden Person schriftlich fixiert. Auch die bereits für die Probezeit genutzten 360° Feedbackverfahren kommen regelmäßig zum Einsatz (Prozessschritt 83). Beide Verfahren in Verbindung mit mindestens einmal im Jahr stattfindenden persönlichen Gesprächen zur Kompetenzentwicklung und Zielerreichung (Prozessschritt 84) dienen dem Abgleich der Anforderungen aus Unternehmenssicht, den wahrgenommenen Eigenschaften der Mitarbeiterin oder des Mitarbeiters (Fremdbild) sowie der selbstempfundenen Situation (Eigenbild). Eine dafür spezifisch entwickelte Software unterstützt auch diesen Teil der Post-Phase entsprechend den bisher skizzierten Einsatzfällen im IT-gestützten personaldiagnostischen Prozess derart, dass dieser regelmäßige Informationsaustausche immer auch zur Aktualisierung des Eigenschaftsprofils der Mitarbeiterin oder des Mitarbeiters nutzt und eine jederzeitige Profilpassung für den Aufgabenbereich durchgeführt werden kann. Auch die bereits während der Probezeit durchgeführten persönlichen Feedbackgespräche werden etabliert und zur Ableitung von Bildungsmaßnahmen für die Weiterentwicklung genutzt (Prozessschritt 85).

Da im Laufe der Betriebszugehörigkeit unterschiedlich ausgerichtete Bildungsmaßnahmen mit hoher Wahrscheinlichkeit zum Einsatz kommen, sollte auch hier über geeignete IT-Unterstützung und eine entsprechende Datenintegration zur Anreicherung des individuellen Eigenschaftsprofils nachgedacht werden. Auf diese Art und Weise kann auch die Entwicklungsfähigkeit für anspruchsvollere Aufgaben erkannt und unterstützt werden. Daraus leitet sich wiederum ab, dass auf Basis des reproduzierbaren Profilverlaufs der betreffenden Person sichere Personalentscheidungen getroffen und verifiziert werden können, die insbesondere für obere Führungsebenen entscheidend für Erfolg oder Misserfolg im Unternehmen sind. Bekanntermaßen sind solche Einflüsse bereits verschiedentlich wissenschaftlich untersucht und deren betriebliche Relevanz festgestellt worden. Damit erscheint es sehr sinnvoll, mit einem durchgängig ausgeprägten IT-gestützten personaldiagnostischen Prozess nicht nur die initiale Erstbesetzung qualitativ zu verbessern, sondern auch während der gesamten Betriebszugehörigkeit der entsprechenden Person sichere Personalentscheidungen zu erreichen.

Natürlich gibt es auch die Möglichkeit, diesen regelmäßig für alle Mitarbeiterinnen und Mitarbeiter des Unternehmens (dabei sind ausdrücklich auch alle Führungspersonen inkludiert!) zu durchlaufenden Prozess zu verlassen (Prozessschritte 81 und 89). Dies kann einerseits auf Grund persönlicher Gründe (dazu zählt auch das Erreichen der Altersgrenze) oder andererseits durch eine nicht mehr gegebene Profilpassung erfolgen. In beiden Fällen gibt es für den hier dargestellten Personalprozess Entwicklungsbedarf, denn es darf nach wie vor Potenzial für das Unternehmen vermutet werden.

Und es erscheint erkennbar, dass ausgehend von einer verhältnismäßig früh festgestellten Nichtpassung zwischen dem Eignungsprofil der Bewerberin oder des Bewerbers und den Anforderungen der zu besetzenden Position bis hin zu einer entsprechenden Abweichung zu einem späteren Zeitpunkt (also bereits als Mitarbeiterin oder Mitarbeiter) Möglichkeiten einer Trennung vorgesehen werden müssen. Wie schon mehrfach angedeutet bedeutet dies immer einen Verlust eingesetzter Ressourcen des Unternehmens für die betreffende Person, der ggf. verhindert zumindest jedoch abgemildert werden könnte. Insbesondere bei schwer auszufüllenden Anforderungsprofilen scheint die Entwicklung hierzu geeigneter Maßnahmen sinnvoll, zumal sich eine prozessbegleitend strukturgleiche Ausgangslage abzuzeichnen scheint.

Für die Entwicklung und Integration weiterer Maßnahmen und Verfahren in dem hier vorgestellten personaldiagnostischen Gesamtprozess muss auch eine verstärkte Sicht der jeweils betrachteten Person berücksichtigt werden. Im Zuge einer immer transparenter werdenden Allgemeinheit u. a. durch soziale Netzwerke kann die Akzeptanz und Attraktivität derartiger Diagnoseverfahren sicherlich dadurch erhöht werden, dass ein Value-Add unbedingt auch für die betrachtete Person offenkundig wird. Dies umso mehr, als eine reproduzierbar angelegte Profilschärfung und deren Zurverfügungstellung sowohl die Attraktivität des beteiligten Unternehmens als auch den Marktwert der entsprechenden Person steigert. Beide profitieren also davon!

4. Anwendungsvoraussetzungen und -grenzen in der Praxis

Der aufgezeigte sehr ausdifferenzierte Prozessentwurf eines IT-gestützten Personaldiagnostikprozesses hat sowohl einen ideal- als auch einen realtypischen Charakter. Idealtypisch deshalb, weil in dieser Form ein ungewöhnlich stark ausdifferenzierter Auswahl- und Diagnostikprozess mit vielen Detail-Schritten aufgezeigt wird, der sicherlich in dieser Detailtiefe nur von wenigen Unternehmen praktiziert wird. Realtypisch zugleich, weil er aber durchaus umsetzbar ist, gerade auch mit der eingeplanten IT-Unterstützung.

Zentral auch und gerade für die Praxis ist die Erkenntnis, dass es nicht den einen IT-gestützten Personaldiagnostikprozess geben kann (auch Ahlers/Gülke 2016b,

S. 207). Vielmehr gilt: „Eine erfolgreiche Diagnostik und Personalentwicklung setzen immer eine durchdachte unternehmens- und situationsspezifische Ausgestaltung voraus" (Wierzchowski et al. 2016, S. 43). Entsprechend ist der IT-gestützte Personaldiagnostikprozess immer auf die situationsspezifischen Erfordernisse zuzuschneiden. Hier sind also trotz aller IT wieder die Verwender gefordert, deren „Klugheit" und „Verantwortungsbewusstsein" hier explizit adressiert wird (Schuler 2014, S. 402). Undifferenzierte und weitgehend konzeptionslose Vorgehensweisen im Sinne einer situationsaversen Umsetzung eines Diagnostikprozesses quasi im Sinne eines Konzeptes „von der Stange" stehen damit für mögliche Anwendungsprobleme und -grenzen in der Praxis. Das vordergründig naheliegende Argument der zu starken Ressourcenbeanspruchung durch ein sehr differenziertes IT-gestütztes Personaldiagnostik-Auswahlverfahren als markante praktische Anwendungsrestriktion ist ambivalent zu betrachten: Einerseits ist sicherlich eine hohe Ressourcenbeanspruchung des dargelegten Verfahrens nicht „wegzudiskutieren", was besonders mittelständische Unternehmen betrifft. Andererseits ist dem die graduelle Erhöhung der Auswahlsicherheit und damit verbundene positive Folgewirkungen (z. B. höhere Wahrscheinlichkeit der Amortisation der Humankapitalinvestitionen) gegenüberzustellen. Eine abschließende Einschätzung dazu ist generell schwierig und wenn auch nur für den Einzelfall mit erheblicher Zeitverzögerung abzugeben.

Ein Beispiel für die eingeforderte situationsspezifische Nutzung des IT-gestützten Personaldiagnostikprozesses liegt im Bereich der Aging-Karriereunterstützung (vgl. dazu näher Gülke 2016b, S. 157 ff.). Hier sind die zielgruppenspezifischen Besonderheiten zu berücksichtigen, z. B. die Erfahrungsabbildung und -analyse im Rahmen geeigneter computergestützter Simulationsverfahren.

Der Ausdifferenzierungsgrad der (IT-gestützten) Personaldiagnostik ist in enger Verbindung zur Ambition der zu besetzenden Stelle zu sehen. Je ambitionierter die Position, desto eher werden Einzel-ACs relevant, deren Bedeutung tendenziell zunimmt (Stulle/Weinert 2016, S. 35).

5. Fazit und Ausblick

Die IT-gestützte Personaldiagnostik ist allein deshalb schon in einem permanenten Statu nascendi, weil in kurzen Zeitzyklen immer neue technische Möglichkeiten erschlossen werden, die auch für die Eignungsdiagnostik genutzt werden könnten. Dies ist aber keinesfalls dahingehend zu interpretieren, dass ausschließlich die Technologie die Personaldiagnostik und deren Entwicklung determiniert. Vielmehr bleibt sie in der Rolle als Unterstützer, die Güte-Maßstäbe werden noch immer von der Personaldiagnostik selbst gesetzt. Allerdings ein sehr wesentlicher Unterstützer, da sie ganz neue Wege im Rahmen der Personaldiagnostik erlaubt.

Mit Schuler (2014, S. 210) wird auch gesehen, dass die IT-Unterstützung des Diagnostikprozesses trotz all ihrer Vorteile nicht das Moment der „persönlichen Interaktion" im Auswahlgeschehen ersetzen kann und soll. Zudem stehen noch so ausgeklügelte IT-gestützte Personaldiagnostikverfahren immer noch in der Verantwortung der nutzenden Unternehmen. „Sie können viel leisten, aber sie leisten, wie alle Technologien, nicht automatisch Gutes – dazu bedarf es der Klugheit und des Verantwortungsbewusstseins der Verwender" (Schuler 2014, S. 402).

Auch bezogen auf die IT-gestützte Personaldiagnostik gilt es den „richtigen Weg" zwischen „... einer wissenschaftlich fundierten und gleichzeitig praxistauglichen Personalauswahl ..." (Riedel 2016, S. 137) zu finden. Dabei ist zu bedenken, „... das wissenschaftliche Akribie und langwierig-komplexe Verfahrensentwicklung auf der einen Seite nur schwer mit praktikablen Erfordernissen nach überschaubar-robust einsetzbaren und damit pragmatisch „händelbaren" Verfahren auf der anderen Seite in Einklang zu bringen ist" (Ahlers/Gülke 2016a, S. 7). Was aber nicht bedeuten soll, dass beide Seiten auf ihren z. T. recht unterschiedlichen Positionen „be- und verharren" sollten, vielmehr ist eine „gegenseitige Befruchtung" im Sinne einer Win-Win-Situation angezeigt. Hinderlich sind aber auf jeden Fall einem unreflektierten, technomorph und -kratisch determinierten Technolgieverständnis entspringende überhöhte Erwartungen an die IT-gestützte Personaldiagnostik, denen auch durch interessengeleitete Beiträge z. B. aus der Beraterecke Vorschub geleistet wird. Technologie bleibt eben (und zum Glück) Technologie, die ohne Vordenkleistung nicht vorstellbar und ohne Nachdenkleistung nicht handlungsprägend ist. Wichtig ist insofern „... die „überlegte" Nutzung der neuen technolgiegeprägten Impulse im Rahmen eines methodisch (und ökonomisch, Anm. der Verf.) zu legitimierenden Vorgehens" (Ahlers/Gülke 2016a, S. 12).

Der zu Beginn des Abschnittes angeführte „permanente Statu nascendi", indem sich die IT-gestützte Personaldiagnostik befindet, deutet schon daraufhin, dass dieses Erkenntnisfeld „in Bewegung" bleibt (auch Ahlers/Gülke 2016b, S. 206) und damit in den nächsten Jahren noch vielfältige Herausforderungen für Wissenschaft und Praxis bereithält.

Literatur

Ahlers, F./Gülke, N. (2016 a): Personaldiagnostik: Potenziale und Perspektiven; in: Gülke, N./Ahlers, F. (Hrsg.), Personaldiagnostik: Potential- und Perspektivenvielfalt der Eignungsdiagnostik für Unternehmen und Mitarbeiter, Göttingen 2016, S. 5-21.

Ahlers, F./Gülke, N. (2016 b): Schlussbemerkungen: Perspektivenvielfalt und Potenzialerschließung als Herausforderungen; in: Gülke, N./Ahlers, F. (Hrsg.), Personaldiagnostik: Potential- und Perspektivenvielfalt der Eignungsdiagnostik für Unternehmen und Mitarbeiter, Göttingen 2016, S. 205-214.

Buss, C./Gerhardy, N./Ahlers, F./Gülke, N. (2016): IT-gestützter Personaldiagnostikprozess, Göttingen 2016.

Faber, D. (2016): Wunsch und gelebte Praxis; in: Personalmagazin spezial: Trends im Recruiting, 18. Jg., 2016, H. 6, S. 6-8.

Gülke, N./Ahlers, F./Butzer-Strothmann, K. (2015): Demografiefestigkeit von Unternehmen: Ergebnisse einer Befragung und Entwicklung eines Audit-Tools; in: Behrens-Potratz, A./Ahlers, F./Lüke, K.-H./Matthes, R. (Hrsg.), Demografischer Wandel: Demografie und Nachhaltigkeit – Analyse aus betrieblicher und gesellschaftlicher Perspektive, Göttingen 2015, S. 15-40.

Gülke, N. (2016 a): IT-gestützte Personaldiagnostik: Möglichkeiten einer computergestützten Simulation; in: Gülke, N./Ahlers, F. (Hrsg.), Personaldiagnostik: Potential- und Perspektivenvielfalt der Eignungsdiagnostik für Unternehmen und Mitarbeiter, Göttingen 2016, S. 43-56.

Gülke, N. (2016 b): Computergestützte Personaldiagnostik zur Aging-Karriereunterstützung; in: Gülke, N./Ahlers, F. (Hrsg.), Personaldiagnostik: Potential- und Perspektivenvielfalt der Eignungsdiagnostik für Unternehmen und Mitarbeiter, Göttingen 2016, S. 157-170.

IQP (o. J.): IQP-Testsystem, herausgegeben von IQP – Privat-Institut für Qualitätssicherung in Personalauswahl und -entwicklung GmbH, Berlin o . J..

Kanning, U. P. (2004): Standards der Personaldiagnostik, Göttingen u. a. 2004.

Kanning, U. P. (2003 und 2009): Diagnostik sozialer Kompetenzen, Göttingen u. a. 2003 und 2009.

Klinck, D. (2013): Computerisierte Methoden; in: Sarges, W. (Hrsg.), Management-Diagnostik, 4. Aufl., Göttingen u. a. 2013, S. 649-656.

Lau, V. (2016): Evidenzbasierte Eignungsdiagnostik; in: die bank: Zeitschrift für Bankpolitik und Praxis, 02/2016, S. 69-71.

Merkle, K. P./Thielsch, M. T./Holtmeier, S. (2009): HR meets IT: Computergestützte Personalauswahl – zwischen Psychometrie und User Experience; in: Brandenburg, T./Thielsch, M. T. (Hrsg.), Praxis der Wirtschaftspsychologie, Münster 2009, S. 155-173.

Riedel, T. (2016): Trendwende in der Personalauswahl; in: Arbeit und Arbeitsrecht, 71. Jg., 2016, H. 7, S. 136-139.

Schmidt-Atzert, L./Amelang, M. (2012): Psychologische Diagnostik, 5. Aufl., Berlin/Heidelberg 2012.

Schuler, H. (2014): Psychologische Personalauswahl: Eignungsdiagnostik für Personalentscheidungen und Berufsberatung, 4. Aufl., Göttingen u. a. 2014.

Stulle, K. P./Weinert, S. (2016): Assessment Center für Executives, in: Personalwirtschaft, 43. Jg., 2016, H. 1, S. 33-35.

Wierzchowski, B./Graßhoff, C./Skrabek, C. (2016): Mehr als ein Buzzword; in: Personalwirtschaft, 43. Jg., 2016, H. 1, S. 43-45.

Wottawa, H. (2008): Effektive Gestaltung von eignungsdiagnostischen Prozessen unter Nutzung moderner Online-Tools; in: Sarges, W./Scheffler, D. (Hrsg.), Innovative Ansätze für die Eignungsdiagnostik, Göttingen u. a. 2008, S. 305-317.

Gestaltung von integrierten Karrieresystemen in Unternehmen: Konzeptentwicklung – Befragungsergebnisse – Gestaltungsanregungen

Viktoria Wagner und Friedel Ahlers

1. Einführung

1.1 Herauskristallisierung und Stellenwert der Themenstellung

„Karrieren sind Klettergerüste, keine Leitern."[3] – Diese moderne Karrieremetapher wird zukünftig ein nicht wegzudenkendes Leitbild betrieblicher Personalentwicklung darstellen. Das tradierte Karriereverständnis einer durch die Hierarchie vorbestimmten Leiter, die man in ein und derselben Organisation Stufe für Stufe hochklettert, hat ausgedient.[4] Unternehmen können sich auf dem Angebot einer klassischen aufstiegsorientierten Führungskarriere als *das* lange Zeit erstrebenswerte Ziel – insbesondere von männlichen Arbeitnehmern – nicht mehr ausruhen.[5] Vielmehr ist den vielfältigen und gestiegenen umweltbedingten Anforderungen an das Gesamtsystem Unternehmen und seine personalrelevanten Sub- und Subsubsysteme[6] (u. a. Personalmanagement-, Personalentwicklungs-, Karrieresystem)[7] Rechnung zu tragen.

Der sich durch den demografischen Wandel zuspitzende Fach- und Führungskräftemangel beschäftigt mittlerweile Unternehmen aller Branchen in Deutschland. Insbesondere in den MINT-Berufsbereichen[8] führt die bereits heute erreichte Engpasssituation zu einer Machtverschiebung vom Arbeitgeber hin zum Arbeitnehmer.[9] Unternehmen sind mehr denn je dazu angehalten, attraktive Karrieremöglichkeiten zur Personalgewinnung und -bindung zu nutzen.[10] Dem gegenüber steht jedoch ein Verlust an Führungspositionen aufgrund abflachender Hierarchien, was den Bedarf alternativer bedürfnisorientierter Karriereoptionen unterstreicht.[11] Vor diesem Hintergrund ist eine Orientierung an den Wertvorstellungen der Generation Y unverzichtbar: Die jungen Fach- und Führungskräfte sind zwar nach wie vor stark an Karriere interessiert, setzen allerdings eine ausgeprägte Work-Life-Balance und Möglichkeiten zur Selbstverwirklichung voraus.

---

[3] Sellers, P. – nach Sandberg, S. (2013), S. 75.
[4] Vgl. Kels, P./ Clerc, I./ Artho, S. (2015), S. 17.
[5] Vgl. Geisler, K. (2009), S. 5.
[6] Die Begriffe „System", „Subsystem" und „Subsubsystem" sind von der jeweiligen Betrachtungsebene abhängig und nicht ex ante festgelegt. Vgl. Runzheimer, C. (1999), S. 59.
[7] Vgl. Berthel, J./ Koch, H.-E. (1985), S. 37; Bleicher, K. (2011), S. 355f.
[8] Der Begriff „MINT" steht für Mathematik, Informatik, Naturwissenschaften, Technik. Vgl. Walther-Klaus, E. (2010), S. 11.
[9] Vgl. Domsch, M. E./ Ladwig, D. H. (2011), S. 5.
[10] Vgl. Kels, P./ Clerc, I./ Artho, S. (2015), S. 7.
[11] Vgl. Lang, K. (2014), S. 61; Fletcher, C. (2013), S. 131.

Die Abkehr von den klassischen extrinsischen Karriereanreizen wie Führungsverantwortung und materiellen Benefits lässt darauf schließen, dass neue Karrierewege mit flexiblen und individualisierten Akzentsetzungen in Erscheinung treten müssen.[12] Dies stellt nicht nur ein generationsspezifisches Phänomen dar, sondern lässt sich auch mit der Notwendigkeit eines lebensphasenorientierten Karrierekonzepts zur Ausschöpfung oftmals brachliegender Potenziale (u. a. weibliche und ältere Mitarbeiter) begründen.[13]

Die exemplarisch aufgeführten Einflussfaktoren machen eine Neugestaltung des betrieblichen Karrieresystems erforderlich mit der Konsequenz, dass Karriere neu gedacht werden muss.[14] Die einstige vertikale Karriereleiter wird nunmehr nur noch ein Element von vielen im Karrieresystem darstellen. Dem methaphorischen Terminus „Klettergerüst" folgend wird das betriebliche Karrieresystem immer vielfältiger, bunter und komplexer werden.[15] Diese Entwicklungstendenz mit Zunahme an Karrierekomplexität ist eng mit dem Integrationsgedanken verknüpft.[16] Der Integrationsgedanke zeichnet sich intrasystemisch durch eine sinnvolle Abstimmung der karrieresystemrelevanten Elemente, intersystemisch durch eine enge Verzahnung mit den übergeordneten personalrelevanten Systemen, der Unternehmenskultur, -strategie und -umwelt aus. Nur ein solches integriertes Karrieresystem kann die vielfältigen Anforderungen der In- und Umwelt eines Unternehmens hinlänglich abbilden, sodass Karriere tatsächlich als Instrument des Retention-Managements im Zentrum einer nachhaltigen Unternehmensentwicklung fungieren kann.[17]

1.2 Problemstellung, Zielsetzung und Aufbau des Beitrags

Viele Unternehmen entwickeln bereits alternative Karrierewege, um ihre Attraktivität für hochqualifizierte Fach- und Führungskräfte zu steigern. In diesem Zusammenhang werden häufig triadische Karrieresysteme diskutiert: Parallel zur Führungslaufbahn kann in Fach- und / oder Projektlaufbahnen aufgestiegen werden.[18] Allerdings bleibt der erfolgskritische integrative Ansatz hierbei in aller Regel unberücksichtigt. So ist beispielsweise die Gleichwertigkeit der Karrierewege kulturell bedingt nicht immer gegeben.[19] Darüber hinaus fristen horizontale Karriereverläufe als Spiegelbild veränderter Karriere- und Wertvorstellungen eher noch ein „Mauerblümchendasein".[20]

---

12 Vgl. Kienbaum Institut @ ISM (2015), http://www.kienbauminstitut-ism.de..., abgerufen am 12.01.2016.
13 Vgl. Rump, J./ Eilers, S. (2014a), S. 140f.
14 Vgl. Patton, W./ McMahon, M. (2014), S. 271.
15 Vgl. Ahlers, F./ Gülke, N. (2013), S. 126f.
16 Siehe hierzu Eggers, B. (2006), S. 79: „Integratives Gedankengut hat dort seine Berechtigung, wo Komplexität herrscht".
17 Vgl. Walther, H.-G. (2011), S. 161 mit Bezug auf ein integriertes Managementsystem.
18 Vgl. Grüner, T. et al. (2016), S. 147.
19 Vgl. Ladwig, D. H. (2014), S. 119.
20 Vgl. Karazman, R. (2015), S. 143.

Die Zielsetzung des Beitrags liegt vor dem Hintergrund der skizzierten Problemstellung darin, Unternehmen die elementaren Gestaltungsparameter eines integrierten Karrieresystems aufzuzeigen und Anregungen zur Entwicklung und Implementierung eines solchen Karrierekonzepts zu geben. Hierbei wird sowohl dem theoretischen als auch dem pragmatischen Wissenschaftsziel der Betriebswirtschaftslehre entsprochen. Das theoretische Wissenschaftsziel liefert Erklärungen und Prognosen von Sachverhalten, wohingegen das pragmatische Wissenschaftsziel auf handlungsorientierte Problemlösungsvorschläge im realen Kontext ausgerichtet ist.[21]

Der Aufbau des Beitrags orientiert sich zunächst am theoretischen Wissenschaftsziel. In Kapitel zwei wird hierzu ein systemtheoretisch-deduktiver Themenbezug hergestellt, der eine thematische und eine methodisch-konzeptionelle Einordnung des integrierten Karrieresystems im Unternehmenskontext zulässt. Der anwendungsorientierten Vorgehensweise folgend wird in Kapitel drei ein literaturbasiertes idealtypisches Konzept zur Ausgestaltung eines integrierten Karrieresystems in Unternehmen generiert. Im Hinblick auf das pragmatische Wissenschaftsziel wird in Kapitel vier der triadische Untersuchungsansatz methodisch hergeleitet. Darauf basierend werden in Kapitel fünf die Befragungsergebnisse zur Ausprägung von (integrierten) Karrieresystemen in der Unternehmenspraxis vorgestellt. Diese bilden gemeinsam mit dem idealtypischen Konzept die Grundlage für Kapitel sechs, welches die Ableitung praxisorientierter Gestaltungsanregungen für Unternehmen zum Ziel hat. Das Kapitel sieben schließt den Beitrag mit zukünftigen karrieresystemrelevanten Entwicklungen und Forschungsbedarfen ab.

2. Themenbezogener Bezugsrahmen: Ressourcenorientierung und integriertes Management sowie Einordnung des integrierten Karrieresystems

2.1 Forschungsmethodischer Themenzugang

2.1.1 Anspruch eines themenbezogenen Bezugsrahmens

Um ein umfassendes Verständnis für die Gestaltung eines integrierten Karrieresystems zu entwickeln, ist der Rahmen aufzuzeigen, in den die Themenstellung eingebettet ist. Diese Aufgabe kommt in der Wissenschaftstheorie den Bezugs- bzw. Referenzrahmen zu.[22] Eine zentrale Funktion von Bezugsrahmen besteht darin, die Komplexität des Untersuchungsobjektes adäquat zu erfassen, indem dieses in seinen Gesamtkontext eingeordnet wird.[23] Durch eine solche rahmenbezogene Einbettung kann das Untersuchungsobjekt näher hinsichtlich intra- und

---

[21] Vgl. Kosiol, E. (1964), S. 745; Wild, J. (1995), S. 310f.
[22] Vgl. Kirsch, W. (1981), S. 198. Zum Begriff „Referenzrahmen" siehe z. B. Steinle, C. (1985), S. 21.
[23] Vgl. Eggers, B. (2006), S. 41.

intersystemischer Wirkbezüge beleuchtet werden mit der Option, Erklärungsskizzen zum Verständnis konstitutiver Zusammenhänge aufzuzeigen.[24]

Bezogen auf das postulierte integrierte Karrieresystem besteht der Anspruch eines themenbezogenen Bezugsrahmens darin, eine voreilige punktuelle Betrachtung des Karrieresystems zu vermeiden und stattdessen die umfeldgebenden Gestaltungsparameter mit erheblichem Rückwirkungspotenzial auf das Karrieresystem in die ganzheitliche Betrachtung einzubeziehen. Als thematischer Referenzrahmen soll hierzu der ressourcenorientierte Ansatz dienen, auf dessen Basis sich das Human Resource Management als „Übersystem" des Karrieresystems theoretisch fundieren lässt.[25] Mit dem integrierten Managementansatz als methodisch-konzeptionellem Bezugsrahmen soll der ganzheitlichen Vorgehensweise entsprochen werden.[26]

2.1.2 Deduktion als relevantes Forschungsprinzip

Der angestrebte integrative Bezugsrahmen erlaubt die kontextbezogene Einordnung einer spezifischen Frage- bzw. Problemstellung und basiert auf dem grundlegenden Forschungsprinzip der Deduktion, insofern als „eine kleine Frage (…) nur in einem großen Bezugsrahmen richtig beantwortet werden (…)"[27] kann und entsprechend hergeleitet werden muss. Unter Deduktion kann – antipodisch zur Induktion – eine Forschungsmethode verstanden werden, bei der vom Allgemeinen auf das Besondere geschlossen wird oder in anderen Worten: Aus allgemeinen Theorien werden spezifische Sachverhalte abgeleitet.[28] Adäquat dazu wird durch die deduktive Vorgehensweise die „Abschichtungsrichtung" einer komplexen Problem- bzw. Fragestellung vorgegeben, das heißt, „die Annäherung erfolgt vom äußeren globalen Rahmen über Zwischenstationen bis zum Analysekern"[29], hier dem Untersuchungsobjekt „integriertes Karrieresystem".

Bezogen auf die zugrunde liegende Problemstellung besteht das Nutzenpotenzial darin, das intendierte Konzept zur Ausgestaltung eines integrierten Karrieresystems in der Unternehmenspraxis nicht ex tempore ohne herleitende Bezüge zu generieren, sondern ausgehend vom theoretischen Bezugsrahmen auf eine allgemeingültige wissenschaftliche Basis – in diesem Fall den ressourcenorientierten Ansatz und den integrierten Managementansatz – zu stellen. Der Verzicht auf einen expliziten theoretischen Bezugsrahmen und demzufolge eine deduktive

---

[24] Vgl. Kirsch, W. (1981), S. 198.
[25] Vgl. Lucht, T. (2007), S. 95.
[26] Vgl. Grauer, F. (1998), S. 69.
[27] Brauchlin, E. (1985), S. 421.
[28] Vgl. zur Deduktion als Forschungsprinzip allgemein Seiffert, H. (1989), S. 22ff.; Chmielewicz, K. (1994), S. 88ff.; Lattmann, C. (1998), S. 116ff.; Schurz, G. (2008), S. 47ff.; Helfrich, H. (2016), S. 31f.
[29] Eggers, B. (2006), S. 63.

Herangehensweise hätte implizit eine subjektive Alltagstheorie als Bezugsrahmen zur Folge mit erheblichen negativen Auswirkungen auf die pragmatische Problemlösung.[30]

2.2 Ressourcenorientierung als thematischer Referenzrahmen

2.2.1 Grundanliegen der ressourcenorientierten Unternehmensführung

Warum sind manche Unternehmen erfolgreicher als andere? – Dieser Frage wurde in den 80er Jahren vornehmlich durch den Marked-based View[31] begegnet, nach dem sich Wettbewerbsvorteile durch externe Kräfte des Marktes erklären lassen. Als Pendant zu dieser outside-in-Perspektive hat sich seit Beginn der 90er Jahre die inside-out-Perspektive manifestiert, die sich unter dem Begriff des Resource-based View[32] subsumieren lässt.[33] Das Grundanliegen des Resource-based View besteht darin, die strategische Unternehmensausrichtung an den unternehmensspezifischen Ressourcen zu orientieren, da diese das Fundament nachhaltiger Wettbewerbsvorteile darstellen[34] – vorausgesetzt sie erweisen sich als wertvoll, selten, nicht imitier- und substituierbar[35]. Zur Ressourcenklassifikation wird häufig zwischen tangiblen Ressourcen (z. B. Maschinen) und intangiblen Ressourcen (z. B. Patente) differenziert, wobei finanzielle Ressourcen (z. B. Eigen- und Fremdkapital) und Humanressourcen (z. B. Fähigkeiten und Motivation) oftmals gesondert aufgeführt werden.[36]

Die alleinige Verfügbarkeit über wettbewerbsfähige Ressourcen führt jedoch nicht zur substanziellen Generierung von nachhaltigen Wettbewerbsvorteilen. Vielmehr ist der Unternehmenserfolg organisationalen Fähigkeiten zuzusprechen als Ergebnis einer zielgerichteten Nutzung und Bündelung der vorliegenden Ressourcen.[37] *Grant* bringt diesen Zusammenhang wie folgt auf den Punkt: „(...) while resources are the source of a firm's capabilities, capabilities are the main source of its competitive advantage."[38] Daran anknüpfend hat sich das von *Prahalad* und *Hamel* geprägte Konzept der Kernkompetenzen[39] etabliert, das spezielle organisationale Fähigkeiten als Grundlage nachhaltiger Wettbewerbsvorteile versteht.[40] Den Humanressourcen ist dabei eine besondere strategische Rele-

---

[30] Vgl. Engelmeyer, E. (1998), S. 368.
[31] Der Ansatz des Market-based View geht auf Porter (1979) zurück.
[32] Der klassische Ansatz des Resource-based View geht auf Selznick (1957) und Penrose (1959) zurück und wurde von Wernerfelt (1984) erneut aufgenommen.
[33] Vgl. Brühl, R./ Horch, N./ Orth, M. (2008), S. 1; Brown, S. et al. (2001), S. 45.
[34] Vgl. Feams, H. (2004), S. 15.
[35] Vgl. Barney, J. B. (1991), S. 105f.
[36] Vgl. Kobas, T. (2008), S. 35.
[37] Vgl. Moog, T. (2009), S. 19.
[38] Grant, R. M. (1991), S. 119.
[39] Vgl. zum Begriff „Kernkompetenzen" Prahalad, C. K./ Hamel, G. (1990), S. 81.
[40] Vgl. Reichel, O. (2005), S. 78.

vanz beizumessen, da sie als „Wissensträger (...) [für die] Entwicklung der organisationalen Fähigkeiten von herausragender Bedeutung"[41] sind. Eine ressourcenorientierte Unternehmensführung impliziert insofern ein ausgereiftes ressourcenorientiertes Human Resource Management.

2.2.2 Ressourcenorientiertes Human Resource Management

Dem Denkmodell der ressourcenorientierten Unternehmensführung folgend stellen Humanressourcen die zentrale Quelle für organisationale Fähigkeiten und demzufolge für überdauernde Wettbewerbsvorteile dar.[42] Um die adäquate Verfügbarkeit dieser strategisch relevanten Humanressourcen sicherzustellen, ist ein ressourcenorientiertes Human Resource Management, das sich an der Unternehmensstrategie ausrichtet und dabei explizit die Humanressourcen fokussiert, unabdingbar. Vertreter des ressourcenorientierten Ansatzes interpretieren Arbeitnehmer in diesem Zusammenhang nicht nur als Kostenfaktor, sondern auch als Vermögenswert, in den es zu investieren und dessen Wertbeitrag es langfristig zu erhalten gilt. Denn verlassen Arbeitnehmer mit all ihren Fähigkeiten[43] das Unternehmen, so erleidet dieses große – mit Kapitalverlusten vergleichbare – Einbußen.[44]

Ridder begründet die ressourcenorientierte Grundrichtung des Human Resource Managements wie folgt: „Wettbewerbsvorteile entstehen, wenn frühzeitig in Arbeitnehmer investiert wird, deren Kompetenzen wertvoll und selten sind und nicht kurzfristig vom Wettbewerber imitiert oder substituiert werden können."[45] Die zentralen Ansätze des ressourcenorientierten Human Resource Managements[46] konzentrieren sich in diesem Zusammenhang auf die Beschaffung und Entwicklung von hochqualifizierten Arbeitskräften sowie die Professionalisierung der entsprechenden Instrumente des Human Resource Managements (HRM).[47] Der Personalentwicklung wird hierbei eine federführende Funktion zuteil. So lässt sich nach dem Ansatz von *Lepak* und *Snell* wertvolles und einzigartiges bzw. seltenes Humankapital nicht oder nur sehr schwer auf dem externen Arbeitsmarkt beschaffen, was eine interne Personalentwicklung in den Vordergrund rücken lässt.[48] Die personellen Ressourcen sind demzufolge so anzureichern und weiterzuentwickeln, dass sie einen Wertbeitrag zu den Kernkompetenzen eines Unternehmens liefern können. Gleichzeitig leisten die Personalentwicklungsmaßnahmen einen Beitrag zur Motivation und Bindung der Humanressourcen, was

---

[41] Kobas, T. (2008), S. 40.
[42] Vgl. Kobas, T. (2008), S. 40; Wilson, J. P. (2005), S. 159.
[43] Die Begriffe „Fähigkeiten", „Qualifikationen" und „Kompetenzen" sollen im weiteren Verlauf des Beitrags synonym verwendet werden. Ähnlich auch Witten, E. (2004), S. 43.
[44] Vgl. Ridder, H.-G./ Bruns, H.-J./ Hoon, C. (2005), S. 24f.
[45] Ridder, H.-G. (2015), S. 75.
[46] Die zentralen Ansätze des ressourcenorientierten Human Resource Managements gehen auf Wright et al. (1994), Lepak/ Snell (1999) und Boxall (1996) zurück.
[47] Vgl. Kölbl, S. (2008), S. 88; Ridder, H.-G. (2015), S. 90.
[48] Vgl. Lepak, D. P./ Snell, S. A. (1999), S. 36f.

den nachhaltigen Einsatz und Erhalt der entwickelten Kompetenzen lanciert.[49] Eine ressourcenorientierte Fundierung des Human Resource Managements bedingt insofern insbesondere ein professionelles Personalentwicklungssystem.

2.2.3 Human Resource Development: Personalentwicklungssysteme

Im Sinne des ressourcenorientierten Grundgedankens des Human Resource Managements ist der Entwicklung der Humanressourcen und ihrer Potenziale zum Zweck der Generierung von nachhaltigen Wettbewerbsvorteilen größte Bedeutung beizumessen.[50] Eine entsprechende ressourcenorientierte und strategische Ausrichtung des Human Resource Developments[51] spiegelt sich im Begriffsverständnis von *Münch* wider: „Personalentwicklung ist das Insgesamt derjenigen Maßnahmen, die geeignet sind, die Handlungskompetenz der Mitarbeiter weiterzuentwickeln, zu erhalten und ständig zu erneuern, und zwar mit dem Ziel, den Unternehmenserfolg unter weitestgehender Berücksichtigung der Mitarbeiterinteressen zu sichern."[52] Diesem Verständnis folgend liegt der Personalentwicklung ein Doppelzielcharakter zugrunde, der sich in dem originären Ziel der Organisation sowie den persönlichen Zielsetzungen der Mitarbeiter begründet.[53]

Vor diesem Hintergrund bedarf es einer systematisch ausgerichteten Personalentwicklung, die den unterschiedlichen Zielsetzungen Rechnung trägt.[54] *Becker* bezeichnet die Personalentwicklung in diesem Zusammenhang als offenes System, das an das Unternehmen und seine systemrelevante Umwelt so gekoppelt sein muss, dass es die Humanressourcen mit der erfolgskritischen Qualifikation und Motivation ausstattet.[55] So muss das Personalentwicklungssystem beispielsweise den Erwartungen der Mitarbeiter im Zuge des gesellschaftlichen Wertewandels gerecht werden. Darüber hinaus muss es die durch den technologischen Wandel bedingten schnell wechselnden Arbeitsplatzanforderungen berücksichtigen.[56] Das Personalentwicklungssystem selbst ist komplex und bedient sich zu seiner Zielerreichung einer Vielzahl von Personalentwicklungsmaßnahmen. Zur Komplexitätsreduzierung nehmen *Berthel* und *Becker* eine Klassifizierung nach den Handlungsfeldern „Bildung", „Arbeitsstrukturierung" und „Karriereplanung" vor, die gemäß der funktionalen Systemdifferenzierung[57] nach *Luhmann* als Subsysteme des Personalentwicklungssystems verstanden werden können.[58] Ein

---

[49] Vgl. Lindner-Lohmann, D./ Lohmann, F./ Schirmer, U. (2012), S. 141.
[50] Vgl. Laukmann, T. (1992), S. 98.
[51] Vgl. zum Begriff „Human Resource Development" Werner, J. M./ DeSimone, R. L. (2009), S. 4.
[52] Münch, J. (1995), S. 15f.
[53] Vgl. Kipper, J. (2014), S. 19.
[54] Vgl. Wien, A./ Franzke, N. (2013), S. 1.
[55] Vgl. Becker, M. (2013), S. 69.
[56] Vgl. Schanz, G. (1992), S. 5.
[57] Vgl. zur Theorie der funktionalen Systemdifferenzierung Luhmann, N. (1995), S. 73ff.
[58] Vgl. Berthel, J./ Becker, F. G. (2013), S. 448.

professionelles Personalentwicklungssystem setzt insofern eine systematische Karriereplanung bzw. ein ausgereiftes Karrieresystem voraus.

2.2.4 Karrieresysteme im Entwicklungskontext

Das Karrieresystem als ein in das Personalentwicklungssystem eingebettetes Subsystem stellt in doppelter Hinsicht eine wichtige Stellschraube zur Entwicklung der Humanressourcen dar: Zum einen kommt die systematische Karriereplanung – im Sinne der gedanklichen Vorwegnahme zukünftiger Karriereschritte[59] – dem Doppelzielcharakter der Personalentwicklung nach, indem sie dem Unternehmen intern wettbewerbskritische Humanressourcen bereitstellt und dabei zugleich versucht, die individuellen Entwicklungsziele der Mitarbeiter zu verwirklichen.[60] Zum anderen verleiht die systematische Karriereplanung dem komplexen Personalentwicklungssystem eine Struktur. Diese strukturgebende Funktion des Karrieresystems hebt *Walter* in seinem Begriffsverständnis hervor und versteht unter Personalentwicklung „die Summe von Maßnahmen (...), die systematisch, positions- und laufbahnorientiert eine Verbesserung der Qualifikationen der Mitarbeiter zum Gegenstand haben."[61] Vor diesem Hintergrund sind die Personalentwicklungsmaßnahmen an den Laufbahnen bzw. Karrierewegen[62] auszurichten, was dem Karrieresystem den Charakter eines Strukturankers verleiht.

Das Karrieresystem in seiner eigenen Gestalt besteht analog zum Personalentwicklungssystem aus unterschiedlichen Subsystemen bzw. Systemelementen. Von einem Karrieresystem im engeren Sinne kann gesprochen werden, wenn die unterschiedlichen Karrierewege (z. B. Führungs-, Fach- und Projektlaufbahn) als intra-systemische Elemente das Karrieresystem konstituieren. Dabei sind unter einem Karriereweg die betrieblichen „Leitplanken" zu verstehen, innerhalb derer Karriereschritte bzw. Karriereverläufe realisiert werden können.[63] Werden darüber hinaus auch die Subsysteme des Personalentwicklungssystems als intersystemische Elemente in die Betrachtung einbezogen, so kann von einem Karrieresystem im weiteren Sinne gesprochen werden. Letztgenanntes Begriffsverständnis berücksichtigt explizit den Entwicklungskontext, der sich in dem Erfordernis flankierender Entwicklungsmaßnahmen zur Unterstützung von Karriereverläufen begründet. Dabei kann es sich sowohl um gezielte Qualifikations- als auch Arbeitsstrukturierungsmaßnahmen handeln, die auf die Karriereerfordernisse zugeschnitten sind.[64]

---

[59] Vgl. Fargel, Y. M. (2006), S. 87.
[60] Vgl. Berthel, J./ Koch, H.-E. (1985), S. 53.
[61] Walter, C. (1983), S. 3.
[62] Die Begriffe „Laufbahn" und „Karriereweg" sollen im weiteren Verlauf der Arbeit synonym verwendet werden. Ähnlich auch Baurschmid, M. (2010), S. 91.
[63] Vgl. Fargel, Y. M. (2006), S. 88.
[64] Vgl. Berthel, J./ Koch, H.-E. (1985), S. 147.

2.3 Integriertes Management als methodisch-konzeptioneller Bezugsrahmen

2.3.1 Grundzielsetzungen des integrierten Managements

Unternehmen sind offene, komplexe Systeme, die durch die wachsende Vielschichtigkeit und Dynamik ihrer Unternehmensumwelt vor große Herausforderungen gestellt werden.[65] So induziert die Umwelt immer komplexer werdende Führungsaufgaben zur Erhaltung der Überlebens- und Entwicklungsfähigkeit des Unternehmens.[66] Zu deren Bewältigung und Komplexitätsreduktion wird das Gesamtsystem Unternehmen in eine Vielzahl funktionaler Subsysteme (horizontale Arbeitsteilung) und struktureller Subsysteme (vertikale Arbeitsteilung) untergliedert.[67] Dies impliziert ein reduziertes Verständnis für die Gesamtbelange des Unternehmens, was die Notwendigkeit eines integrierten Managements deutlich macht.[68]

Dem Systemansatz nach *Ulrich* folgend kann unter dem konstitutiven Terminus „integrieren" die Abstimmung und Zusammenführung von einzelnen sich gegenseitig beeinflussenden Elementen zu einem System verstanden werden.[69] Die Systemelemente können dabei vielfältiger materieller und immaterieller Natur sein (z. B. Funktionsbereiche, Strategien).[70] Vor diesem Hintergrund sind die zum Zweck der Komplexitätsreduktion ausdifferenzierten Subsysteme „zu einem ganzheitlichen Führungssystem zusammenzufassen, das in seiner umfassenden Ganzheitlichkeit die Komplexität nicht reduziert, sondern ihr Rechnung trägt und sie in Wettbewerbsvorteile ummünzt."[71] Dieses Zitat von *Seghezzi* lässt eine Ableitung der Grundzielsetzungen des integrierten Managements zu. Das integrierte Management zielt zur Generierung von Wettbewerbsvorteilen auf das Prinzip des ganzheitlichen Denkens und Handelns ab. Demnach ist das Ganze mehr als die Summe seiner Teile, das heißt, durch die Vernetzung isolierter Systemelemente entstehen Synergieeffekte in Form von Leistungspotenzialen, die ausschließlich dem Gesamtsystem zuzuordnen sind.[72] Ein solcher Denkansatz impliziert eine Abkehr vom Partialdenken hin zu einem Denken in entscheidungsrelevanten Gesamtzusammenhängen des integrierten Gesamtsystems, um dieses letztlich so zu gestalten, zu lenken und weiterzuentwickeln, dass es in einer hochkomplexen und turbulenten Umwelt überleben kann.[73]

---

[65] Vgl. Bleicher, K. (2011), S. 41; Krcal, H.-C. (2003), S. 16.
[66] Vgl. Bleicher, K. (2011), S. 48 und 51.
[67] Vgl. Kirsch, W. (1971), S. 45f.; Strina, G./ Hartmann, E. A. (1992), S. 170.
[68] Vgl. Malik, F. (2007), S. 81.
[69] Vgl. Ulrich, H. (1984), S. 261.
[70] Vgl. Rüegg-Stürm, J. (2003), S. 18.
[71] Seghezzi, H. D. (1997), S. 10.
[72] Vgl. Hadamitzky, M. C. (1995), S. 39.
[73] Vgl. Jung, H. (2011), S. 936.

2.3.2 Grundgerüst integrierter Managementkonzepte

Als unterstützendes Ordnungsgerüst zur ganzheitlichen Erfassung und Integration komplexer Probleme und Aspekte des Managements entwickelten *Ulrich* und *Krieg* zu Beginn der 1970er Jahre das auf dem Systemansatz basierende sogenannte „St. Galler Management-Modell".[74] Dieses versteht sich als Grundgerüst weiterführender St. Galler Management-Konzepte und wurde von *Bleicher* (2. Generation) und *Rüegg-Stürm* (3. und 4. Generation) weiterentwickelt. Der Schwerpunkt auf den drei im Ursprungsmodell herauskristallisierten Managementebenen (normativ, strategisch, operativ) als zentrale Stellschrauben zur Gestaltung, Lenkung und Entwicklung des Systems Unternehmen blieb dabei bestehen.[75]

Die wohl populärste Weiterentwicklung erfuhr das St. Galler Management-Modell durch *Bleicher*, der das Modell zu einem pragmatischeren Konzept zur Diagnose und Lösung von Managementproblemen weiterentwickelte.[76] Ziel des 1991 veröffentlichten „Konzepts integrierten Managements" ist es, die Entscheidungsprobleme des Managements einzelnen Dimensionen zuzuordnen und gleichzeitig in den kontextuellen Gesamtzusammenhang zu bringen.[77] Dazu stellt *Bleicher* einen problembezogenen Ordnungsrahmen bereit, der auf den von *Ulrich* eingeführten drei Dimensionen des „normativen" (Ziele, Leitbilder), „strategischen" (Vorgehensweise zur Zielerreichung) und „operativen" (Strategieumsetzung) Managements basiert. Diese Managementebenen verbindet er im Sinne einer ganzheitlichen und integrierten Sichtweise mit den drei Managementaspekten „Aktivitäten", „Strukturen" und „Verhalten"[78]. Das heißt, auf jeder Managementebene ist eine struktur- und verhaltensorientierte Absicherung und Optimierung der Aktivitäten zu vollziehen, was einer horizontalen Integration bedarf.[79] Darüber hinaus dürfen die drei Dimensionen nicht unabhängig voneinander betrachtet werden, da zwischen ihnen vielfältige Vor- und Rückkopplungsprozesse bestehen. Für eine solche vertikale Integration bedarf es einer übergeordneten Managementphilosophie, nach der sich die drei Ebenen – vermittelt über die Wahl von Aktivitäten, Strukturen und Verhalten – ausrichten.[80] Alle drei Dimensionen wirken letztlich auf die Unternehmensentwicklung, die durch den Ausgleich von Um- und Inweltanforderungen ausgelöst wird.[81]

---

[74] Vgl. Ulrich, H./ Krieg, W. (1974), S. 5ff.
[75] Vgl. Züger, R.-M. (2008), S. 37; Pifko, C./ Reber, M./ Züger, R.-M. (2012), S. 73.
[76] Vgl. Petry, T. (2006), S. 62.
[77] Vgl. hierzu und im Folgenden Bleicher, K. (2011), S. 86ff.
[78] Der Dreiklang aus Strategie (Aktivitäten), Struktur und Kultur (Verhalten) wird häufig als spezifische St. Galler Management-Sichtweise verstanden. Vgl. Spickers, J. (2004) – nach Petry, T. (2006), S. 62.
[79] Vgl. Petry, T. (2006), S. 62.
[80] Vgl. Bleicher, K. (2011), S. 87ff.
[81] Vgl. Bleicher, K. (2011), S. 97.

Parallel zu *Bleicher* hat auch *Rüegg-Stürm* das ursprüngliche St. Galler Management-Modell weiterentwickelt und tituliert sein 2003 veröffentlichtes Konzept als „Das neue St. Galler Management-Modell"[82]. Dieses erweitert das Ursprungsmodell insofern, als es die geänderten Unternehmensanforderungen und somit die für den Integrationsgedanken relevanten Aspekte berücksichtigt. So betont *Rüegg-Stürm* die ethisch-normative Dimension des Managements stärker, die bedingt durch die gesellschaftliche und ökologische Exposition des Unternehmens an Relevanz gewonnen hat.[83] Darüber hinaus berücksichtigt sein Modell die wachsende Bedeutung eines prozessorientierten Handelns, was sich auch in den prozessualisierten Managementebenen widerspiegelt.[84] Weiterhin wird den Anspruchsgruppen in der Unternehmensumwelt ein höherer Stellenwert zuteil, was der notwendigen Legitimation unternehmerischen Handelns abseits der Gewinnmaximierung entspricht.[85] In seiner jüngsten Fassung, dem „St. Galler Management-Modell der 4. Generation", führt *Rüegg-Stürm* seinen Gedankengang im Hinblick auf die zu erschließenden Erwartungen und Möglichkeiten in der Umwelt weiter. Hierzu wird das Management als reflexive Gestaltungspraxis konzipiert, die der Organisation im Zusammenspiel mit der dynamischen Umwelt zur erfolgreichen Weiterentwicklung verhelfen soll.[86]

2.3.3 Subsysteme des integrierten Managements

Die aufgezeigten St. Galler Management-Konzepte erfordern einen gewissen Allgemeinheitsgrad, da die profunde Grundidee des Integrierens – sprich die Zusammenführung von Teilaspekten bzw. Elementen zu einer geordneten Ganzheit – nicht nur auf der Gesamtsystemebene (Unternehmen), sondern auch auf den Ebenen unterschiedlich tief gestaffelter Subsysteme Anwendung finden kann. *Bleicher* spricht in diesem Zusammenhang von einem systemtheoretischen, zweckbezogenen Wechsel der Systemebenen.[87] Vor diesem Hintergrund kann das integrative bzw. ganzheitliche Denkmuster auf sämtliche – zum Zweck der Arbeitsteilung ausdifferenzierte – funktionale Subsysteme heruntergebrochen werden, wodurch diese umfassend in den Kontext übergeordneter und paralleler Relevanzsysteme eingeordnet werden.

Ein Beispiel für ein solches integriertes Subsystem stellt das Konzept „Integriertes Qualitätsmanagement"[88] von *Seghezzi* dar. Auf Basis der originären Konzeptdimensionen des normativen, strategischen und operativen Managements wird dem Impuls gefolgt, dass es nicht mehr hinreichend ist, sich lediglich auf die Produktqualität zu konzentrieren. Vielmehr wird die Beherrschung der Prozesskette

---

[82] Vgl. grundlegend Rüegg-Stürm (2003).
[83] Vgl. Bracher, M. (2009), S. 24.
[84] Vgl. Rabbe, S. (2010), S. 66.
[85] Vgl. Bracher, M. (2009), S. 24.
[86] Vgl. Rüegg-Stürm, J./ Grand, S. (2015), S. 32.
[87] Vgl. Bleicher, K. (2011), S. 92.
[88] Das Konzept „Integriertes Qualitätsmanagement" geht auf Seghezzi (1994) zurück.

vom Lieferanten bis zum Kunden gefordert. In diese Gesamtaufgabe ist eine Vielzahl von Führungskräften und Mitarbeitern unterschiedlicher Unternehmensbereiche involviert, was eine ganzheitliche Betrachtung des Qualitätsmanagements voraussetzt.[89]

Ein weiteres – und vor allem der Themenstellung inhärentes – integriertes Subsystem stellt das Konzept „Integriertes Personalmanagement" von *Hilb* dar. Dieses gleicht einem Kubus, bestehend aus den drei Achsen „Personalfunktionen", „Anspruchsgruppen" und „Management-Dimensionen" (visionsorientiert, strategisch, operativ).[90] In ihrem Zusammenspiel begründen die drei Achsen ein integriertes und visionsorientiertes Konzept, „das die Personalgewinnung, -beurteilung, -honorierung und -entwicklung integriert und auf eine ganzheitliche Unternehmensvision ausrichtet und damit versucht, den Mitarbeitenden, Eigentümern, Kunden und der Mitwelt gleichzeitig Nutzen zu stiften."[91] In Anbetracht der Tatsache, dass die Teilfunktion „Personalentwicklung" ein wesentliches zu integrierendes Element darstellt, wäre der nächste schlusslogische Schritt, das integrative und ganzheitliche Denkmuster eine weitere Ebene herunterzubrechen, welche das Karrieresystem tangiert.

2.3.4 Integriertes Karrieresystem: Entwicklung einer Arbeitsdefinition

Die Übertragung des integrativen und ganzheitlichen Denkmusters auf das Karrieresystem impliziert eine Begriffsbestimmung desselbigen. Nur so kann das Karrieresystem von seinen übergeordneten und parallelen Relevanzsystemen abgegrenzt werden und in diesem Kontext eine integrative Gestaltung erfahren. Vor diesem Hintergrund soll nachfolgend der Begriff „integriertes Karrieresystem" ausgehend von den drei Grundtermini „Karriere", „System" und „integrieren" hergeleitet werden.

Etymologisch leitet sich der Karrierebegriff aus dem französischen Wort „carrière" ab, was übersetzt Rennbahn oder schnellste Gangart bedeutet.[92] Im Unternehmenskontext wird Karriere demzufolge als beruflicher Aufstieg innerhalb der Hierarchie verstanden.[93] Einem breiteren Verständnis folgen *Berthel* und *Koch*, die „unter Karriere jede beliebige Stellenfolge einer Person im betrieblichen Stellengefüge"[94] verstehen. Dieses Karriereverständnis, das Aufwärts-, Abwärts- und Seitwärtsbewegungen inkludiert, soll der weiteren Ausführung zugrunde gelegt werden. Nach der Systemtheorie umfasst der Systembegriff eine geordnete Ganzheit von Elementen, die miteinander in Beziehung stehen und sich gegenseitig beeinflussen.[95] Führt man die beiden Begriffe „Karriere" und „System" unter Berücksichtigung des konstitutiven Terminus „integrieren" (siehe Abschnitt 2.3.1)

---

[89] Vgl. Seghezzi, H. D./ Fahrni, F./ Friedli, T. (2013), S. 7f.
[90] Vgl. Hilb, M. (2011), S. 16.
[91] Hilb, M. (2011), S. 16.
[92] Vgl. Stetter, F. S. (1999), S. 21.
[93] Vgl. Hyll, M. (2014), S. 18.
[94] Berthel, J./ Koch, H.-E. (1985), S. 11.
[95] Vgl. Ulrich, H. (1975), S. 33.

zusammen, so lässt sich der Begriff „integriertes Karrieresystem" als die Gesamtheit karrieresystemrelevanter Elemente verstehen, die sinnvoll aufeinander abgestimmt ein in sich schlüssiges Karrieresystem ergeben. Dazu gilt es, aufbauend auf Abschnitt 2.2.4, die elementaren Karrierewege im Sinne einer intrasystemischen Integration aufeinander abzustimmen, um entsprechend des zugrunde liegenden Karrierebegriffs vielfältige Karriereverläufe zu offerieren. Das somit geschaffene Karrieresystem im engeren Sinne ist sodann mit den parallelen Personalentwicklungssubsystemen, das heißt den Arbeitsstrukturierungs- und Qualifikationsmaßnahmen zu orchestrieren, um eine Unterstützung der einzelnen Karriereverläufe zu gewährleisten. Eine solche intersystemische Integration findet sich auch auf übergeordneter Ebene wieder, indem die Personalfunktionen bzw. -subsysteme (z. B. Vergütung) mit dem originären Karrieresystem verknüpft werden. Im Hinblick auf die Überlebens- und Entwicklungsfähigkeit des Karrieresystems ist darüber hinaus eine Verzahnung mit dem Gesamtsystem (z. B. Unternehmenskultur, -strategie) sowie der Unternehmensumwelt (z. B. gesellschaftlicher Wertewandel) unabdingbar, um nicht zuletzt die Um- und Inweltanforderungen zu synchronisieren.[96]

3. Generierung eines idealtypischen Konzepts zur Ausgestaltung eines integrierten Karrieresystems in Unternehmen

3.1 Intention und Grundkonturen der Konzeptentwicklung

3.1.1 Genereller Anspruch eines Konzepts

Im Hinblick auf die intendierte Generierung eines idealtypischen Konzepts zur Ausgestaltung eines integrierten Karrieresystems erscheint es zunächst sinnvoll, ein einheitliches Verständnis des Konzeptbegriffs zugrunde zu legen. Die Begriffe „Modell" und „Konzept" finden in der Literatur häufig synonyme Verwendung.[97] *Heinrich et al.* folgend kann jedoch die Projektionsrichtung als Abgrenzungskriterium verwendet werden: So bildet „ein Modell (...) ein in der Wirklichkeit bestehendes System, einen Zustand der Wirklichkeit, kurz einen Istzustand (...) ab. Ein Konzept beschreibt etwas, das Wirklichkeit sein soll, konstruiert also einen (zukünftigen) Zustand, ist daher ein Sollzustand der Wirklichkeit."[98] In der Wissenschaftstheorie greift für beide Zustände der Modellbegriff im Sinne eines abbildungstheoretischen und eines konstruktivistischen Modells.[99]

Ausgehend von diesem Verständnis lässt sich ein Konzept näher charakterisieren. So besteht ein Konzept analog zum Modell aus unterschiedlichen Elementen und deren Verknüpfungen.[100] In seiner Gesamtheit ist es jedoch weitaus offener und weniger festgezurrt als ein Modell. *Stange* betont in diesem Zusammenhang

---

[96] Vgl. Greenhaus, J. H./ Callanan, G. A./ Godshalk, V. M. (2010), S. 383.
[97] Vgl. Bächle, M. (1996), S. 128.
[98] Heinrich, L. J./ Heinzl, A./ Riedl, R. (2011), S. 215.
[99] Vgl. Heinrich, L. J./ Heinzl, A./ Riedl, R. (2011), S. 215.
[100] Vgl. Umbeck, T. (2009), S. 48; Ulrich, H. (2001), S. 86f.

„den flexiblen, veränderbaren Charakter eines Konzepts (...). Man malt sich in einem Entwurf aus, wie sich die derzeitigen Zustände entwickeln und wie sie beeinflusst werden könnten."[101] Vor diesem Hintergrund besteht der Anspruch eines Konzepts darin, eine noch weitestgehend offene Grundvorstellung über einen zukünftigen Systemzustand zu beschreiben, die durch gezieltes Handeln erreicht werden könnte oder sollte.[102]

3.1.2 Konzeptspezifische Ziele

Um dem Anspruch eines Konzepts gerecht zu werden, wird in der Regel „auf Erfahrungswissen oder theoretisch fundiert[e] Leitideen zur Planung, Gestaltung, Lenkung und Entwicklung von Systemen oder Organisationen"[103] zurückgegriffen. Im Rahmen dieses Beitrags soll zum Zweck der zugrunde liegenden Themenstellung zunächst ein idealtypisches Konzept basierend auf einer umfassenden Literaturanalyse entwickelt werden, um dieses anschließend mit den Erfahrungswerten aus der Praxis abzugleichen und entsprechend zu modifizieren.

In diesem Zusammenhang wird ein systematisches und abstraktes Vorstellungsgerüst zur Gestaltung eines integrierten Karrieresystems angestrebt, das entsprechend der situativen Rahmenbedingungen verschiedene Möglichkeiten der konkreten Ausgestaltung erlaubt.[104] Das konzeptspezifische Ziel besteht vor diesem Hintergrund darin, ein idealtypisches Konzept zur Gestaltung eines integrierten Karrieresystems zu entwickeln mit dem Bewusstsein, dass dieses nur einen eingeschränkten Konkretisierungsgrad haben kann, um letztlich für alle Unternehmen kompatibel zu sein und dem Anspruch der Allgemeingültigkeit Rechnung zu tragen.

3.2 Identifizierung von karrieresystemrelevanten Integrationsebenen: Makro-, Meso- und Mikroebene

Nachdem im vorangegangenen Abschnitt die Intention und die Grundkonturen der Konzeptentwicklung aufgezeigt wurden, gilt es nun, die karrieresystemrelevanten Integrationsebenen zu identifizieren. Hintergrund ist, dass es zur Generierung eines idealtypischen Konzepts einer inneren Ordnung bedarf, „die in Vorausschau auf den integrativen Aspekt auch die Zusammenhänge der einzelnen Gestaltungsdeterminanten und -faktoren verdeutlichen kann."[105] Unter methodischen Gesichtspunkten bietet sich hierzu eine Rekurrierung auf die Mehr-Ebenen-Analyse (MEA)[106] an, da diese eine differenzierte und zugleich integrative Betrachtung aller konzeptrelevanten Aspekte bzw. Elemente ermöglicht.[107] Konzeptionell spiegelt die MEA den zugrunde liegenden forschungsmethodischen

---

[101] Stange, W. (2012), o.S. – nach Drosten, R. (2015), S. 134.
[102] Vgl. Ulrich, H. (2001), S. 86.
[103] Bergmann, L./ Crespo, I./ Hermann, C. (2009), S. 34.
[104] Vgl. Ulrich, H. (2001), S. 87.
[105] Eggers, B. (2006), S. 41.
[106] Das Konzept „MEA" in der Betriebswirtschaftslehre geht auf Steinle (1985), ursprünglich Hummel (1972) zurück.
[107] Vgl. Eggers, B. (2006), S. 41f.

Themenzugang wider (siehe Abschnitt 2.1), indem sie die im Bezugsrahmen erfasste Komplexität relevanter Gestaltungsdeterminanten und -faktoren entsprechend der deduktiven „Abschichtungsrichtung" in differenzierte Ebenen auffächert.

Die ebenenbezogene Auffächerung ist auf das Untersuchungsobjekt „integriertes Karrieresystem" zuzuschneiden. Eine fundamentale Voraussetzung für das postulierte integrierte Karrieresystem stellt die Analyse der erfolgsdeterminierenden „Umwelten" des Karrieresystems im engeren und im weiteren Sinne dar. Denn über den Erfolg oder Misserfolg des Karrieresystems entscheidet letztlich der Fit mit dem übergeordneten Unternehmensgesamtsystem, welches seinerseits durch die globale Unternehmensumwelt geprägt wird. Vor diesem Hintergrund bietet es sich an, die 5-Ebenen-Analyse im Ursprungskonzept[108] von Steinle in Anlehnung an Eggers auf eine 3-Ebenen-Analyse zu reduzieren. In diesem Zusammenhang gilt es, die drei Betrachtungsebenen Makro-, Meso- und Mikroebene zunächst isoliert zu analysieren, bevor dem Integrationsgedanken durch eine Ebenen-Verzahnung Rechnung getragen wird.[109]

Auf der Makroebene können nach Eggers grundsätzlich alle globalen Umweltdeterminanten mit Relevanz für das Untersuchungsobjekt erfasst werden (z. B. rechtliche, politische, gesamtwirtschaftliche, technische, ökologische und gesellschaftliche Faktoren).[110] Angesichts der Tatsache, dass Karrieren bzw. Karrieresysteme ein Spiegelbild gesellschaftlichen Wandels darstellen, sollen im Folgenden die Einflüsse des gesellschaftlichen Umsystems auf die Ausprägung des Karrieresystems betrachtet werden.[111]

Die Mesoebene umfasst schließlich die Unternehmung, in die das Karrieresystem eingebettet ist. Entsprechend des im St. Galler Management-Modell postulierten Dreiklangs aus Strategie, Struktur und Kultur (siehe Abschnitt 2.3.2) gilt es, das normative Wertegerüst und die strategische Unternehmensausrichtung in Einklang mit dem originären Karrieresystem zu bringen, dessen Struktur vom betrieblichen Stellengefüge bzw. von der Organisationsstruktur maßgeblich beeinflusst wird.[112]

Auf der Mikroebene wird sodann das originäre Karrieresystem als zentrales Untersuchungsobjekt dieses Beitrags fokussiert. Diese Betrachtungsebene berücksichtigt sämtliche für die integrierte Ausgestaltung des Karrieresystems relevanten Elemente: sowohl Elemente, die das Karrieresystem im engeren Sinne konstituieren, als auch Komponenten, die das Karrieresystem im weiteren Sinne bzw. im Entwicklungskontext begründen (siehe Abschnitt 2.2.4).

---

[108] Vgl. zu den fünf Ebenen des Objektes „Organisation" Steinle, C. (1985), S. 469ff.
[109] Vgl. Eggers, B. (2006), S. 43.
[110] Vgl. Eggers, B. (2006), S. 42.
[111] Vgl. Kels, P./ Clerc, I./ Artho, S. (2015), S. 7.
[112] Vgl. Berthel, J./ Koch, H.-E. (1985), S. 42f.; Stetter, F. S. (1999), S. 103.

3.3 Makroebene: Einflüsse des gesellschaftlichen Umsystems auf die Ausprägung eines Karrieresystems

3.3.1 Karrieresysteme als Spiegelbild gesellschaftlicher Wertekonstellationen

Die gesellschaftlichen Wertekonstellationen lassen die betrieblichen Karrieresysteme nicht unberührt, denn über kurz oder lang werden diejenigen Unternehmen als „Sieger" aus dem „War for Talents" hervorgehen, die den Bedürfnissen und Wertvorstellungen der hart umkämpften Humanressourcen am besten nachkommen.[113] Generell beschreiben Werte all das, „was ein Individuuum, eine Gruppe, eine Gesellschaft oder eben eine Generation als wünschenswert ansieht (…) und beeinflussen die Auswahl von Handlungsalternativen."[114] Auch die Akzeptanz und die Anreizwirkung von Karrieremöglichkeiten beruhen auf ihrer Entsprechung mit den aktuellen Werthaltungen. Vor diesem Hintergrund sind Karrieresysteme als Spiegelbild sich wandelnder gesellschaftlicher Werte im Zuge des Generationswechsels zu verstehen.[115]

Entsprechend der gängigsten Unterteilung in der Literatur kann zwischen drei Generationen und ihren spezifischen Wertvorstellungen differenziert werden: Die Generation der Babyboomer (1946 - 1964) lebt, um zu arbeiten und charakterisiert sich durch eine hohe Leistungsorientierung verbunden mit dem Streben nach Sicherheit, hierarchischem Aufstieg und Statussymbolen, wobei das Recht auf Karriere vorrangig dem Mann zugesprochen wird. Dieses traditionelle Rollenverständnis wird durch die stark individualistisch geprägte Generation X (1965 - 1979) aufgelöst. Zwar besteht die hierarchiebezogene Karriereorientierung weiterhin, allerdings läuft die Vereinbarkeit von Privat- und Berufsleben den materiellen Anreizen den Rang ab. Die Generation Y (1980 - 2000) geht in punkto Work-Life-Balance noch einen Schritt weiter und strebt nach einer flexiblen Verschmelzung von Privat- und Berufsleben. Die Arbeit wird als Mittel zur Selbstverwirklichung verstanden, was eine Abkehr vom Hierarchiedenken und eine erhöhte Wechselbereitschaft impliziert.[116] Die aufgeführten generationsspezifischen Werte zeigen erfolgskritische Gestaltungsparameter eines betrieblichen Karrieresystems auf (u. a. flexible und individuelle Karrieremöglichkeiten abseits des Hierarchiedenkens, Vereinbarkeit von Karriere und Privatleben). Gleichwohl ist nicht zu vernachlässigen, dass Generationen als heterogene Agglomerationseinheiten eine Vielzahl individueller Verhaltensmuster inkludieren, die durch die undifferenzierte Generationsbetrachtung unberücksichtigt bleiben.[117] Die Heraus-

---

[113] Vgl. Hesse, G. et al. (2015), S. 89.
[114] Parment, A. (2013), S. 17.
[115] Vgl. Kels, P./ Clerc, I./ Artho, S. (2015), S. 7; Hesse, G. et al. (2015), S. 89.
[116] Vgl. Rutus, J. (2013), S. 16ff.; Mangelsdorf, M. (2015), S. 14ff.
[117] Vgl. Rutus, J. (2013), S. 14f.

forderung für Unternehmen besteht folglich darin, sowohl den generationsspezifischen Wertebündeln als auch den Bedürfnissen des Individuums Rechnung zu tragen.[118]

3.3.2 Werteorientierung der Generation Y und ihre Widerspiegelung in Karrieresystemen

In Anbetracht des demografischen Wandels wird die Generation Y mittel- bis langfristig den heutigen Arbeitsmarkt dominieren, weshalb diese Zielgruppe in der Diskussion um Arbeitgeberattraktivität besondere Aufmerksamkeit erfährt.[119] Die entscheidende Frage im Hinblick auf die zugrunde liegende Themenstellung lautet: „Was erwartet die Generation Y von ihrem Arbeitgeber in punkto Karriere?" Die zahlreichen Studien und Literaturbeiträge weisen auf sehr unterschiedliche Erwartungshaltungen bzw. Anforderungen der Generation Y hin. In Anlehnung an die von Bund hervorgehobenen Erwartungshaltungen können insbesondere folgende Anforderungen als relevant für die Gestaltung eines betrieblichen Karrieresystems betrachtet werden: Selbstverwirklichung, Flexibilität, Work-Life-Balance.[120] Ergänzend dazu können nach einer aktuellen Kienbaum-Studie zur Untersuchung der Wertvorstellungen und Karriereorientierung der Generation Y folgende Karriereanreize angeführt werden: leistungsgerechte Vergütung, Weiterentwicklungsmöglichkeiten, Internationalität.[121]

Das Motto der Ypsiloner lautet: „Karriere ja, aber nicht um jeden Preis!"[122] Anders als ihren Vorgängern geht es der Generation Y nicht mehr nur um einen möglichst schnellen hierarchischen Aufstieg und Statussymbole, sondern vielmehr um die Möglichkeit zur persönlichen Selbstverwirklichung bei adäquatem Gehalt.[123] Diese weitestgehend intrinsisch geprägte Karrieremotivation impliziert eine Abkehr von klassischen, standardisierten Karrieremustern hin zu einer individualisierten Karriereplanung und -gestaltung: Karrierewege und -verläufe, die auf die individuellen Potenziale und Bedürfnisse zugeschnitten sind, werden demnach die Karriereanreize der Zukunft sein. Berücksichtigt man, dass Führung – geschweige denn hierarchischer Aufstieg – nicht per se für jedermann Selbstverwirklichung bedeutet, so lassen sich folgende Implikationen für die Gestaltung des betrieblichen Karrieresystems aufzeigen: Zum einen ist die klassische Führungskarriere um alternative Karrierewege wie die Fach- und die Projektkarriere zu ergänzen. Zum anderen sind neben diesen vertikalen Karrieremöglichkeiten horizontale Karriereverläufe im Sinne eines Wissens- und Erfahrungszuwachses

---

[118] Vgl. Klaffke, M. (2014), S. 23.
[119] Vgl. Rutus, J. (2013), S. 1.
[120] Vgl. Bund, K. (2014), S. 56ff.; Krause, L. (2015), S. 26.
[121] Vgl. Kienbaum Institut @ ISM (2015), http://www.kienbauminstitut-ism.de..., abgerufen am 12.01.2016.
[122] Appel, W. (2013), S. 5.
[123] Vgl. Stangel-Meseke, M./ Hahn, P./ Steuer, L. (2015), S. 2.

auf gleicher Hierarchieebene zu offerieren.[124] Dabei ist die Entscheidung für oder gegen einen Karriereschritt und die damit verbundene Honorierung an der individuellen Leistung und nicht an der Dauer der Betriebszugehörigkeit festzumachen.[125]

Neben dem Individualisierungsanspruch der Generation Y ist der Forderung nach einer flexiblen Karriereplanung und -gestaltung nachzukommen. Es gilt, „Wellen- und Bogenkarrieren, in denen sich Phasen der Verantwortung mit Phasen mit weniger Verantwortung abwechseln (...) zu fördern. In diesen Karrieremodellen passt sich die Karriere der Lebensphase und den Beschäftigten-Wünschen an. So kann beispielsweise die Möglichkeit eingeräumt werden, (...) von einer Führungs- in eine Experten- oder Projektkarriere temporär zu wechseln."[126] Eng verbunden mit der Flexibilisierung der Karrieregestaltung ist der Wunsch nach Work-Life-Balance bzw. der Vereinbarkeit von Karriere, Familie und / oder Freizeit. Dieser Erwartungshaltung kann durch Teilzeitkarrieremodelle, Sabbaticals und sonstigen mit dem Karrieresystem kompatiblen Work-Life-Balance-Maßnahmen entsprochen werden.[127] Im Hinblick auf die intendierte Flexibilisierung von Arbeitszeit und -ort gewinnen vor allem Maßnahmen wie Gleitzeit und Homeoffice für die Ypsiloner an Bedeutung.[128]

Angesichts der Tatsache, dass Karriere von der Generation Y entgegen des tradierten hierarchischen Aufstiegs und Senioritätsprinzips neu interpretiert wird, sind Weiterentwicklungsmöglichkeiten für die Generation Y sowohl aus der persönlichen Motivation heraus als auch für die Karriereplanung von größter Relevanz.[129] Im Hinblick auf die Ausgestaltung des betrieblichen Karrieresystems gilt es beispielsweise, allgemeine Talentförderprogramme zur Unterstützung von Mitarbeitern mit Karrierepotenzial sowie konkrete Personalentwicklungsmaßnahmen zur Vorbereitung auf den nächsten Karriereschritt anzubieten.[130] Weiterentwicklung beschränkt sich für die Generation Y allerdings nicht nur auf einen Arbeitsplatz und ein Unternehmen, was arbeitsplatz- und standortübergreifende Personalentwicklungsmaßnahmen (z. B. Job Rotation und Auslandsaufenthalte) in den Vordergrund rücken lässt.[131]

---

[124] Vgl. Pospolit, N./ Weiher, J. (2016), S. 164; Krause, L. (2015), S. 32; Parment, A. (2013), S. 81.
[125] Vgl. Thom, N./ Hubschmid, E. (2012), S. 87; Parment, A. (2009), S. 115.
[126] Thoma, C. (2014), S. 170.
[127] Vgl. Thoma, C. (2014), S. 170.
[128] Vgl. Klaffke, M./ Parment, A. (2011), S. 17.
[129] Vgl. Krause, L. (2015), S. 33f.
[130] Vgl. Thoma, C. (2014), S. 172.
[131] Vgl. Krause, L. (2015), S. 34.

3.4 Mesoebene: Relevante Weichenstellungen auf Unternehmensebene zur Gestaltung des Karrieresystems

3.4.1 Normatives Wertegerüst und Implikationen für die Karrieresystemgestaltung

Vor dem Hintergrund des intendierten integrierten Karrieresystems müssen die auf der Makroebene aufgezeigten gesellschaftlichen Wertekonstellationen auf der Mesoebene Eingang in das normative Wertegerüst finden. Das auf der normativen Ebene des St. Galler Management-Modells verankerte Wertegerüst konstituiert sich aus der Unternehmensphilosophie, die anhand postulierter, definierter Werte und Verhaltensweisen das Leitbild des unternehmerischen Denkens und Handelns darstellt.[132] Entscheidend ist letztlich, inwiefern die Unternehmensphilosophie in der Unternehmenskultur Wirkung erfährt, das heißt sich in den tatsächlichen Verhaltensweisen und gelebten Werten aller Unternehmensmitglieder widerspiegelt.[133]

Nach *Brauchlin* ist das normative Wertegerüst prägend für alle unternehmerischen Tätigkeiten und findet somit auch seinen Rückfluss im Karrieresystem.[134] *Litz* beschreibt die Unternehmenskultur in diesem Zusammenhang als betrieblichen sozialen Kontext, der „Konsequenzen für die Karriere in dieser Organisation und (...) [die] aufgrund der Erwartungen dabei einzuhaltenden Regeln [hat]. Entsprechend der grundlegenden Werte in einer Organisation sind bestimmte Verhaltensweisen akzeptabel oder nicht akzeptabel."[135] Um die Implikationen des normativen Wertegerüsts für die Karrieresystemgestaltung aufzuzeigen, kann auf zwei antipodische Unternehmenskulturen in Anlehnung an *Goffee* und *Jones* zurückgegriffen werden: Bei der sogenannten netzwerkartigen Unternehmenskultur orientieren sich Karriereentscheidungen an der Zugehörigkeitsdauer und der Beziehung zu Vorgesetzten und Kollegen. Im Kontext der leistungsorientierten Unternehmenskultur orientiert sich die Übertragung einer neuen (ggf. verantwortungsvolleren) Position hingegen an der individuellen Leistung mit Bezug zum Gruppenbeitrag.[136] Letztere Unternehmenskultur ist elementar, möchte man die gesellschaftlichen Werte – insbesondere die leistungsorientierte Wertvorstellung der Generation Y – in gelebtes unternehmerisches Denken und Handeln transformieren. Auch der Wunsch nach Selbstverwirklichung und einer individuellen Karriereplanung und -gestaltung muss sich im gesellschaftlich-kulturell verankerten und betrieblich gelebten Karriereverständnis widerspiegeln. So muss der – dem Individualitätsanspruch Rechnung tragende – Dreiklang aus Führungs-, Fach- und Projektkarriere einer Gleichwertigkeit unterliegen, um letztlich eine

---

[132] Vgl. Wiedmann, K.-P./ Kreutzer, R. (1985), S. 76; Janke, K. (2015), S. 85.
[133] Vgl. Weatherly, J. N. (2009), S. 239.
[134] Vgl. Brauchlin, E. (1984), S. 313.
[135] Litz, S. (2012), S. 105.
[136] Vgl. Goffee, R./ Jones, G. (2001) – nach Litz, S. (2012), S. 106.

nachhaltige Akzeptanz und Anreizwirkung zu entfalten.[137] Gleiches gilt für horizontale Bewegungsrichtungen, die sich neben den klassischen aufwärtsorientierten Hierarchiewegen im Entwicklungswegenetz konstituieren müssen.[138] Auch die Ansprüche der Generation Y im Hinblick auf die Flexibilisierung von Karriere und die Vereinbarkeit von Berufs- und Privatleben müssen Eingang in das normative Wertegerüst finden. *Lücke* konstatiert in diesem Zusammenhang, dass es Aufgabe des Unternehmens ist, „eine Kultur zu erschaffen, die den Mitarbeitern neben Sabbaticals und Elternzeit auch flexible Jobwechsel ermöglicht."[139] Eng damit verbunden ist eine Kultur, die den Mitarbeitern unabhängig von Geschlecht und Alter die gleichen (flexiblen und individuellen) Karrierechancen einräumt, was beispielsweise eine familiäre Auszeit auch für karriereambitionierte Männer sowie Karrieremöglichkeiten für ältere Mitarbeiter impliziert.[140] Summa summarum werden Unternehmen dazu angehalten, eine Karrierephilosophie zu entwickeln und zu leben, die im Einklang mit den gesellschaftlichen Wertvorstellungen steht und somit die Anreizwirkung und Attraktivität des Karrieresystems gezielt unterstützt.

3.4.2 Strategische Verankerung des Karrieresystems

Nach dem Grundgedanken des integrierten Managements und dem im St. Galler Management-Modell postulierten Dreiklang aus Strategie, Struktur und Kultur (siehe Abschnitt 2.3.2) ist es essentiell, dass das Karrieresystem nicht nur auf normativer, sondern auch auf strategischer Ebene verankert ist. Denn grundsätzlich gilt: Das Karrieresystem soll das Unternehmen in seiner Zielerreichung und strategischen Unternehmensentwicklung (z. B. Expansion, Internationalisierung) unterstützen.[141] Die Etablierung alternativer Karrierewege zum alleinigen Zweck der gesellschaftlichen Bedürfnisbefriedigung ohne strategische Legitimation wäre somit wenig erfolgsträchtig. Vielmehr muss sich das Karrieresystem an der Unternehmensstrategie orientieren, was eine strategische Ausrichtung des Human Resource Managements als Umsystem des Karrieresystems impliziert.

Die „strategische Natur" des Human Resource Managements charakterisiert sich durch die Ableitung der HRM-Strategie aus der vorgelagerten Unternehmensstrategie. Das heißt, sämtliche Aktivitäten des Human Resource Managements – und somit auch dessen Sub- und Subsubsysteme (u. a. das Personalentwicklungs- und Karriere-system) – sind so auszugestalten, dass sie zur Umsetzung der Unternehmensstrategie beitragen.[142] Ziel ist es letztlich, dass der aus der Unternehmensstrategie abgeleitete Bedarf an Humanressourcen in qualitativer,

---

[137] Vgl. Mudra, P. (2004), S. 333.
[138] Vgl. Ahlers, F./ Gülke, N. (2013), S. 127.
[139] Lücke, J. (2013), S. 240.
[140] Vgl. Stangel-Meseke, M. (2015), S. 24; Abrell, B. (2015), S. 62f.
[141] Vgl. Berthel, J./ Koch, H.-E. (1985), S. 36.
[142] Vgl. Ringlstetter, M./ Kaiser, S. (2008), S. 70; Ringlstetter, M. (2002), S. 24; Sims, R. R. (2006), S. 5.

quantitativer und zeitlicher Hinsicht gedeckt wird.[143] Das Karrieresystem spielt hierbei eine entscheidende Rolle, da „vor allem die grundsätzlichen Entscheidungen wie das Angebot an Karrieremodellen im Unternehmen und (...) [deren] spezifische Ausgestaltung (...) im Bereich der strategischen Personalplanung"[144] von Relevanz sind. Vor diesem Hintergrund muss das Karrieresystem je nach Unternehmensstrategie eine spezifische Ausgestaltung erfahren. Dies kann am Beispiel einer Expansionsstrategie veranschaulicht werden: So hat sich der Automobilzulieferer Brose aufgrund des erhöhten expansionsbedingten Personalbedarfs sowie der zunehmenden Bedeutung von Fachkräften als Treiber der Unternehmensentwicklung dazu entschieden, ein neues Karrieresystem zu etablieren. Das einstige Angebot einer vordefinierten Führungskarriere wurde dabei um eine gleichgestellte Fachlaufbahn ergänzt, um Top-Spezialisten zu entwickeln und an das Unternehmen zu binden.[145] Allgemein gilt: Alternative Karrierewege erfahren immer dann eine strategische Legitimation, wenn es zur Besetzung strategisch relevanter Schlüsselpositionen (z. B. Spezialisten, Manager) einer systematischen Qualifizierung interner Kandidaten bedarf.[146] Spielt sich eine Expansionsstrategie im Sinne einer Internationalisierungsstrategie im internationalen Kontext ab, so muss sich die strategische Verankerung des Karrieresystems in der internationalen Ausrichtung der angebotenen Laufbahnen widerspiegeln. Beispielsweise sind Karrierestationen im Ausland gut geeignet, „um für die internationalen Aufgaben stets qualifizierte und engagierte Manager und Spezialisten zur Verfügung zu haben."[147] Integrierte Auslandseinsätze als fester Bestandteil einer betrieblichen Laufbahn sind insofern entscheidend für den Erfolg des Karrieresystems, als sie durch ihre feste Verankerung zur Steigerung der Entsendungsbereitschaft beitragen und die Wiedereingliederung in das Unternehmen unterstützen. Folglich werden internationale Karrierestationen weniger als Karriereunterbrechung, sondern vielmehr als wertvoller Bestandteil der Karriereentwicklung anerkannt.[148]

---

[143] Vgl. Rowold, J. (2015), S. 20; Armstrong, M. (2016), S. 174.
[144] Friedli, V. (2002), S. 84.
[145] Vgl. North, K./ Reinhardt, K. (2005), S. 88; Klopp, M./ Gruber, T./ Krämer, J. (2004), S. 142.
[146] Vgl. SKope (2009), http://www.skope.de/files/im_skope_26_10_09_1.pdf, abgerufen am 29.02.2016.
[147] Schmidt-Dorrenbach, H. (1989), Sp. 1276.
[148] Vgl. Weber, W. et al. (2001), S. 203.

3.5 Mikroebene: Integrierte Ausgestaltung des originären Karrieresystems

3.5.1 Integrierte Verknüpfung von Karrieresträngen

3.5.1.1 Führungs-, Fach- und Projektkarrieren

Die gesellschaftlichen Wertvorstellungen, die im normativen Wertegerüst zu projizieren sind und durch die karrieresystemrelevanten Implikationen der Unternehmensstrategie legitimiert werden, sind als richtungsweisend für die integrierte Ausgestaltung des originären Karrieresystems anzusehen. In diesem Zusammenhang wird häufig ein triadisches Karrieresystem bestehend aus Führungs-, Fach- und Projektlaufbahn diskutiert.[149] Uneinigkeit herrscht in der Literatur dahingehend, ob Fach- und Projektlaufbahnen eine Horizontalkarriere oder eine Parallelhierarchie zur Führungslaufbahn darstellen.[150] Die Idee der Parallelhierarchie wird den weiteren Ausführungen zugrunde gelegt, um nicht zuletzt die Akzeptanz für die alternativen Karrierewege zu fördern.

Die Führungskarriere als ein Element des triadischen Karrieresystems entspricht dem tradierten Karriereverständnis und definiert sich in Anlehnung an *Friedli* über einen Aufstieg durch Zuwachs an Führungskompetenz und -verantwortung.[151] Ein klassischer Karrierepfad, der diesem Verständnis entspricht, umfasst die drei Karrierestationen „Teamleitung", „Abteilungsleitung" und „Bereichsleitung".[152] Die Fachkarriere – auch Spezialisten- oder Expertenlaufbahn genannt[153] – ist ebenfalls vertikal ausgerichtet, charakterisiert sich allerdings nicht durch ein ansteigendes Maß an Personalverantwortung, sondern durch die Übernahme zunehmender Fachkompetenz und -verantwortung.[154] Zur Zielgruppe dieser Karriereform zählen hochqualifizierte Spezialisten, deren fachliche Expertise erhalten, weiterentwickelt und belohnt werden soll.[155] Das dritte Element des triadischen Karrieresystems stellt die Projektkarriere dar, innerhalb derer der Aufstieg durch Zuwachs an Projektkompetenz und -verantwortung – das heißt durch die Planung, Entscheidung, Steuerung und Kontrolle innerhalb zeitlich begrenzter Projekte unterschiedlicher Komplexität – begründet ist.[156] Projektlaufbahnen fordern und fördern sowohl fachliche als auch führungsrelevante Fähigkeiten.[157] Grundsätzlich bietet die Projektkarriere eine interessante Alternative für Mitarbeiter, die

---

[149] Vgl. Ahlers, F./ Gülke, N. (2013), S. 126f.
[150] Nach Rump, J./ Eilers, S. (2006), S. 52 stellen die Fach- und die Projektlaufbahn eine Horizontal-karriere dar. Nach Kels, P./ Clerc, I./ Artho, S. (2015), S. 98f. stellen die Fach- und die Projektlaufbahn eine Parallelhierarchie zur Führungslaufbahn dar.
[151] Vgl. Friedli, V. (2002), S. 29.
[152] Vgl. Rump, J./ Eilers, S. (2006), S. 52.
[153] Vgl. Scherer, E. K./ Eichenberg, T./ Rudat, A. (2013), S. 226.
[154] Vgl. Friedli, V. (2002), S. 29.
[155] Vgl. Ladwig, D. H. (2014), S. 115.
[156] Vgl. Mudra, P. (2004), S. 332.
[157] Vgl. Hüsselmann, C. (2015), S. 136.

abwechslungsreiche Aufgaben und Führungsverantwortung jenseits der klassischen disziplinarischen Führungskarriere übernehmen möchten.[158]

Um dem Systemgedanken des triadischen Karrieresystems Rechnung zu tragen, müssen die Führungs-, Fach- und Projektlaufbahn eine integrative Verknüpfung erfahren. *Wohlfart et al.* betonen diesbezüglich, dass „bei der Festlegung der Stufen innerhalb der Laufbahn (...) darauf geachtet werden [muss], dass diese Stufen parallel zu denen der Führungslaufbahn aufgebaut werden."[159] So kann die Fachlaufbahn (bzw. Projektlaufbahn) analog zur aufgezeigten dreistufigen Führungskarriere auf den Positionen „Junior Experte" („Junior Projektmanager"), „Experte" („Projektmanager") und „Senior Experte" („Senior Projektmanager") basieren.[160] In der Literatur wird oft für eine Gleichstellung der ranggleichen Karrierestufen plädiert.[161] Kritisch zu hinterfragen ist jedoch, was unter Gleichstellung zu verstehen ist und wie demzufolge ein pragmatisches Gleichstellungspostulat aussieht. So weist *Trost* darauf hin, dass die in der Praxis meist vorzufindende materielle Gleichstellung – das heißt die Anerkennung von Fach- und Projektexperten über Gehaltsstufen, die parallel zu denen der Führungslaufbahn verlaufen – keine erlebbare Gleichwertigkeit hervorruft. Vielmehr entscheiden die betrieblichen Machtstrukturen darüber, wem eine starke Anerkennung zuteil wird.[162] Aus pragmatischer Sicht ist eine auf Machtstrukturen basierende Gleichstellung jedoch eher unrealistisch, da Fach- und Projektlaufbahnen oft vor dem Top-Management enden und – zumindest im Hinblick auf die Fachspezialisten – einer disziplinarischen Führung auf nächsthöherer Ebene bedürfen.[163] Demnach ist eine pragmatisch umsetzbare Gleichstellung über formale bzw. materielle Anreize anzustreben, die zwar keine absolute Gleichwertigkeit, wohl aber eine vergleichbare Wertigkeit von Führungs-, Fach- und Projektlaufbahnen sicherstellt. Weiterhin sind den Fach- und Projektexperten trotz verkürzter Laufbahnen vergleichbare Entwicklungsmöglichkeiten zu offerieren, was auch die intendierte Durchlässigkeit zwischen den drei Laufbahnen tangiert.[164] Diese kann durch die Projektkarriere gefordert und zugleich gefördert werden, berücksichtigt man die zeitliche Befristung von Projekten sowie die laufbahnspezifische Entwicklung von Fach- und Führungskompetenzen zugleich.[165] Unabdingbar für die intendierte Durchlässigkeit sind letztlich die Definition und die Transparenz der laufbahn- und karrierestufenspezifischen Anforderungen.[166]

---

158 Vgl. Kels, P./ Clerc, I./ Artho, S. (2015), S. 101.
159 Wohlfart, L./ Moll, K./ Wilke, J. (2011), S. 18.
160 Vgl. Wohlfart, L./ Moll, K./ Wilke, J. (2011), S. 10; Lang, K./ Rattay, G. (2005), S. 144.
161 Vgl. Wagner, D. (2015), S. 471.
162 Vgl. Trost, A. (2014), S. 40.
163 Vgl. Wagner, D. (2015), S. 471; Mayerhofer, H./ Michelitsch-Riedl, G. (2009), S. 449.
164 Vgl. Hüsselmann, C. (2015), S. 136; Wagner, D. (2015), S. 471.
165 Vgl. Hölzle, K. (2009), S. 155; Hüsselmann, C. (2015), S. 136.
166 Vgl. Crameri, M./ Heck, U. (2010), S. 260.

3.5.1.2 Aufnahme neuer Karrieremuster

Nicht zuletzt aufgrund des Individualitäts- und Flexibilitätsanspruchs der Generation Y, der damit verbundenen Abkehr von Hierarchien und der erhöhten Wechselbereitschaft – sowohl innerhalb als auch außerhalb des Unternehmens – sind neben den vorab aufgezeigten Karrierewegen auch neue Karrieremuster jenseits des einseitigen Aufstiegsgedankens in das Karrieresystem aufzunehmen (siehe Abschnitt 3.3.1).

Fuchs führt in diesem Zusammenhang ein Karrieremuster an, das sich vom Aufstiegsgedanken tendenziell abwendet und der Maxime folgt: „Karriere heißt wertvoller werden, nicht aufsteigen."[167] Die diesem Muster folgende Know-how-Karriere versteht Karriere als Kompetenzentwicklung auf gleicher Ebene im Sinne einer Entwicklung vom Spezialisten hin zum „Multi-Experten".[168] Ein solcher horizontaler Karriereverlauf impliziert, dass die mit dem hierarchischen Aufstieg verbundenen Anreize hinter dem Wissens- und Erfahrungszuwachs zurücktreten.[169] Dafür bedarf es Mitarbeiter, die den Mehrwert eines solchen hierarchieunabhängigen Wissens- und Erfahrungszuwachses erkannt haben und entsprechend intrinsisch motiviert sind.[170] Ein weiteres Karrieremuster, das dem Individualitäts- und Flexibilitätsanspruch Rechnung trägt, beschreibt die Patchworkkarriere respektive Mosaikkarriere[171], die ein „‚Flickwerk' aus (...) Jobs, unterschiedlichen Branchen, Unternehmen und Tätigkeitsfeldern"[172] darstellt. Anders als die Know-how-Karriere bildet die Patchworkkarriere sowohl horizontale als auch vertikale und diagonale Bewegungsrichtungen ab.[173] Im Kontext des betrieblichen Karrieresystems vereint die Patchworkkarriere somit die drei vertikalen Karrierewege und die horizontale Know-how-Karriere zu einem Ganzen, was die im vorangegangenen Abschnitt intendierte Durchlässigkeit unterstreicht (siehe Abschnitt 3.5.1.1). Weiterhin sind Karrieremöglichkeiten für ältere Mitarbeiter in die Betrachtung einzubeziehen, berücksichtigt man, dass die älteste – jedoch nach wie vor leistungsorientierte – Erwerbsgruppe der Babyboomer zunehmend Karrieremöglichkeiten für Mitarbeiter 50 plus fordert.[174] *Ahlers* und *Gülke* plädieren in diesem Zusammenhang für sogenannte Aging-Karrieren, die u. a. auf die zuvor genannten Karrieremuster zurückgreifen. So tragen sowohl die Patchwork- als auch die Know-how-Karriere dazu bei, die Beschäftigungs- und Lernfähigkeit (älterer) Mitarbeiter zu erhalten (Lifelong Employability).[175] Darüber hinaus sollte ein

---

[167] Fuchs, J. (1999), S. 143.
[168] Vgl. Fuchs, J./ Stolarz, C. (2001), S. 129.
[169] Vgl. Ahlers, F./ Gülke, N. (2013), S. 131.
[170] Vgl. Durai, P. (2010), S. 198.
[171] Nach Hesse, G. et al. (2015), S. 97 beschreiben die Begriffe „Patchworkkarriere", „Mosaikkarriere", „Proteische Karriere" und „Boundaryless Career" ähnliche Karrieremuster.
[172] Lüdemann, C./ Lüdemann, H. (2009), S. 141.
[173] Vgl. Schwierz, C./ Rump, J. (2016), S. 4.
[174] Vgl. Hackl, B./ Gerpott, F. (2015), S. 79.
[175] Vgl. Ahlers, F./ Gülke, N. (2013), S. 131.

Downward Movement, das heißt der Wechsel auf eine Position mit weniger Verantwortung, ermöglicht werden.[176] Dies erfordert ein offenes Karriereverständnis, das den Abstieg nicht als negativen Rückschritt, sondern als gewonnene Lebensqualität versteht.[177] Auch nach dem Renteneintrittsalter kann eine weitere Form von Zusammenarbeit verfolgt werden, indem Wissensträgern im Ruhestand eine Beraterfunktion zur Erfahrungsweitergabe übertragen wird.[178] Zu berücksichtigen ist jedoch, dass die neuen Karrieremuster mit vielfältigen, kritischen Einlassungen in Verbindung stehen.[179] Dies kann z. B. an der Maximalforderung des „Nicht-Aufsteigens" nach Fuchs verdeutlicht werden, die vor dem Hintergrund der nach wie vor auch aufstiegsorientierten Wertvorstellung der Generation Y nicht realistisch erscheint (siehe Abschnitt 3.3.2).

3.5.2 Gestaltung eines entwicklungsorientierten Karrieresystems

3.5.2.1 Karriere als integriertes Element eines Entwicklungssystems

Das Karrieresystem als Subsystem und Strukturanker des Personalentwicklungssystems impliziert eine integrative Verzahnung seiner Elemente (Karrierewege und -muster) mit den angrenzenden Subsystemen. So bedarf es für die Karriereentwicklungen innerhalb vordefinierter Führungs-, Fach- und Projektlaufbahnen sowie für die horizontalen und diagonalen Entwicklungsrichtungen flankierender Qualifikations- und Arbeitsstrukturierungsmaßnahmen (siehe Abschnitt 2.2.4).

Achenbach unterscheidet hierzu zwischen zwei Personalentwicklungsstrategien: Zum einen können einzelne Mitarbeiter individuell und ganz gezielt auf eine konkrete Karriereposition hin entwickelt werden. Zum anderen können mehrere Mitarbeiter zugleich in sogenannten „Goldfischteichen" qualifiziert werden, um im Bedarfsfall auf potenzielle Nachwuchskräfte zurückgreifen zu können.[180] Konkret bedeutet dies, dass im Rahmen eines Talentmanagements Mitarbeiter mit Karrierepotenzial identifiziert, in – optimalerweise laufbahnspezifischen[181] – Talentpools konzentriert und durch gezielte Entwicklungsprogramme gefördert werden.[182] Letztere Strategie ist für vordefinierte Führungs-, Fach- und Projektlaufbahnen zum Zweck der Besetzung strategisch relevanter Schlüsselpositionen von Bedeutung (siehe Abschnitt 3.4.2).[183] Kritisch zu betrachten ist in diesem Zusammenhang jedoch die Gefahr eines unfokussierten Weiterbildungstourismus. Zu dessen Vermeidung sollten (bei konkreter Besetzungsentscheidung) zusätzlich die individuellen Qualifikationsbedarfe angegangen werden (z. B. durch

---

[176] Vgl. Brehm, M. (1999), S. 141.
[177] Vgl. Kres, M. (2006), S. 25.
[178] Vgl. Ahlers, F./ Gülke, N. (2013), S. 133.
[179] Vgl. Ahlers, F./ Gülke, N. (2013), S. 130f.
[180] Vgl. Achenbach, W. (2003), S. 106.
[181] Vgl. Enaux, C./ Henrich, F. (2011), S. 49.
[182] Vgl. Enaux, C./ Henrich, F. (2011), S. 41.
[183] Vgl. Werner, F./ Wengert, S. (2007), S. 29f.

Wahlmodule).[184] Hierzu kann sowohl auf klassische Maßnahmen wie Schulungen – die laufbahnspezifisch und laufbahnübergreifend auszurichten sind[185] – als auch auf individuelle Instrumente wie Mentoring und Coaching zurückgegriffen werden.[186] Die erstgenannte bedarfs- und positionsbezogene Entwicklungsstrategie kann auch außerhalb des Talentmanagements zum Tragen kommen, beispielsweise dann, wenn Mitarbeiter im Hinblick auf die neuen Karrieremuster einen Laufbahn- oder Tätigkeitswechsel anstreben. Insbesondere für die Know-how-Karriere sind bedarfsorientierte – vom Aufstiegsgedanken losgelöste – Arbeitsstrukturierungsmaßnahmen wie Job Rotation und Job Enrichment als erfolgsträchtig einzustufen.[187]

3.5.2.2 Lebenslauforientierte Karrieremodelle

Sowohl der Flexibilitätsanspruch der Generation Y (siehe Abschnitt 3.3.2), der zunehmende Forderungskanon der Babyboomer nach Karrieremöglichkeiten 50 plus (siehe Abschnitt 3.5.1.2) als auch weitere generationsübergreifende Phänomene stellen wichtige Impulse für lebenslauforientierte Karrieremodelle dar. Grundsätzlich gilt: „Abhängig von der privaten / familiären Situation wird ein durchschnittlich sozialer Mitarbeiter im Lauf des Lebens mehr oder weniger unumgänglich in eine Phase kommen, in der der Beruf nicht an erster Stelle stehen kann"[188], was eine gezielte Anpassung der Karriere an die Lebensphasen und Wünsche der Beschäftigten erforderlich macht.

Dieses Phänomen lässt sich auf Basis der drei Karrierephasen nach *Berthel* und *Koch* veranschaulichen: Die frühe Karrierephase (15 - 35 Jahre) umfasst die mit der Berufswahl einhergehende Ausbildung sowie die ersten Karrierestationen im Unternehmen. Die mittlere Karrierephase (35 - 50 Jahre) zeichnet sich durch besondere Leistungsbeiträge der Karriereaspiranten aus mit dem Ziel der Erreichung höherer Positionen. Sie stellt das Fundament für die späte Karrierephase (50 - 65 Jahre) dar. In der späten Karrierephase ist ein weiterer Aufstieg zwar nicht ausgeschlossen, allerdings haben die Karrierekandidaten in der Regel ihr endgültiges Tätigkeitsfeld gefunden, welches sie durch stabile Leistungsbeiträge zu erhalten beabsichtigen, bevor sie letztlich das Unternehmen verlassen.[189] Die entscheidenden Karriereschritte finden in der frühen und mittleren Karrierephase zwischen 30 und 40 Jahren statt und orientieren sich an Beförderungskriterien wie Alter, Unterbrechungsfreiheit und Verfügbarkeit.[190] Ein solches Karriereverständnis ist nicht nur für karriereorientierte Babyboomer und Anhänger der Generation Y mit Wunsch nach Flexibilität und Work-Life-Balance problembehaftet, sondern diskriminiert auch implizit Frauen, die ihrer familiären Fürsorgepflicht

---

184	Vgl. Enaux, C./ Henrich, F. (2011), S. 41 und 129.	
185	Vgl. Enaux, C./ Henrich, F. (2011), S. 152.	
186	Vgl. Ryschka, J./ Tietze, K.-O. (2011), S. 131; Witt-Bartsch, A./ Becker, T. (2010), S. 76.	
187	Vgl. Friedli, V. (2008), S. 254.	
188	Hodapp, M./ Peußer, M. (2014), S. 200.	
189	Vgl. Berthel, J./ Koch, H.-E. (1985), S. 29ff.	
190	Vgl. Kaiser, S. et al. (2012), S. 9 und 34.	

nachkommen.[191] *Rump* und *Eilers* plädieren in diesem Zusammenhang für einen lebensphasenorientierten und langzeitorientierten Karriereansatz.[192] Hierzu können je nach spezifischer Lebensphase (z. B. Geburt, Elternpflege, Vorruhestand, soziales Engagement) verantwortungsvolle und weniger verantwortungsvolle Phasen in Form von Laufbahn- oder Positionswechseln alternieren, was das Erfordernis neuer Karrieremuster unterstreicht (siehe Abschnitt 3.5.1.2).[193] Beispielsweise lassen sich „je nach Ausgestaltung (...) Projekt- und Fachfunktionen in bestimmten Lebensphasen leichter mit den privaten Belangen vereinbaren als Führungspositionen."[194] Darüber hinaus ist das Dogma der „Immer-Verfügbarkeit" zu überwinden, indem – auch für Führungspositionen – Angebote wie Sabbaticals, Teilzeitbeschäftigung (z. B. im Sinne von Jobsharing)[195] und flexible Arbeitszeitgestaltung ohne Karriereeinbußen offeriert werden.[196] Die Langzeitorientierung eines solchen Karriereansatzes impliziert weiterhin, dass die späte Karrierephase im Hinblick auf das zu erwartende weiter ansteigende Renteneintrittsalter näher ausdifferenziert bzw. zeitlich nach hinten verschoben werden muss.[197] Eng damit verbunden ist die aufgezeigte Beraterfunktion von Ruheständlern im Sinne einer „Karriere nach der Karriere"[198] (siehe Abschnitt 3.5.1.2). Summa summarum müssen die lebensphasenspezifischen Mitarbeiterbedürfnisse in die betriebliche Karriereplanung und -gestaltung integriert werden.

3.6 Ebenen- und Elemente-Zusammenführung: Konzeptdarstellung

3.6.1 Visualisierte Abbildung des entwickelten integrierten Karrieresystems

Nachdem in den vorangegangenen Abschnitten die zur Konzeptentwicklung des integrierten Karrieresystems relevante Makro-, Meso- und Mikroebene und ihre jeweiligen Elemente aspektorientiert betrachtet wurden, gilt es nun, dem Integrationsgedanken durch eine Ebenen- und Elemente-Zusammenführung in Form einer visualisierten Konzeptdarstellung Rechnung zu tragen (siehe Abbildung 1).

---

[191] Vgl. Rump, J./ Eilers, S. (2014a), S. 139f.
[192] Vgl. Rump, J./ Eilers, S. (2014a), S. 139f.
[193] Vgl. Thoma, C. (2014), S. 170.
[194] Rump, J./ Eilers, S. (2014a), S. 140.
[195] Vgl. zum Begriff „Jobsharing" Kallwitz, S. (2015), S. 32.
[196] Vgl. Rump, J./ Eilers, S. (2014a), S. 140f.; Rump, J./ Eilers, S. (2014b), S. 107f.
[197] Vgl. Ahlers, F./ Gülke, N. (2013), S. 129.
[198] Vgl. zum Begriff „Karriere nach der Karriere" Ahlers, F./ Gülke, N. (2013), S. 133.

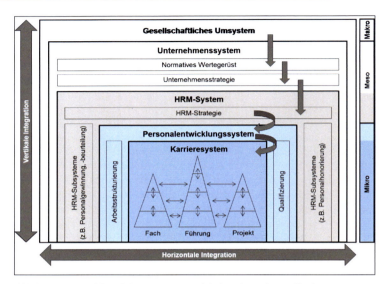

Abbildung 1: Visualisierung des entwickelten integrierten Karrieresystems
Quelle: Eigene Darstellung.

Im Nukleus der Abbildung steht das originäre Karrieresystem, das sich idealtypisch aus der Führungs-, Fach- und Projektkarriere zusammensetzt. Diese Systemelemente sind im Sinne einer intrasystemischen Integration miteinander zu verknüpfen, um letztlich dem gesellschaftlichen Forderungskanon nach alternativen, gleichgestellten Karrierewegen nachzukommen, die durch ihre abgestimmte Ausgestaltung Laufbahnwechsel und demzufolge neue Karrieremuster unterstützen (siehe Abschnitt 3.5.1). Das somit geschaffene Karrieresystem im engeren Sinne ist sodann mit den parallelen Personalentwicklungssubsystemen zu orchestrieren, um die einzelnen Karriereverläufe mit flankierenden Arbeitsstrukturierungs- und Qualifizierungsmaßnahmen zu unterstützen und das Karrieresystem im weiteren Sinne zu konstituieren (siehe Abschnitt 3.5.2.1). Eine solche horizontale und intersystemische Integration findet sich auch im Hinblick auf die weiteren relevanten HRM-Subsysteme wieder. Beispielsweise ist eine Verzahnung des Karrieresystems mit der Personalhonorierung elementar, möchte man eine vergleichbare Wertigkeit der Karrierestränge realisieren. Der dem Karrieresystem inhärente Integrationsanspruch beschränkt sich nicht nur auf eine horizontale Integration, sondern impliziert auch eine vertikale Integration des Karrieresystems. So müssen die Wertvorstellungen des gesellschaftlichen Umsystems als karrieresystemrelevante Impulse berücksichtigt werden (siehe Abschnitt 3.3). Sie müssen Eingang in das normative Wertegerüst finden, um die alternativen Karrierewege und -muster durch eine entsprechende Karrierephilosophie zu unterstützen und in den Köpfen aller Unternehmensmitglieder zu verankern (siehe Abschnitt 3.4.1). Weiterhin darf das idealtypische originäre Karrieresystem kein „Inseldasein" abseits strategischer Orientierung fristen. Vielmehr muss es eine strategische Legitimation erfahren, was eine vertikale Ableitung der HRM-Strategie aus der Unternehmensstrategie und eine dementsprechende strategische Ausrichtung des Karrieresystems voraussetzt (siehe Abschnitt 3.4.2). Zu berücksichtigen ist, dass die horizontale und die vertikale Integration keine „Einbahnstraße" darstellen, da sie vielfältigen Vor- und Rückkopplungsprozessen unterliegen.

3.6.2 Situative Konzeptdifferenzierung entsprechend der jeweiligen Unternehmensbelange

Das entwickelte und im vorangegangenen Abschnitt visualisierte integrierte Karrieresystem ist nicht per se ohne etwaige Anpassungen auf jedes Unternehmen anwendbar, berücksichtigt man den spezifischen Charakter von Unternehmen als heterogene Agglomerationsgröße.[199] Als Erklärungsmuster bietet sich ein Rückgriff auf den situativen Denkansatz in der Betriebswirtschaftslehre an, der seinen Ursprung in der Organisations- und Managementlehre findet. Der situative Denkansatz besagt, dass die Gestaltung von Organisationsstrukturen vor dem Hintergrund situativer Grunddifferenzierungen von Unternehmen vorzunehmen ist.[200] Beispielsweise stehen „große Unternehmen (...) einer anderen Situation gegenüber als kleine und benötigen entsprechend auch eine andere Organisationsstruktur."[201]

Dieser situative Denkansatz kann auch auf das Karrieresystem übertragen werden mit der Implikation, dass es nicht das „eine" Karrieresystem für alle Unternehmen gibt, sondern bestimmte Situationsfaktoren des Unternehmens bei der Ausgestaltung des integrierten Karrieresystems zu berücksichtigen sind. So gaben die befragten Unternehmen im Rahmen einer vom Fraunhofer-Institut durchgeführten Studie an, dass insbesondere Faktoren wie die Unternehmensgröße, die Branche und die Internationalisierung des Unternehmens eine übergeordnete Rolle bei der Karrieresystemgestaltung spielen.[202] Im Hinblick auf den Faktor der Unternehmensgröße gehen *Deuter* und *Stockhausen* davon aus, dass die Etablierung einer Fachlaufbahn für kleine Unternehmen eher wenig Sinn macht. Dies kann jedoch je nach Branche variieren, berücksichtigt man, dass das Kerngeschäft kleiner Unternehmen in Know-how-intensiven Branchen (z. B. Informationstechnologie (IT)-Beratungsunternehmen) maßgeblich von Fachspezialisten getragen wird.[203] Vor diesem Hintergrund wird deutlich, dass es kein einheitliches Muster zur Gestaltung eines integrierten Karrieresystems gibt bzw. geben kann,

---

[199] Nach Ahlers, F. (2007), S. 99 stellen Unternehmen eine heterogene Agglomerationsgröße dar.
[200] Vgl. Kieser, A./ Kubicek, H. (1992), S. 47 und 199.
[201] Kieser, A./ Kubicek, H. (1992), S. 47.
[202] Vgl. Wohlfart, L./ Moll, K./ Wilke, J. (2011), S. 15.
[203] Vgl. Deuter, A./ Stockhausen, A. (2009), S. 25.

sondern vielmehr eine Konzeptdifferenzierung entsprechend der jeweiligen Unternehmensbelange im Sinne eines situativ geprägten Denkmusters vorzunehmen ist.

4. Triadischer empirischer Untersuchungsansatz: Methodische Herleitung

4.1 Grundanliegen der empirischen Sozialforschung

Unter empirischer Sozialforschung ist „die systematische Erfassung und Deutung sozialer Tatbestände"[204] zu verstehen. Dabei bedeutet systematisch, dass der gesamte Forschungsablauf nach bestimmten Regeln durchzuführen ist. Conditio sine qua non ist dabei ein Theoriebezug der empirischen Sozialforschung.[205] Entsprechend der zugrunde liegenden theoretischen Annahmen sind auch die Methoden (z. B. Beobachtung, Befragung, Inhaltsanalyse) nachvollziehbar anzuwenden, um letztlich die sozialen Tatbestände (u. a. Erfahrungen, Einstellungen, Meinungen) zu erfassen und zu deuten.[206] Grundsätzlich ist das „Anliegen der Empirischen Sozialforschung (...) die Sammlung von Erkenntnissen über die soziale Realität."[207]

Zur Erkenntnisgewinnung kann die empirische Sozialforschung auf drei Untersuchungsformen zurückgreifen, die jeweils unterschiedliche Aufgaben erfüllen: Die deskriptive Untersuchung zielt auf die Beschreibung der erfassten Daten sozialer Tatbestände ab, ohne dabei Ursache-Wirkungs-Beziehungen zu explizieren. Bei der explorativen Untersuchung geht es hingegen vorrangig darum, weitgehend unbekannte Phänomene und Zusammenhänge zu erforschen und darauf basierend Hypothesen zu generieren. Demgegenüber beschäftigt sich die hypothesenprüfende Untersuchung mit der Prüfung von vermuteten Zusammenhängen bzw. Hypothesen.[208] Im Rahmen dieser Arbeit wird den obigen Charakteristika folgend eine deskriptive Untersuchung durchgeführt, um den Status quo zur Ausgestaltung von integrierten Karrieresystemen in Unternehmen zu erfassen und darauf aufbauend durch Abgleich mit dem idealtypischen Konzept Gestaltungsanregungen zu generieren. Dies korrespondiert mit dem Ziel der empirischen Sozialforschung, soziale Tatbestände zu beschreiben, zu erklären, zu verstehen und zu bewerten, um letztlich Anregungen für die Neu- oder Umgestaltung des Untersuchungsobjektes zu offerieren und praktische Interventionen durchzuführen.[209] Die generelle Legitimation der empirischen Sozialforschung sollte dabei jedoch nicht unberücksichtigt bleiben, was eine kritische Betrachtung ihrer Aussagekraft impliziert. So besteht im Falle einer unzureichenden theoretischen

---

[204] Atteslander, P. (2010), S. 3.
[205] Vgl. Atteslander, P. (2010), S. 3ff.
[206] Vgl. Atteslander, P. (2010), S. 3ff.
[207] Häder, M. (2015), S. 12.
[208] Vgl. Berger, D. (2010), S. 104.
[209] Vgl. Berger, D. (2010), S. 104f.

Fundierung die Gefahr, dass die empirische Sozialforschung in einen unfokussierten Empirismus mündet, mit der Folge, dass die Gültigkeit und die Verlässlichkeit der Erkenntnisgewinnung in einen fragwürdigen Bereich rücken.[210]

4.2 Begründung des dreigliedrigen Untersuchungsansatzes

Um das Untersuchungsobjekt „integriertes Karrieresystem in Unternehmen" umfassend auszuleuchten und zu beschreiben, wird ein triadischer empirischer Untersuchungsansatz zugrunde gelegt, der die Erfassung und Deutung von Erfahrungswerten und Einstellungen im Hinblick auf das Untersuchungsobjekt aus drei unterschiedlichen Perspektiven vornimmt. Hierzu bietet sich die Methode der Befragung an, da sich diese als das Standardinstrument zur Ermittlung von Meinungen und Einstellungen gerade bei qualitativ zu erschließenden Sachverhalten bewährt hat.[211]

Dem Untersuchungsobjekt „integriertes Karrieresystem in Unternehmen" sind naheliegend zunächst einmal zwei Befragungsperspektiven inhärent: Die Mitarbeiter- und die Unternehmensperspektive. Die Mitarbeiterperspektive – sprich das Einholen von Erfahrungswerten und Einstellungen der Mitarbeiter hinsichtlich betrieblicher Karrieremöglichkeiten – ist wichtig, um die Bedürfnisse der Karrierezielgruppe und deren bisherige Erfüllung im Unternehmen zu analysieren. Durch die Hinzunahme der Unternehmensperspektive soll darüber hinaus aufgezeigt werden, inwiefern Unternehmen sich diesen Bedürfnissen bewusst sind und ihnen durch die Gestaltung und Implementierung von integrierten Karrieresystemen nachkommen. Neben diesen beiden obligatorischen Untersuchungsperspektiven erscheint es sinnvoll, auch die Sichtweise spezialisierter Personalberatungen hinzuzuziehen, berücksichtigt man, dass diese quasi als Multiplikatoren wertvolles Wissen im Hinblick auf betriebliche Karrieresysteme angehäuft haben. Durch den Einbezug entsprechender Beratungsunternehmen soll insbesondere aufgezeigt werden, wie aus einer Dritt-Perspektive der Implementierungsstand integrierter Karrieresysteme in Unternehmen eingeschätzt wird. Summa summarum kann auf Basis der drei Befragungsperspektiven ein recht umfassendes Bild zum Status quo der Ausgestaltung integrierter Karrieresysteme in Unternehmen gewonnen werden.

4.3 Systematische Fragen-Herleitung auf Basis der Literaturanalyse

Das Einholen von Erfahrungswerten und Einstellungen aus den drei Untersuchungsperspektiven setzt eine systematische Fragen-Herleitung voraus. Entscheidend hierfür ist die genaue Definition des Untersuchungsobjektes und dessen Ausdifferenzierung durch eine Literaturanalyse, um letztlich den angestrebten Literatur-Praxis-Abgleich zu gewährleisten. Grundsätzlich bedarf es zur systematischen Fragen-Herleitung zunächst einer Makroplanung, die die themati-

---

[210] Vgl. Atteslander, P. (2010), S. 6.
[211] Vgl. Schnell, R./ Hill, P. B./ Esser, E. (2013), S. 314.

schen Untersuchungsbereiche und deren Abfolge festlegt. Die anschließende Mikroplanung spezifiziert die zu erfragenden Inhalte der Untersuchungsbereiche und präzisiert die Fragenformulierung.[212]

Übertragen auf das Untersuchungsobjekt „integriertes Karrieresystem in Unternehmen" bedeutet dies, dass auf Basis der Literaturanalyse in Kapitel drei und der zugrunde liegenden Gliederung eine systematische Fragen-Herleitung vorzunehmen ist. Im Sinne der Makroplanung gibt die Gliederung bereits eine systematische Abfolge der zentralen zu untersuchenden Themenbereiche vor. So bietet sich zunächst ein Untersuchungs- und damit Fragenbereich an, der „Karrieresysteme allgemein" betrachtet und dabei u. a. die Wertvorstellungen der Generation Y auf der Makroebene thematisiert. Weiterhin ist ein Untersuchungs- bzw. Fragenbereich anzuführen, der konkret die „Ausprägung integrierter Karrieresysteme" behandelt und dabei den Bezug zur Meso- und Mikroebene herstellt. Im Hinblick auf die Zielsetzung des vorliegenden Beitrags ist darüber hinaus ein Analysebereich unabdingbar, der Fragen zu möglichen „Problemfeldern und Optimierungsoptionen" sowie zum „Fazit / Ausblick" abbildet. Im Sinne der Mikroplanung sind die einzelnen Fragen der Untersuchungsbereiche literaturbasiert so herzuleiten, dass sie die zentralen Themenaspekte widerspiegeln und dem Integrationsgedanken Rechnung tragen. Dabei determiniert der jeweilige Themenaspekt den Fragentypus (z. B. sind Fragen zur Exploration von Problemen eher offen zu formulieren).[213] Der Fragentypus seinerseits determiniert das anzuwendende Verfahren der empirischen Sozialforschung (z. B. mündliche oder schriftliche Befragung).[214] Je nach Untersuchungsperspektive ist die Fragenformulierung adressatengerecht zu modifizieren.[215] Bei der Mitarbeiterperspektive ist weiterhin zu berücksichtigen, dass die Bedürfnisse bzw. Karriereeinstellungen der Mitarbeiter sowie deren Erfüllung im Unternehmen erfasst werden sollen, was eine entsprechende Anpassung des Fragebogens erfordert. Auf Basis dieser Überlegungen werden die Leitfäden bzw. Fragebögen für die drei Befragungsgruppen systematisch hergeleitet.

4.4 Methodische Verfahren der drei Untersuchungsformen

4.4.1 Unternehmens- und Beraterbefragung: Qualitative Leitfadeninterviews

Die dem triadischen Untersuchungsansatz zugrunde liegende Methode der Befragung „bedeutet Kommunikation zwischen zwei oder mehreren Personen. Durch verbale Stimuli (Fragen) werden verbale Reaktionen (Antworten) hervorgerufen."[216] Hierbei kann auf Basis der Kriterien „Standardisierungsgrad", „Grad

---

[212] Vgl. Bortz, J./ Döring, N. (2006), S. 244.
[213] Vgl. Kromrey, H. (2009), S. 352.
[214] Beispielsweise sind geschlossene Fragen primär in schriftlichen Befragungen anzuwenden. Vgl. Bortz, J./ Döring, N. (2006), S. 254.
[215] Vgl. Kühn, T./ Koschel, K.-V. (2011), S. 125.
[216] Atteslander, P. (2010), S. 109.

der Strukturiertheit" und „Befragungsvariante" zwischen unterschiedlichen methodischen Verfahren differenziert werden. Der Standardisierungsgrad bezieht sich auf die Freiheitsgrade des Befragten. Während bei einer standardisierten Befragung (in Form geschlossener Fragen) die Antwortmöglichkeiten vorgegeben sind, kann der Befragte die Antworten bei einer nichtstandardisierten Befragung (in Form offener Fragen) in eigenen Worten formulieren. Der Grad der Strukturiertheit tangiert hingegen den Freiheitsgrad des Forschenden. So sind bei einer strukturierten Befragung Reihenfolge und Wortlaut der Fragen genau vorgegeben, wohingegen es bei der unstrukturierten Befragung keine Vorgaben gibt. Einen Kompromiss stellt die halbstrukturierte Befragung dar, die als Orientierung einen Leitfaden mit vorformulierten Fragen zur Verfügung stellt und gleichzeitig Gestaltungsspielraum zulässt. Hinsichtlich der Befragungsvariante kann zwischen schriftlichen und mündlichen Befragungen (bzw. Interviews) differenziert werden.[217] Letztere Variante ist typisch für die qualitative Sozialforschung, deren Grundprinzip – entgegen der objektiv quantitativ-statistischen Forschungstradition[218] – darin besteht, tiefgründige subjektive Erfahrungen und Einstellungen zu analysieren.[219]

Vor dem Hintergrund, dass das Forschungsfeld „integriertes Karrieresystem" noch nicht hinreichend abgesteckt ist und einer tiefgehenden Erkenntnisgewinnung bedarf, bieten sich für die Unternehmens- und Beraterbefragung sogenannte qualitative Leitfadeninterviews in Form von Expertengesprächen an.[220] Leitfadeninterviews stellen eine nichtstandardisierte, halbstrukturierte, mündliche Befragung dar und erlauben eine intensive Beschäftigung mit dem Untersuchungsobjekt.[221] So kann der Befragte seine Ansichten und Erfahrungen dank der offenen Fragen frei artikulieren und somit seine subjektive Sichtweise in die Befragung einbringen. Der Interviewer seinerseits kann die vorgegebenen Fragen dank des halbstrukturierten Interviewcharakters durch klärende Nachfragen ergänzen und neue forschungsrelevante Gesichtspunkte aufgreifen.[222] Der Leitfaden selbst stellt sicher, dass die relevanten Themen tatsächlich angesprochen werden und zumindest eine rudimentäre Vergleichbarkeit der Ergebnisse gewährleistet wird, wenngleich diese gegenüber standardisierten Befragungen eher gering ist. Kritisch zu betrachten ist auch die Gefahr möglicher Ergebnisverzerrungen durch die subjektiven Einflüsse des Interviewers.[223] Zudem sind der erhöhte Zeitaufwand eines qualitativen Leitfadeninterviews, die damit einhergehende begrenzte Anzahl an Respondenten sowie die damit verbundene eingeschränkte Repräsentativität als nachteilig zu betrachten.[224] Allerdings soll der Anspruch einer repräsentativen Befragung aufgrund des noch nicht abgesteckten

---

[217] Vgl. Hussy, W./ Schreier, M./ Echterhoff, G. (2013), S. 74f.
[218] Vgl. von Kardorff, E. (1995), S. 4; Misoch, S. (2015), S. 1.
[219] Vgl. Misoch, S. (2015), S. 66f.
[220] Vgl. Hopf, C. (1995), S. 177.
[221] Vgl. Breckle, H. (2007) et al. – nach Giereth, S. (2013), S. 44.
[222] Vgl. Hopf, C. (1995), S. 177.
[223] Vgl. Schnell, R./ Hill, P. B./ Esser, E. (2013), S. 378f.
[224] Vgl. Adjouri, N. (2014), S. 108.

Forschungsfeldes explizit nicht erhoben werden. Vielmehr sollen die stichprobenartigen und intensiven Experteninterviews einen Erkenntnisgewinn sicherstellen, der in die Tiefe und nicht in die Breite geht. Hierzu werden anhand des jeweils entwickelten Leitfadens insgesamt fünf Führungskräfte im Personalwesen aus einem mittelständischen Unternehmen und vier Großunternehmen unterschiedlicher Branchen befragt sowie drei Personalberater verschiedener Beratungsunternehmen. Die Gespräche sind auf eine Dauer von ca. 60 Minuten ausgelegt, um detaillierte qualitative Daten erfassen zu können.

4.4.2 Mitarbeiterbefragung: Standardisierte Online-Befragung

Neben den Erfahrungswerten von Unternehmen und Personalberatungen stellen die Bedürfnisse und Karriereeinstellungen der Mitarbeiter wichtige Ansatzpunkte zur Gestaltung von integrierten Karrieresystemen dar. Zu deren Befragung kann jedoch nicht ohne Probleme auf die Betriebe der Unternehmensbefragung zurückgegriffen werden, berücksichtigt man die Beteiligungsrechte des Betriebsrats, die die Durchführung einer Mitarbeiterbefragung häufig erschweren bzw. gar verhindern.[225] Vor diesem Hintergrund bietet es sich an, die Mitarbeiter nicht unternehmensbezogen zu befragen, sondern durch eine unternehmensübergreifende Online-Befragung in die Erkenntnisgewinnung einzubeziehen. Dies impliziert eine Grundgesamtheit von Mitarbeitern, die über die verschiedensten Unternehmen verstreut ist und sich somit nicht den Probanden der Unternehmensbefragung zuordnen lässt.

Eine Online-Befragung, im Rahmen derer der Befragte einen Fragebogen in einem Online-Tool ausfüllen kann, ist für eine solche unternehmensübergreifende Untersuchung mit hoher Reichweite besonders gut geeignet.[226] Als Sonderform der schriftlichen Befragung zeichnet sich die Online-Befragung als typische quantitative Methode durch eine hohe Standardisierung und Strukturiertheit aus.[227] Daraus ergeben sich insbesondere solche methodischen Vorteile, die beim Leitfadeninterview als nachteilig deklariert werden. So gewährleistet der hohe Standardisierungsgrad durch die Verwendung vornehmlich geschlossener Fragen eine bessere Vergleichbarkeit und Auswertung der Ergebnisse.[228] Ein weiterer Vorteil ist im Wegfall der Einflussnahmemöglichkeiten des Interviewers zu sehen, wodurch mehr Anonymität und eine Vermeidung der Interviewverzerrungen gegeben sind.[229] Zugleich wird dem Befragten dadurch faktisch beliebig viel Zeit für die Fragenbeantwortung zur Verfügung gestellt.[230] Wesentlich ist vor allem auch die kostengünstigere Durchführung schriftlicher Befragungen, da mit weniger

---

[225] Dem Betriebsrat obliegt ein Informations- und Beratungsrecht (§ 87 Abs. 1 Nr. 1 und 6 Betriebsverfassungsgesetz (BetrVG); § 94 BetrVG), welches eine Mitarbeiterbefragung erschwert bzw. gar verhindert. Vgl. Jöns, I./ Müller, K. (2007), S. 23.
[226] Vgl. Lippold, D. (2015), S. 134.
[227] Vgl. Lippold, D. (2015), S. 134; Döring, N./ Bortz, J. (2016), S. 405.
[228] Vgl. Bortz, J./ Döring, N. (2006), S. 254.
[229] Vgl. Jacob, R./ Heinz, A./ Décieux, J. P. (2013), S. 108.
[230] Vgl. Häder, M. (2015), S. 241.

Zeit- und Personalaufwand eine größere Zahl von Respondenten erreicht werden kann. Dadurch kann zwar eine im Vergleich zum Leitfadeninterview erhöhte, jedoch nach wie vor nur eingeschränkte Repräsentativität erreicht werden, berücksichtigt man die oftmals hohen Nichtteilnahmequoten.[231] Nachteilig ist auch, dass durch die hohe Standardisierung vornehmlich nur solche Daten abgefragt werden können, die durch die vorgegebenen Antworten explizit abgedeckt werden.[232] Dies setzt eine intensive Vorarbeit und Vorkenntnisse des Forschers zur Fragebogenkonstruktion voraus.[233] So muss je nach Untersuchungsinhalt eine geeignete Art der Fragenformulierung gewählt werden (Frage vs. Statement). Zur Erkundung konkreter Sachverhalte (z. B. zur persönlichen Karriereeinstellung) ist die Verwendung von Fragen vorteilhaft, die eine Definition geeigneter Antwortalternativen voraussetzt. Zur Einholung von Meinungen zu definierten Sachverhalten (z. B. zum Status quo betrieblicher Karrieremöglichkeiten) erscheint hingegen die vorrangige Verwendung von Aussagen sinnvoll zu sein.[234] Zur Erfassung des Zustimmungsgrads zu den Aussagen bietet sich die sogenannte Likert-Skala an, die im entwickelten Fragebogen von „Trifft voll zu" bis „Trifft gar nicht zu" reicht.[235] Zu berücksichtigen ist, dass explorative Fragen (z. B. Fragen zu Problemfeldern) auch bei der standardisierten schriftlichen Befragung eher offen zu formulieren sind.[236] Der vor diesem Hintergrund entwickelte Fragebogen ist auf eine Bearbeitungsdauer von ca. 5 Minuten ausgelegt und wurde im Online-Tool von 58 Mitarbeitern beantwortet.

4.5 Limitationen des gewählten Untersuchungsansatzes

Der aufgezeigte triadische empirische Untersuchungsansatz, der auf Basis von Leitfadeninterviews und einer Online-Befragung sowohl Unternehmen, Personalberatungen als auch Mitarbeiter in die Erkenntnisgewinnung einbezieht, liefert zwar erste Erkenntnisse zum Untersuchungsobjekt, ist jedoch in seiner Aussagekraft limitiert. Dies ist nicht zuletzt auf die aufgezeigten Schwächen der beiden methodischen Verfahren zurückzuführen. Sowohl dem qualitativen Leitfadeninterview als auch der standardisierten Online-Befragung ist dabei in der hier verwendeten Form insbesondere die fehlende Repräsentativität als Limitation inhärent (siehe Abschnitt 4.4.1 und 4.4.2).

Die in der empirischen Sozialforschung postulierte Repräsentativität bedeutet vereinfacht: Aus den Ergebnissen der befragten Personen soll auf die Grundgesamtheit geschlossen werden können.[237] Diesem Postulat kann durch qualitative Leitfadeninterviews nicht entsprochen werden, da nur eine begrenzte Anzahl an Führungskräften im Personalwesen bzw. Personalberatern befragt werden

---

[231] Vgl. Atteslander, P. (2010), S. 157.
[232] Vgl. Jacob, R./ Heinz, A./ Décieux, J. P. (2013), S. 97.
[233] Vgl. Bortz, J./ Döring, N. (2006), S. 237f.
[234] Vgl. Bortz, J./ Döring, N. (2006), S. 254.
[235] Vgl. Mittag, H.-J. (2012), S. 19.
[236] Vgl. Kromrey, H. (2009), S. 352.
[237] Vgl. Bruns, J. (2008), S. 138.

kann.[238] Zwar wird bei der Online-Befragung eine im Vergleich zu den Leitfadeninterviews insgesamt größere Anzahl an Respondenten adressiert, allerdings ist auch bei dieser Methode die Repräsentativität wie bereits erwähnt in Frage zu stellen (siehe Abschnitt 4.4.2). Eng damit verbunden ist, dass bei beiden Methoden mehr oder weniger nur eine willkürliche Auswahl der Befragten stattfindet, das heißt, es wird nicht auf eine echte Zufallsstichprobe basierend auf einer definierten abgrenzbaren Grundgesamtheit (z. B. im Hinblick auf die Unternehmensgröße oder Regionalität) zurückgegriffen. Beispielsweise wird bei der internetgestützten Befragung die Gesamtheit der Internetnutzer als Grundgesamtheit definiert, was für viele Untersuchungen keine sinnvolle Abgrenzung darstellt.[239] Auch die Auswahl der Unternehmen (bzw. Personalberatungen) sowie der jeweils befragten Führungskräfte im Personalwesen (bzw. Personalberater) basiert nicht auf einer definierten Grundgesamtheit. Vielmehr wurde die Auswahl losgelöst von einer abgrenzbaren Grundgesamtheit und zum Teil auf Basis von persönlichen Netzwerken und Kontakten getroffen. Eine solche eher willkürliche Auswahl der Respondenten verhindert grundsätzlich die Verallgemeinerung der Befragungsergebnisse.[240] Eine weitere Beeinträchtigung der Aussagekraft und Repräsentativität des Untersuchungsansatzes ist in der subjektiven Wahrnehmung der sozialen Realität zu sehen: „Personen beurteilen Aspekte (…) nicht nur unterschiedlich, sie nehmen ihre Umwelt auch unterschiedlich wahr und berichten dieselben Erfahrungen auf unterschiedliche Art und Weise."[241] So kann beispielsweise das Ergebnis eines Experteninterviews je nach Auswahl des befragten Individuums stark variieren. Summa summarum ist die Aussagekraft des gewählten Untersuchungsansatzes durch eine eingeschränkte Repräsentativität limitiert, die sich durch die zu geringe Anzahl an Respondenten, deren eher willkürliche Auswahl sowie die subjektive Wahrnehmung der sozialen Realität begründet. Hinzu kommt, dass die befragten Mitarbeiter den Probanden der Unternehmensbefragung nicht zugeordnet werden können. Anzumerken ist jedoch, dass der Anspruch einer repräsentativen Untersuchung in diesem Beitrag von vornherein nicht erhoben wird. Vielmehr wird der gewählte Untersuchungsansatz als geeignete Vorgehensweise verstanden, um erste Einblicke in die Existenz von integrierten Karrieresystemen in Unternehmen zu gewinnen.

---

[238] Vgl. Adjouri, N. (2014), S. 108.
[239] Vgl. Schnell, R./ Hill, P. B./ Esser, E. (2013), S. 369f.
[240] Vgl. Schnell, R./ Hill, P. B./ Esser, E. (2013), S. 370.
[241] Kirchler, E./ Hölzl, E. (2002), S. 75.

5. Befragungsergebnisse zur Ausprägung von (integrierten) Karrieresystemen in der Unternehmenspraxis

5.1 Zentrale Ergebnisse der Befragung ausgewählter Unternehmen

5.1.1 Darstellung der Ergebnisse

5.1.1.1 Ausgestaltung praxisrelevanter Karrieresysteme

Die Befragung ausgewählter Unternehmen zeigt, dass die Ausgestaltung praxisrelevanter Karrieresysteme sehr unternehmensspezifisch ist.[242] Der Stellenwert betrieblicher Karrieresysteme wurde jedoch von allen befragten Unternehmen als hoch bzw. sehr hoch eingeschätzt, insbesondere im Hinblick auf die interne Rekrutierung und die Steigerung der Arbeitgeberattraktivität.

Legt man der Ergebnisdarstellung die Integrationsebenen des entwickelten idealtypischen Konzepts zugrunde, so lässt sich zunächst einmal konstatieren, dass sich alle fünf befragten Unternehmen darüber bewusst sind, dass die Generation Y besondere Anforderungen an die Karriere in Unternehmen stellt. Explizit genannt wurden in diesem Zusammenhang die Forderung nach Flexibilität und Work-Life-Balance sowie der Wunsch nach Selbstverwirklichung. Diese Wertvorstellungen wurden von den befragten Unternehmen auch als weitestgehend realistisch und umsetzbar eingeschätzt. Auffällig ist jedoch, dass die Wertvorstellungen keinen Eingang in die Karrierephilosophie finden, da in keinem der befragten Unternehmen eine definierte bzw. explizite Karrierephilosophie vorliegt. Im Gegensatz zur normativen Verankerung wurde die strategische Verankerung des Karrieresystems von der Mehrheit der befragten Unternehmen bestätigt, wobei in diesem Rahmen insbesondere die Kopplung an die strategische Nachfolgeplanung akzentuiert wurde. Eines der befragten Unternehmen betonte in diesem Zusammenhang auch die internationale Ausrichtung der Karrierewege, um die Nachfolgekandidaten adäquat zu qualifizieren.

Im Hinblick auf die Ausgestaltung des originären Karrieresystems verfügt eines der befragten Unternehmen über eine Führungs-, Fach- und Projektkarriere. Drei der befragten Unternehmen bieten eine Führungs- und eine Fachkarriere an und ein Unternehmen beschränkt sein Angebot auf die tradierte Führungskarriere. Zwar sind in drei der befragten Unternehmen die (alternativen) Karrierewege mit definierten Karrierestufen und zum Teil hinterlegten Anforderungen ausgestattet, allerdings verlaufen diese mehrheitlich nicht parallel zu denen der Führungskarriere. Lediglich das Unternehmen mit der Führungs-, Fach- und Projektkarriere weist sogenannte Parallelhierarchien mit vergleichbaren Anforderungen und Positionsbezeichnungen auf, wobei die Führungskarriere über eine zusätzliche Kar-

---

[242] Alle Befragungsergebnisse der drei Untersuchungsteile wurden im Rahmen der diesen Beitrag zugrunde liegenden Master-Thesis im Anhang ausführlich protokolliert bzw. dokumentiert. Aus Anonymitätsgründen wird in diesem Beitrag auf die Veröffentlichung des Anhangs verzichtet.

rierestufe auf der Vorstandsebene verfügt. Auffällig ist, dass dies auch das einzige Unternehmen ist, bei dem die Karrierewege im Hinblick auf die Vergütung und Anerkennung – zumindest bis zum mittleren Management – weitestgehend gleichgestellt sind und eine Durchlässigkeit erlauben. Dagegen ist die Verzahnung des Karrieresystems mit dem Personalentwicklungssystem betriebliche Realität. So wiesen alle fünf befragten Unternehmen darauf hin, dass ihr Talentmanagement an das Karrieresystem gekoppelt ist und im Rahmen des Mitarbeitergesprächs weitere karrierebegleitende Qualifizierungsmaßnahmen vereinbart werden können. Die Möglichkeit zur individuellen Karriereplanung und -gestaltung im Hinblick auf den Karriereverlauf und die begleitenden Entwicklungsmaßnahmen wurde dabei allerdings nur von drei der fünf befragten Unternehmen bestätigt. Die neuen Karrieremuster sind tendenziell für alle befragten Unternehmen von Bedeutung. Allerdings gaben nur drei der befragten Unternehmen an, ihren Mitarbeitern bereits heute eine horizontale Entwicklung zu ermöglichen. Zwei der befragten Unternehmen äußerten, erste Ansätze im Hinblick auf Aging-Karrieren zu offerieren (z. B. Karriererückschritt, Einsatz als Berater).

5.1.1.2 Praxisnahe Problembereiche und Herausforderungen

Im Hinblick auf die praxisnahen Problembereiche, die es als Herausforderungen zu bewältigen gilt, haben die befragten Unternehmen unterschiedliche Auffassungen geäußert. Eine Übereinstimmung gibt es bei zwei der befragten Unternehmen, die jeweils die fehlenden bzw. knappen Ressourcen (Zeit und Geld) als Problembereich nannten. Sie betonten, dass ein professionell aufgezogenes Karrieresystem mit flankierendem Talentmanagement einen erhöhten Ressourcenaufwand nach sich zieht. Darüber hinaus stimmen drei der befragten Unternehmen in punkto fehlender bzw. unzureichender transparenter Kommunikation der (alternativen) Karrieremöglichkeiten im Unternehmen überein. Eines der drei Unternehmen nannte in diesem Zusammenhang das Problem der nicht vorhandenen Gleichstellung von Führungs- und Fachkarriere und führte dieses auf die fehlende Integration der Fachkarriere im Talentmanagement zurück, da die Wertigkeit der Fachkarriere mangels strategischer Verankerung und flankierender Entwicklungsmaßnahmen unweigerlich abgeschwächt wird. Ein weiteres konstatiertes Problemfeld geht mit dem Individualitäts- und Flexibilitätsanspruch der Generation Y einher. So betonte eines der befragten Unternehmen, dass der in großen Konzernen oftmals hohe Standardisierungsgrad des Karrieresystems und der flankierenden Entwicklungsprogramme einer flexiblen und individuellen Karriereplanung prinzipiell im Wege steht. In diesem Zusammenhang kann auch implizit auf die fehlende Durchlässigkeit als Voraussetzung einer flexiblen Karriereplanung verwiesen werden (siehe Abschnitt 5.1.1.1). Ferner wurden auch Problembereiche im Hinblick auf die Aging-Karriere als neues Karrieremuster genannt. So betonten zwei der befragten Unternehmen, dass ein Karriererückschritt nicht im Einklang mit der länder- bzw. unternehmensspezifischen Kultur steht. Eines der beiden Unternehmen wies zudem auf rechtliche Restriktionen hin, die es im Falle einer Beschäftigung nach dem Renteneintrittsalter zu berücksichtigen gilt.

5.1.1.3 Integrationsgrad der analysierten Karrieresysteme

Den befragten Unternehmen ist weder der Terminus „integriertes Karrieresystem" ein Begriff, noch haben sie konkrete Aussagen speziell zum Integrationsgrad getroffen. Trotz alledem liegen bestimmte Integrationselemente in den Unternehmen vor, auf die auch explizit hingewiesen wurde. Darüber hinaus können der vorangegangenen Ergebnisdarstellung mittelbare Aussagen zum Integrationsgrad entnommen werden. Dem entwickelten idealtypischen Konzept folgend kann zwischen einer horizontalen und einer vertikalen Integration unterschieden werden (siehe Abschnitt 3.6.1). Hinsichtlich der horizontalen Integration kann der Ergebnisdarstellung implizit entnommen werden, dass die Mehrheit der befragten Unternehmen keine intrasystemische Verknüpfung der angebotenen Karrierewege vornimmt, da die Gleichstellung und Durchlässigkeit der Karrierewege größtenteils nicht gegeben ist. Damit einher geht die überwiegend unzureichende monetäre Gleichstellung der Karrierewege, die auf eine mangelnde intersystemische Integration bzw. Kopplung an das Vergütungssystem schließen lässt. Auf eine Verzahnung des Karrieresystems mit dem Personalentwicklungssystem wiesen hingegen alle befragten Unternehmen explizit hin, wenngleich zum Teil noch Optimierungspotenzial besteht. Hinsichtlich der vertikalen Integration ist den Interviewergebnissen zu entnehmen, dass allen befragten Unternehmen die Wertvorstellungen der Generation Y bekannt sind, diese jedoch keinen Eingang in die – durchweg nicht formulierte – Karrierephilosophie finden. Umso überraschender ist, dass fast alle befragten Unternehmen eine strategische Verankerung des Karrieresystems bejahten. Summa summarum liegen damit Verknüpfungen mit einzelnen horizontalen und vertikalen Integrationselementen in unterschiedlicher Ausprägung vor. Ein Gesamtintegrationsgrad des Karrieresystems ist daraus jedoch nicht ableitbar.

5.1.2 Ergebnisinterpretation und Schlussfolgerungen

Die Darstellung der Befragungsergebnisse zeigt, dass es nicht das „eine" Karrieresystem gibt, sondern die Ausgestaltung praxisrelevanter Karrieresysteme sehr unternehmensspezifisch ist. Die Unternehmensgröße kann zum Teil als Gestaltungsdeterminante herangezogen werden, allerdings werden auch unter diesem Betrachtungswinkel heterogene Ausgestaltungsmuster von Karrieresystemen deutlich. So zeichnet sich das zweitgrößte befragte Unternehmen (über 20.000 Mitarbeiter) mit seinem Dreiklang aus Führungs-, Fach- und Projektkarriere sowie der Möglichkeit zur Wissenskarriere und ersten Ansätzen hinsichtlich Aging-Karrieren durch ein sehr differenziertes Karrieresystem aus. Beim größten befragten Unternehmen (über 100.000 Mitarbeiter) beschränken sich die Karrieremöglichkeiten hingegen auf die Führungs- und die Fachkarriere sowie eine horizontale Entwicklungsmöglichkeit. Recht deutlich unter dem Gesichtspunkt der Unternehmensgröße wird jedoch, dass die Möglichkeit zu einer individuellen Karriereplanung und -gestaltung ausschließlich in den drei kleinsten befragten Unternehmen (200, 1.800, 3.300 Mitarbeiter) gegeben ist. Dies kann darauf zurückgeführt werden, dass den Karrieresystemen in großen Unternehmen oftmals ein höherer Standardisierungsgrad zugrunde liegt. In der Literatur wird in diesem Zusammenhang akzentuiert, dass standardisierte Karrieresysteme grundsätzlich positiv zu bewerten sind, vorausgesetzt sie dienen als Wegweiser und lassen eine individuelle Karriereplanung trotz alledem zu.[243] Diese Herausforderung wurde vom größten befragten Unternehmen auch explizit angeführt. Grundsätzlich wurden zu den Problembereichen und Herausforderungen heterogene Auffassungen geäußert, wobei eine fehlende transparente Kommunikation und knappe Ressourcen mehrmals genannt wurden. Die Restriktion der Ressourcenknappheit scheint dabei eher ein Thema der kleineren befragten Unternehmen zu sein. Hinsichtlich des Integrationsgrads ist kein eindeutiges Muster erkennbar. Vielmehr wird deutlich, dass alle befragten Unternehmen unterschiedliche Grade von Verknüpfungen mit einzelnen Integrationselementen vornehmen. Darauf basierend kann zwar nicht auf den Gesamtintegrationsgrad geschlossen werden, allerdings kann man feststellen, dass eine vollständige Integration in keinem der befragten Unternehmen vorliegt. Vor diesem Hintergrund wird deutlich, dass neben den aufgezeigten Problembereichen systematischer Handlungsbedarf im Hinblick auf das Integrationspostulat besteht. Dieser Handlungsbedarf soll in Kapitel sechs aufgegriffen werden.

5.2 Expertenbefragung bei Personalberatungen

5.2.1 Zentrale Befragungsergebnisse

Die Befragung der ausgewählten Personalberatungen zeigt, dass deren Vorstellungen zu einem idealtypischen integrierten Karrieresystem weitestgehend übereinstimmen und auch die praktische Umsetzung bzw. der Status quo in den beratenen Unternehmen überwiegend einheitlich wahrgenommen wird. Grundsätzlich wiesen alle drei befragten Personalberatungen darauf hin, dass Karrieresysteme einen hohen bis sehr hohen Stellenwert für die von ihnen beratenen Unternehmen haben.

Auch im Hinblick auf die karrieresystemrelevanten Wertvorstellungen der Generation Y herrscht Übereinstimmung, da der Individualitäts- und Flexibilitätsanspruch sowie der Wunsch nach Work-Life-Balance bei allen drei Personalberatungen Erwähnung fand. Zudem betonten alle drei befragten Personalberatungen die Bedeutung einer definierten Karrierephilosophie, um das Karriereverständnis eines Unternehmens transparent zu machen. Eine der befragten Personalberatungen wies dabei explizit darauf hin, dass die gesellschaftlichen Wertvorstellungen Eingang in die Philosophie finden müssen. Die befragte Person sprach sich in diesem Zusammenhang für mehr Diversity im Sinne einer Gleichstellung der alternativen Karrieremöglichkeiten sowie gleichen leistungsorientierten Karrierechancen für alle Mitarbeiter – unabhängig von Geschlecht und Alter – aus. Auch die Verzahnung des Karrieresystems mit der Unternehmens- bzw. HRM-Strategie wurde von allen drei Personalberatungen als unabdingbar eingestuft, um nicht zuletzt die Zielorientierung des Karrieresystems sicherzustellen.

---

[243] Vgl. Hermann, M. A./ Pifko, C. (2009), S. 306.

Diese von den Personalberatungen postulierte normative und strategische Verankerung des Karrieresystems ist in der Praxis allerdings nicht bzw. nur ansatzweise vorzufinden. Hinsichtlich der originären Ausgestaltung betrieblicher Karrieresysteme gaben die befragten Personalberatungen gleichlautend an, dass ein Karrieresystem je nach Unternehmensausrichtung idealtypisch aus einer Führungs-, Fach- und Projektkarriere bestehen sollte. In den meisten beratenen Unternehmen – zumindest in den größeren – werden auch bereits eine Führungs- und eine Fachkarriere angeboten. Zwei der befragten Personalberatungen betonten ergänzend dazu, dass die angebotenen Karrierewege im Hinblick auf die Gleichstellung so ausgestaltet sein sollten, dass sie über parallele Karrierestufen mit vergleichbaren Bezeichnungen und Anforderungen verfügen. Grundsätzlich wurde die Gleichstellung der angebotenen Karrierewege – im Hinblick auf die Vergütung und Anerkennung – sowie deren Durchlässigkeit von allen drei befragten Personalberatungen als sinnvoll und notwendig beurteilt. In der Praxis gibt es erste Ansätze dazu, überwiegend beobachten die Personalberatungen jedoch eine Diskrepanz zu dieser Idealvorstellung. Insbesondere die Notwendigkeit eines Laufbahnwechsels wird in den meisten Unternehmen nicht als solche erkannt. Im Hinblick auf eine Verzahnung mit dem Personalentwicklungssystem wiesen die drei befragten Personalberatungen darauf hin, dass das Talentmanagement und alle weiteren karrierebegleitenden Maßnahmen an den angebotenen Karrierewegen auszurichten sind. Hier sind die beratenen Unternehmen weitestgehend gut aufgestellt. Allerdings kritisierte eine der befragten Personalberatungen, dass das Talentmanagement meist nur auf die Führungskarriere ausgerichtet ist und die sonstigen karrierebegleitenden Maßnahmen in praxi primär seminarlastig und weniger individuell ausgeprägt sind. Die neuen Karrieremuster haben für alle drei Personalberatungen einen hohen Stellenwert und wurden als zukunftsrelevant eingeschätzt. Eine der befragten Personalberatungen wies explizit darauf hin, dass Unternehmen sich zukünftig für eine flexible und individuelle bzw. lebensphasenorientierte Karriereplanung und -gestaltung öffnen müssen, um den gesellschaftlichen Wertvorstellungen Rechnung zu tragen.

Die Auffassungen zu den Problembereichen und Herausforderungen von (integrierten) Karrieresystemen fallen heterogen aus. Zwei der befragten Personalberatungen wiesen darauf hin, dass der Individualitäts- und Flexibilitätsanspruch aufgrund fester Strukturen bzw. standardisierter Systeme eine Herausforderung – insbesondere für größere Unternehmen – darstellen kann. Eng damit verbunden ist die kritisch angemerkte diffizile Implementierung der neuen Karrierewege und -muster, zu deren Erfolg es eines guten Change Managements zur Überzeugung und Mobilisierung der Führungskräfte als Multiplikatoren bedarf. Als weiterer Problembereich wurde der mit einem professionellen Karrieresystem einhergehende Ressourcenaufwand angeführt, der insbesondere für kleine und mittelständische Unternehmen eine Herausforderung darstellt. In diesem Zusammenhang wurde auch die oft vernachlässigte systematische Erfolgsmessung des Karrieresystems erwähnt, die zur Weiterentwicklung des Karrieresystems unabdingbar ist.

5.2.2 Interpretation der Ergebnisse und Schlussfolgerungen

Die Darstellung der zentralen Befragungsergebnisse zeigt, dass die befragten Personalberatungen bereits über sehr ausgereifte Vorstellungen zur Ausgestaltung integrierter Karrieresysteme verfügen. Zwar wurden keine konkreten Aussagen zum Integrationsgrad getroffen, allerdings ist allen drei befragten Personalberatungen der Terminus „integriertes Karrieresystem" ein Begriff, was darauf schließen lässt, dass den Vorstellungen ein weitreichender Integrationsgedanke zugrunde liegt. Darüber hinaus führten alle befragten Personalberatungen die relevanten Integrationselemente an: von einer übergeordneten und verbindenden Karrierephilosophie, welche die gesellschaftlichen Wertvorstellungen widerspiegelt, über eine integrierte Unternehmensstrategie bis hin zu flankierenden Personalentwicklungsmaßnahmen und elementaren Karrierewegen, zwischen denen es eine integrative Verzahnung im Sinne einer Gleichstellung und Durchlässigkeit anzustreben gilt. Auch die neuen Karrieremuster wurden von allen befragten Personalberatungen als zukunftsweisende Gestaltungsansätze angesehen. Eine der befragten Personalberatungen wies dabei explizit auf die Zukunftsrelevanz eines lebensphasenorientierten Karrieremodells hin. Umso überraschender ist, dass keine der befragten Personalberatungen konkrete Vorstellungen bzw. Konzepte zu diesen neuen Karrieremustern äußerte (z. B. hinsichtlich Aging-Karrieren). Dies kann entweder der zeitlichen Restriktion des Interviews geschuldet sein oder Indiz dafür sein, dass die neuen Karrieremuster noch keinen Eingang in die konzeptionelle Arbeit der Personalberatungen gefunden haben.

Die ausgereiften Karrieresystemvorstellungen der Personalberatungen finden in den beratenen Unternehmen aus den unterschiedlichsten Gründen noch wenig Widerhall. Zum einen wird die Notwendigkeit einzelner Integrationsaspekte – beispielsweise die Durchlässigkeit der Karrierewege und die Erfolgsmessung – noch zu wenig erkannt. Zum anderen kann die Unternehmensgröße partiell als Erklärungsansatz dienen. So kann sich der Ressourcenaufwand insbesondere für kleine und mittelständische Unternehmen als eine zentrale Restriktion erweisen. Demgegenüber können die in größeren Unternehmen oftmals stärker standardisierten Karrieresysteme eine Hürde im Hinblick auf den Individualitäts- und Flexibilitätsanspruch der Generation Y darstellen. Allgemein wurde die Implementierung alternativer Karriereoptionen mit individueller und flexibler Akzentsetzung als Herausforderung angesehen: So bedarf es der Unterstützung aller Führungskräfte als Multiplikatoren, um Karriere im Unternehmen tatsächlich neu zu denken und zu leben. Die herauskristallisierten Problembereiche und Herausforderungen sollen in Kapitel sechs aufgegriffen werden.

5.3 Online-Befragung von Mitarbeitern

5.3.1 Darlegung der Ergebnisse

An der Online-Befragung haben insgesamt 58 Mitarbeiter teilgenommen, die mehrheitlich in großen Dienstleistungsunternehmen beschäftigt sind. Die Grundgesamtheit der Befragten besteht zu nahezu gleichen Teilen aus männlichen und weiblichen Mitarbeitern, die größtenteils zwischen 20 und 29 Jahren alt sind (67%), wobei auch die Altersspanne zwischen 30 und 49 Jahren (26%) stärker vertreten ist. Den meisten Befragten (97%) ist Karriere „Eher wichtig" bzw. „Sehr wichtig". Dabei gaben unter der Möglichkeit von Mehrfachnennungen 70% dieser karriereambitionierten Mitarbeiter an, dass sie an einer Fachkarriere interessiert sind. Das Interesse an der Projekt- und der Führungskarriere wurde hingegen von jeweils 46% der karriereambitionierten Mitarbeiter bekundet. Neben den präferierten Karrierewegen gaben die karriereambitionierten Mitarbeiter mehrheitlich fünf Anforderungen bzw. Aspekte an, die ein Unternehmen ihnen bieten muss, damit sie sich für die Karriere in diesem Unternehmen entscheiden. Dazu zählen eine leistungsgerechte Vergütung, eine individuelle Karriereplanung / -gestaltung, Work-Life-Balance, eine flexible Karriereplanung / -gestaltung sowie karrierebegleitende Personalentwicklungsmaßnahmen. Darüber hinaus vertreten 86% von ihnen die Meinung, dass Männern und Frauen die gleichen Karrierechancen offeriert werden sollten. Auch Karriere- und Entwicklungsperspektiven für ältere Mitarbeiter (77%) sowie leistungs- und potenzialorientierte Karriereentscheidungen (71%) wurden in diesem Zusammenhang als wünschenswerte Karriereeinstellungen bzw. -werte genannt.

Den aufgezeigten Bedürfnissen und Karrierevorstellungen der befragten Mitarbeiter wird in der Praxis sehr heterogen entsprochen. So gibt es, was das Angebot der präferierten Karrierewege anbelangt, in 31% der Unternehmen nur eine Führungskarriere, in 33% der Unternehmen hingegen eine Führungs-, Fach- und Projektkarriere. Die Kombination aus Führungs- und Fachkarriere bzw. Führungs- und Projektkarriere ist mit 19% bzw. 17% seltener vertreten. In den Unternehmen, die neben der Führungskarriere noch mindestens eine Alternativkarriere anbieten, trifft eine Gleichstellung der Karrierewege nach Angabe der befragten Mitarbeiter zu 72% eher nicht zu bzw. gar nicht zu. Umso überraschender ist, dass die Durchlässigkeit zwischen den Karrierewegen von 55% der Befragten mit „Trifft eher zu" bzw. „Trifft voll zu" bestätigt wurde. Auch den aufgeführten Karriereanforderungen der Mitarbeiter wird nicht in jeglicher Hinsicht entsprochen. So wurde die vom Unternehmen gebotene Möglichkeit zur individuellen Karriereplanung und -gestaltung von 71% der befragten Mitarbeiter mit „Trifft eher nicht zu" bzw. „Trifft gar nicht zu" bewertet. Auch die Möglichkeit zur Vereinbarkeit von Privat- und Berufsleben wurde von 62% der befragten Mitarbeiter als eher nicht zutreffend bzw. gar nicht zutreffend eingestuft. Im Hinblick auf die karrierebegleitenden Personalentwicklungsmaßnahmen gab immerhin ca. die Hälfte der befragten Mitarbeiter an, dass ihr Unternehmen laufbahnunabhängige bzw. laufbahnspezifische Schulungen anbietet. Zugleich wiesen jedoch 31% der befragten Mitarbeiter darauf hin, dass ihr Unternehmen keinerlei karrierebegleitende Personalentwicklungsmaßnahmen anbietet. Auch das Vorhandensein eines Talentmanagements wurde von 55% der befragten Mitarbeiter mit „Trifft eher nicht zu" bzw. „Trifft gar nicht zu" bewertet. Hinsichtlich der wünschenswerten grundsätzlichen Karriereeinstellungen bzw. -werte gaben 59% der befragten Mitarbeiter an, dass die Aussage zu gleichen Karrierechancen für Männer und

Frauen auf ihr Unternehmen voll zutrifft bzw. eher zutrifft. 52% der befragten Mitarbeiter bestätigten, dass Karriereentscheidungen in ihren Unternehmen (tendenziell) leistungs- und potenzialorientiert erfolgen. Demgegenüber wurden die Karrieremöglichkeiten für ältere Mitarbeiter nur zu 35% gänzlich bzw. von der Tendenz her bestätigt.

Letztlich bejahten fast alle befragten Mitarbeiter (93%) die Aussage „In meinem Unternehmen gibt es Optimierungspotenzial im Hinblick auf die betriebliche Karriere" mit „Trifft eher zu" bzw. „Trifft voll zu". Darüber hinaus wiesen alle Befragten darauf hin, dass ihnen allgemein die Weiterentwicklung der betrieblichen Karrieremöglichkeiten „Eher wichtig" bzw. „Sehr wichtig" ist. Konkreter Handlungsbedarf wurde u. a. im Bereich Personalentwicklung gesehen: So gilt es, beispielsweise das Angebot an Personalentwicklungsmaßnahmen zu erweitern (z. B. um Coaching, Mentoring) und auf alle Karrierewege auszuweiten (z. B. Schulungen und Talentmanagement für alle Laufbahnen). Weiterhin wurde sich für eine optimierte – u. a. monetäre – Gleichstellung der angebotenen Karrierewege, deren transparente Kommunikation sowie für mehr individuelle Karrieremöglichkeiten ausgesprochen. Auch Maßnahmen zur Vereinbarkeit von Karriere und Beruf – insbesondere für Frauen – sowie Karrieremöglichkeiten für ältere Mitarbeiter und eine verstärkte Leistungsorientierung fanden in diesem Zusammenhang Erwähnung.

5.3.2 Ergebnisinterpretation und Implikationen

Die Ergebnisdarstellung der Online-Befragung zeigt, dass die befragten – überwiegend der Generation Y angehörenden – Mitarbeiter umfassende Karrierevorstellungen haben bzw. anspruchsvolle Anforderungen an die Karriere stellen, was einen hohen Integrationsgrad der betrieblichen Karrieresysteme erfordert. So müssen sich die genannten Karriereeinstellungen und -werte der Mitarbeiter (z. B. gleiche Karrierechancen für Männer und Frauen, Leistungsorientierung, Karrieremöglichkeiten für ältere Mitarbeiter) in der Karrierephilosophie widerspiegeln, um in der Unternehmenspraxis gelebt zu werden. Weiterhin sollten sich die von den Mitarbeitern präferierten Karrierewege in den angebotenen Laufbahnen wiederfinden. So haben die Fach- und die Projektkarriere im Vergleich zur Führungskarriere einen höheren bzw. den gleichen Stellenwert für die befragten Mitarbeiter. Darüber hinaus fordern die befragten Mitarbeiter individuelle und flexible Karrieremöglichkeiten, was die postulierte intrasystemische Verzahnung der angebotenen Karrierewege im Hinblick auf die Gleichstellung und Durchlässigkeit unterstreicht. Überdies macht die Forderung nach einer leistungsgerechten Vergütung sowie nach karrierebegleitenden Personalentwicklungsmaßnahmen eine intersystemische Verzahnung mit dem Vergütungs- bzw. Personalentwicklungssystem erforderlich.

Die umfassenden Karrierevorstellungen und -anforderungen der Mitarbeiter finden in den Unternehmen weitestgehend noch keine Berücksichtigung. So wird beispielsweise die von mehr als zwei Dritteln der Mitarbeiter nachgefragte Fachkarriere nur in rund der Hälfte der Unternehmen angeboten. Hinzu kommt, dass die angebotenen alternativen Karrierewege mehrheitlich keine Gleichstellung erfahren. Eine Durchlässigkeit zwischen den Karrierewegen ist laut Angabe der Befragten zwar mehrheitlich gegeben, allerdings ist fraglich, ob diese wirklich durch parallel verlaufende Karrierestufen und definierte Anforderungen realisiert wird. Grundsätzlich wird den Karrierevorstellungen der Mitarbeiter in der Praxis überwiegend keine Rechnung getragen. Eine Ausnahme stellen leistungs- bzw. potenzialorientierte Karriereentscheidungen sowie gleiche Karrierechancen für Männer und Frauen dar, die jedoch aufgrund ihrer angegebenen Umsetzungsquote von maximal 59% der Befragten auch noch deutliches Optimierungspotenzial aufzeigen (siehe Abschnitt 5.3.1).

5.4 Vergleich und Gesamtinterpretation der Befragungsergebnisse

Vergleicht man die zentralen Befragungsergebnisse der Experteninterviews und der Online-Befragung miteinander, so wird deutlich, dass die Personalberatungen und die Mitarbeiter eine ähnliche Idealvorstellung von Karrieresystemen haben bzw. ähnliche Anforderungen an die betriebliche Karriere stellen. Diesen Anforderungen werden die Unternehmen allerdings oft noch nicht bzw. nur ansatzweise gerecht. Grundsätzlich herrscht jedoch Übereinstimmung dahingehend, dass Karrieresysteme für Unternehmen, Personalberatungen und Mitarbeiter von großer Bedeutung sind.

Die Anforderungen der Generation Y an die betriebliche Karriere wurden aus allen drei Befragungsperspektiven nahezu identisch eingeschätzt, was daran festgemacht werden kann, dass übereinstimmend die Forderung nach Individualität und Flexibilität sowie der Wunsch nach Work-Life-Balance genannt wurden. Die erforderliche Widerspiegelung dieser Karriereanforderungen in der Karrierephilosophie wurde lediglich von den Personalberatungen erkannt. Den befragten Unternehmen ist diese Notwendigkeit offensichtlich nicht bewusst, da sie nach eigenen Angaben und nach Aussagen der Personalberatungen über keine explizite Karrierephilosophie verfügen. Die strategische Verankerung des Karrieresystems wurde von den Personalberatungen ebenfalls als unabdingbar bewertet, die entsprechende praktische Umsetzung wurde jedoch aus Personalberatungs- und Unternehmenssicht unterschiedlich eingeschätzt. So bejahten die befragten Unternehmen mehrheitlich die Verzahnung mit der Unternehmensstrategie, wohingegen die Personalberatungen dazu in der Praxis eine große Diskrepanz sehen. Auch der von den Personalberatungen postulierte idealtypische Dreiklang aus Führungs-, Fach- und Projektkarriere, der im Einklang mit den Mitarbeiterwünschen steht, ist in der Praxis so nicht wiederzufinden. So gaben die Unternehmen, Personalberatungen und Mitarbeiter gleichlautend an, dass solch ein triadisches Karrieresystem in den Unternehmen nicht bzw. nur selten vorliegt. Gleiches gilt für die von den Personalberatungen als notwendig angesehene Gleichstellung und Durchlässigkeit der angebotenen Karrierewege, die nicht zuletzt erforderlich sind, um den individuellen und flexiblen Karrierevorstellungen der Mitarbeiter Rechnung zu tragen. Übereinstimmend gaben die Personalberatungen, Unternehmen und Mitarbeiter hierzu an, dass eine entsprechende Umsetzung in der Praxis allenfalls ansatzweise erfolgt. Auch die Idealvorstellung der Personalberatungen hinsichtlich eines flankierenden Personalentwicklungssystems steht im Einklang mit den Mitarbeiterbedürfnissen. Dieser Vorstellung wird laut Angabe der drei Befragungsperspektiven in der Praxis weitestgehend entsprochen, wobei darauf hingewiesen wurde, dass das Talentmanagement alle Laufbahnen integrieren sollte und die karrierebegleitenden Personalentwicklungsmaßnahmen allgemein eine verstärkte individuelle Akzentuierung erfahren sollten. Damit einhergeht, dass die Idealvorstellung der Personalberatungen bzw. der Wunsch der Mitarbeiter nach einer individuellen Karriereentwicklung und Karriereverlaufsplanung laut der drei Befragungsperspektiven noch Handlungsbedarf aufweist – zumindest was die größeren Unternehmen anbelangt. Eng damit verbunden ist der Handlungsbedarf hinsichtlich der neuen Karrieremuster, die für die Personalberatungen und Unternehmen eine hohe Zukunftsrelevanz haben und auch für die Mitarbeiter aufgrund ihrer individuellen und flexiblen Akzentsetzung wichtig zu sein scheinen.

Summa summarum wird deutlich, dass die Idealvorstellungen der befragten Personalberatungen und Mitarbeiter dem in der Literatur postulierten vollständig integrierten Karrieresystem gleichen, wohingegen die Karrieresysteme in der Praxis davon noch mehr oder weniger weit entfernt sind. Als mögliche Gründe wurden aus Personalberatungs- und Unternehmenssicht übereinstimmend der hohe Ressourcenaufwand und der dem Karrieresystem zugrunde liegende Standardisierungsgrad genannt, der den Individualitäts- und Flexibilitätsanspruch limitiert. Grundsätzlich wurden aus allen drei Befragungsperspektiven vielfältige, zum Teil übereinstimmende Problembereiche und Herausforderungen angeführt, die den Optimierungs- und Weiterentwicklungsbedarf betrieblicher Karrieresysteme unterstreichen und in Kapitel sechs näher thematisiert werden sollen.

6. Gestaltungsanregungen zur Entwicklung und Implementierung eines effektiven integrierten Karrieresystems in Unternehmen

6.1 Literatur-Praxis-Abgleich und Konzeptmodifizierung

6.1.1 Gegenüberstellung von Literatur- und Praxiserkenntnissen zur Ausprägung (integrierter) Karrieresysteme

Zur Ableitung der intendierten Gestaltungsanregungen werden die zentralen Literatur- und Praxiserkenntnisse in der nachfolgenden Tabelle anhand der wesentlichen Integrationsaspekte einander gegenübergestellt (siehe Tabelle 1).

Integrationsaspekt	Literaturerkenntnisse	Praxiserkenntnisse	Schlussfolgerungen
Normative Verankerung des Karrieresystems	Die Literatur fordert eine definierte Karrierephilosophie, die die gesellschaftlichen Wertvorstellungen widerspiegelt und als Leitbild des unternehmerischen Karrieredenkens und -handelns dient.	Den Karrieresystemen in der Praxis liegt nach Angabe der befragten Unternehmen und Personalberatungen keine explizite Karrierephilosophie zugrunde.	Das Literaturpostulat nach einer normativen Verankerung ist in den Unternehmen noch nicht angekommen.
Strategische Verankerung des Karrieresystems	Die Literatur fordert eine Ausrichtung des Karrieresystems an der Unternehmens- bzw. HRM-Strategie (z. B. durch Kopplung an die strategische Personalplanung, internationale Ausrichtung des Karrieresystems).	Nach Angabe der befragten Unternehmen sind die Karrieresysteme mehrheitlich strategisch verankert. Die Personalberatungen beobachten hingegen keine bzw. allenfalls eine ansatzweise strategische Verankerung.	Dem Literaturanspruch nach einer strategischen Verankerung wird in der Praxis zum Teil entsprochen, wobei die Praxiserkenntnisse je nach Befragungsperspektive sehr heterogen ausfallen.
Gleichstellung und Durchlässigkeit der Karrierewege	Die Literatur fordert eine Gleichstellung und Durchlässigkeit der Karrierewege, wobei insbesondere das Gleichstellungspostulat zum Teil kritisch diskutiert wird. Praxisorientierte Vertreter fordern daher eine pragmatische Gleichstellung über formale und materielle Anreize losgelöst von Machtstrukturen.	Eine Gleichstellung und Durchlässigkeit der angebotenen Karrierewege ist in der Praxis überwiegend nicht bzw. nur ansatzweise gegeben. Lediglich die befragten Mitarbeiter gaben mehrheitlich an, dass ein Laufbahnwechsel in ihrem Unternehmen tendenziell eher möglich ist.	Das Gleichstellungs- und Durchlässigkeitspostulat hat – losgelöst von den Befragungsergebnissen der Mitarbeiter, die es kritisch zu hinterfragen gilt – in der Praxis noch weitestgehend keine bzw. nur eine ansatzweise Umsetzung erfahren.

Dreiklang aus Führungs-, Fach- und Projektkarriere	Die Literatur fordert die tradierte Führungskarriere um die Fach- und die Projektkarriere zu ergänzen.	Dem Dreiklang aus Führungs-, Fach- und Projektkarriere wird nach Angabe der befragten Unternehmen, Personalberatungen und Mitarbeiter in der Praxis mehrheitlich nicht entsprochen.	Dem Literaturanspruch nach einem Dreiklang wird in der Praxis mehrheitlich nicht entsprochen, wobei zu berücksichtigen ist, dass die Aufnahme neuer Karrierewege strategisch legitimiert sein muss.
Neue Karrieremuster (individuelle & flexible Karrieremöglichkeiten)	Die Literatur fordert ergänzend zu den aufstiegsorientierten Karrierewegen neue Karrieremuster (Wissenskarrieren, Patchworkkarrieren, Aging-Karrieren), um nicht zuletzt dem gesellschaftlichen Individualitäts- und Flexibilitätsanspruch Rechnung zu tragen.	Die neuen Karrieremuster finden bis auf erste Ansätze noch keine Anwendung in den Unternehmen. Hinsichtlich eines Downward Movement wurden explizit Bedenken geäußert. Allgemein besteht in Sachen individueller und flexibler Karrieremöglichkeiten noch Handlungsbedarf.	Die in der Literatur geforderten neuen Karrieremuster und allgemein das Individualitäts- und Flexibilitätspostulat haben noch weitestgehend keinen Eingang in die Unternehmen gefunden. Die Bedenken seitens der Praxis sind zu berücksichtigen.
Verzahnung mit dem Personalentwicklungssystem	Die Literatur fordert ein flankierendes Talentmanagement und karrierebegleitende Personalentwicklungsmaßnahmen zur Deckung der individuellen Qualifikationsbedarfe.	Eine Verzahnung mit dem Personalentwicklungssystem findet weitestgehend statt, wobei das Talentmanagement oftmals nicht alle Laufbahnen integriert und die karrierebegleitenden Maßnahmen eine stärkere individuelle Akzentuierung erfahren sollten.	Dem Literaturpostulat nach einer Verzahnung mit dem Personalentwicklungssystem wird in der Praxis weitestgehend nachgekommen, wobei der Integrationsgedanke noch nicht gänzlich umgesetzt wird.

Tabelle 1: Abgleich der Literatur- und Praxiserkenntnisse zu (integrierten) Karrieresystemen
Quelle: Eigene Darstellung in Anlehnung an die Literaturanalyse und die Befragungsergebnisse.

Aus dem Abgleich der zentralen Literatur- und Praxiserkenntnisse geht hervor, dass es sowohl Unterschiede als auch ansatzweise Gemeinsamkeiten gibt. Die größte Diskrepanz zwischen der literaturbasierten Idealvorstellung und der praktischen Umsetzung zeigt sich hinsichtlich der normativen Verankerung des Karrieresystems, dem Dreiklang aus Führungs-, Fach- und Projektkarriere, der Gleichstellung und Durchlässigkeit der Karrierewege sowie der Integration neuer Karrieremuster (insbesondere dem Downward Movement). Kritisch zu hinterfragen ist, ob dies den zu idealen und zu theoretischen Denkmustern der Literatur geschuldet ist. Berücksichtigt man jedoch, dass der Ausarbeitung sowohl theorie- als auch praxisorientierte Literatur zugrunde liegt und die Vorstellungen der Personalberatungen – als Schnittstelle zwischen Theorie und Praxis – im Einklang mit der Literatur stehen, lässt sich etwaige Kritik an den Literaturvorstellungen weitestgehend entkräften. Die wohl größte Konvergenz herrscht hinsichtlich der strategischen Verankerung des Karrieresystems und der Verzahnung mit dem Personalentwicklungssystem, wobei auch hier seitens der Praxis noch Handlungsbedarf besteht (siehe Tabelle 1). Hinsichtlich der postulierten strategischen Verankerung ist der Handlungsbedarf dem heterogenen Meinungsbild zwischen Unternehmen und Personalberatungen geschuldet, was ggf. auf die erhöhten Integrationsanforderungen der Personalberater zurückzuführen ist.

Auch die Literatur muss partiell noch nacharbeiten, berücksichtigt man, dass die befragten Unternehmen, Personalberatungen und zum Teil auch Mitarbeiter entscheidende – in der Literatur vernachlässigte – Herausforderungen anführten (siehe Abschnitt 5.1.1.2, 5.2.1, 5.3.1). So bleiben der für ein idealtypisches Karrieresystem erforderliche hohe Ressourcenaufwand, die oftmals damit einhergehende Gestaltungsdeterminante der Unternehmensgröße und der zugrunde liegende relativ hohe Standardisierungsgrad in der Literatur häufig unberücksichtigt. Gleiches gilt für weitere, von Unternehmen selbst schwer beeinflussbare Herausforderungen wie rechtliche Restriktionen und kulturelle Länderspezifika. Auch Aspekte wie eine transparente Kommunikation, ein ausgereiftes Change Management sowie die Erfolgsmessung als Erfolgsfaktoren zur Implementierung und Weiterentwicklung des Karrieresystems fanden keine karrieresystemrelevante Erwähnung in der Literatur.

6.1.2 Modifikation des Konzepts zu integrierten Karrieresystemen

Das auf Basis der Literaturanalyse entwickelte Konzept zur Ausgestaltung eines integrierten Karrieresystems in Unternehmen ist durch einen eher idealtypischen Charakter geprägt, berücksichtigt man die ergänzenden praxisrelevanten Gestaltungsdeterminanten im vorangegangenen Abschnitt. Dem pragmatischen Wissenschaftsziel folgend soll das Konzept jedoch Anwendung in der Unternehmenspraxis finden, sodass vor dem Hintergrund der Befragungserkenntnisse eine entsprechende Modifizierung des Konzepts vorzunehmen ist (siehe Abbildung 2).

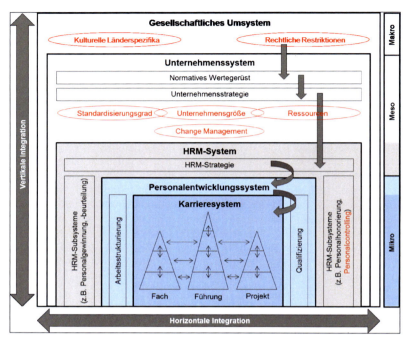

Abbildung 2: Modifizierte Visualisierung des entwickelten integrierten Karrieresystems
Quelle: Eigene Darstellung

Hierzu bietet es sich an, die genannten Gestaltungsdeterminanten den Integrationsebenen des entwickelten Konzepts zuzuordnen. Für die Makroebene bedeutet dies, dass neben den gesellschaftlichen Wertvorstellungen auch Komponenten wie kulturelle Länderspezifika und rechtliche Restriktionen in die Überlegungen zur Gestaltung eines integrierten Karrieresystems einfließen müssen. So wurde im Zusammenhang mit Aging-Karrieren von einem der befragten Unternehmen auf rechtliche Restriktionen im Falle einer Beschäftigung nach dem gesetzlichen Renteneintrittsalter hingewiesen. Auch steht nach Angabe eines der befragten Unternehmen ein systematischer Karriererückschritt im Widerspruch zur landesspezifischen Kultur. Auf der Mesoebene sind Gestaltungsdeterminanten wie die zur Verfügung stehenden Ressourcen, der zugrunde liegende Standardisierungsgrad und die oftmals damit korrelierende Unternehmensgröße bei der Karrieresystemgestaltung zu berücksichtigen. Beispielsweise müssen sich größere Unternehmen ihrer meist höheren Systemstandardisierung bewusst sein und sich ggf. mehr für die nachgefragten individuellen und flexiblen Karriereoptionen öffnen. Demgegenüber können die knappen Ressourcen eine Restriktion vorwiegend kleinerer Unternehmen darstellen. Weiterhin ist auf der Gesamtunternehmensebene einem durchdachten Change Management zur Überzeugung und zur Mobilisierung der Führungskräfte besondere Aufmerksamkeit zu schenken, möchte man die neuen Karrierevorstellungen erfolgreich implementieren. Eng damit verbunden ist die zur Neujustierung erforderliche Erfolgsmessung des Karrieresystems, welche es im Sinne eines Personalcontrollings im HRM-System auf der Mikroebene zu verankern gilt. Die in der Praxis postulierte transparente Kommunikation wird in der Konzeptdarstellung nicht modifizierend aufgegriffen, da diese per se mit einer definierten Karrierephilosophie und einem ausgereiften Change Management einhergeht. Im Folgenden sollen auf Basis des modifizierten Konzepts und der Schlussfolgerungen aus dem Literatur-Praxis-Abgleich Anregungen zur Gestaltung integrierter Karrieresysteme in Unternehmen abgeleitet werden.

6.2 Ableitung von Anregungen zur Gestaltung integrierter Karrieresysteme in Unternehmen

6.2.1 Normative Ebene: Etablierung einer zukunftsfähigen Karrierephilosophie und -kultur

Zur Ableitung der Gestaltungsanregungen bietet es sich an, auf das bereits erläuterte St. Galler Management-Modell zurückzugreifen (siehe Abschnitt 2.3.2), um durch Zuordnung der Gestaltungsaspekte zu den drei Ebenen sowie eine darauffolgende Ebenen-Verzahnung dem postulierten Integrationsanspruch Rechnung zu tragen.

Auf der normativen Ebene erscheint die Gestaltungsanregung zur Etablierung einer zukunftsfähigen Karrierephilosophie und -kultur für Unternehmen sinnvoll, berücksichtigt man, dass in keinem der befragten Unternehmen bislang eine explizite Karrierephilosophie vorliegt. Die Befragungsergebnisse der Personalberatungen unterstreichen die Notwendigkeit einer definierten Karrierephilosophie und bestätigen zum Teil sogar die theoretisch hergeleitete Erkenntnis, dass die veränderten gesellschaftlichen Wertvorstellungen einer Widerspiegelung in der Karrierephilosophie und einer Transformation in ein gelebtes neues Karrieredenken und -handeln bedürfen. *Ahlers* und *Gülke* betonen in diesem Zusammenhang, dass „tradierte rein hierarchiezentrierte Denkmuster (...) die Karriereverläufe heute und erst recht in der Zukunft nicht mehr hinreichend einfassen"[244] können. Dies erfordert eine Karrierephilosophie, die das neue Karriereverständnis durch definierte Werte und Vorstellungen für alle Unternehmensmitglieder transparent macht und somit als Leitbild unternehmerischen Denkens und Handelns fungieren kann. So müssen die dem Individualitätsanspruch Rechnung tragenden alternativen Karrierewege (Fach- und Projektkarriere) eine gleichwertige Anerkennung gegenüber der tradierten Führungskarriere erfahren.[245] Auch sollten die neuen – vom Aufstiegsgedanken zunächst losgelösten – Karrieremuster

---

[244] Ahlers, F./ Gülke, N. (2013), S. 127.
[245] Vgl. Mudra, P. (2004), S. 333.

mit individueller und flexibler Akzentuierung verstärkt Einzug in das Entwicklungswegenetz finden und in ein ausgeprägteres „Karriere-Diversity-Denken" münden.[246] Eine der befragten Personalberatungen regt in diesem Zusammenhang an, den „Karriere-Diversity-Gedanken" noch etwas weiter zu fassen und plädiert für Wertvorstellungen in Unternehmen, die gleiche Karrierechancen unabhängig von Geschlecht und Alter fördern, was eine starke Leistungskultur impliziert.

Nur wenn dem neuen Karriereverständnis durch Aufnahme in das normative Wertegerüst eine höhere Bedeutung beigemessen wird – die optimalerweise auch mit einer entsprechenden Ressourcenfreigabe einhergeht – können betriebliche Karrieresysteme auch zukünftig ihre Anreizwirkung für die knappen Humanressourcen wirksam entfalten, denn es gilt: „Karrieren und damit verbundene Ränge [stellen] Abgrenzungsmuster in den Köpfen der Unternehmensmitglieder und darüber hinaus Gesellschaft (...) [dar], (...) [sodass] hier auch der zentrale Stellhebel für Veränderungen zu sehen"[247] ist. Allerdings darf bei der postulierten Karrierephilosophie und -kultur nicht unterschätzt werden, dass der vertikale Aufstiegsgedanke eine lange Tradition hat und oftmals der Inbegriff von Karriere ist.[248] In diesem Zusammenhang ist auch zu berücksichtigen, dass (Karriere-) Kulturen über Generationen hinweg bestehen und nur mittel- bis langfristig verändert werden können.[249]

6.2.2 Strategische Ebene: Nachhaltig verankertes differenziertes Karrieresystem

6.2.2.1 Karriere-Diversity mit Integration neuer Karrieremuster in Unternehmen

Dem auf der normativen Ebene postulierten neuen Karriereverständnis und „Karriere-Diversity-Denken" gilt es auf der strategischen Ebene durch einen entsprechenden Gestaltungsanspruch nachzukommen. Den Unternehmen wird in diesem Zusammenhang empfohlen, der Idealvorstellung der Literatur und der Personalberatungen zu folgen und die Führungskarriere traditioneller Couleur um die Fach- und die Projektkarriere zu ergänzen.[250] Nach Angabe der befragten Unternehmen, Personalberatungen und Mitarbeiter wird dem postulierten Dreiklang in der Praxis allerdings mehrheitlich noch nicht entsprochen. Zwar kann dies durch eine fehlende strategische Legitimation gerechtfertigt werden, allerdings wies keines der betroffenen Unternehmen explizit auf eine strategische Irrelevanz der alternativen Karrierewege hin, sodass Gestaltungsanregungen diesbezüglich probat erscheinen. Damit die alternativen Karrierewege ihre Anreizwir-

---

[246] Vgl. Ahlers, F./ Gülke, N. (2013), S. 126f.
[247] Ahlers, F./ Gülke, N. (2013), S. 127.
[248] Vgl. Rump, J./ Eilers, S. (2006), S. 52.
[249] Vgl. Müller, M. (2007), S. 81; Steinle, C. (1998), S. 175.
[250] Vgl. Mudra, P. (2004), S. 332f.

kung entfalten können und – prononciert formuliert – kein „Abstellgleis" der Führungskarriere darstellen, ist dem Gleichstellungs- und Durchlässigkeitspostulat der Literatur und der Personalberatungen verstärkt Rechnung zu tragen.[251] Empfehlenswert ist der Aufbau von Parallelhierarchien, indem die Karrierestufen der Fach- und der Projektkarriere – zumindest bis zum mittleren Management[252] – parallel zu denen der Führungskarriere platziert, mit vergleichbaren Positionsbezeichnungen versehen und anforderungsadäquat ausgestaltet werden.[253] Dabei wird in der praxisorientierten Literatur explizit eine realistische Gleichstellung über formale Anreize (vergleichbare Titel) und materielle Anreize (parallele Gehaltsstufen) postuliert. Durch eine solche von Machtstrukturen losgelöste Gleichstellung kann zwar keine absolute Gleichwertigkeit, wohl aber eine vergleichbare Wertigkeit der Karrierewege erzielt werden.[254] Auch die durch transparente Anforderungen realisierbare Durchlässigkeit entspricht dem Gleichstellungspostulat, da ein Laufbahnwechsel vergleichbare Entwicklungsoptionen bis zum Top-Management ermöglicht.[255]

Zur Schaffung der auch gesellschaftlich nachgefragten Karriere-Diversity ist Unternehmen weiterhin die Integration neuer Karrieremuster zu empfehlen. So wurde die in der Literaturanalyse herausgearbeitete Bedeutung der neuen Karrieremuster durch die Befragungsergebnisse der Unternehmen und Personalberatungen ausnahmslos bestätigt. Auch die in der Online-Befragung erfassten Karrierevorstellungen der Mitarbeiter – gekennzeichnet durch eine Abkehr vom hierarchischen Aufstieg und eine Zuwendung zu individuellen und flexiblen Karrieremöglichkeiten – unterstreichen die Zukunftsrelevanz der neuen Karrieremuster. Für die Unternehmen bedeutet dies konkret, dass den Mitarbeitern eine hierarchieunabhängige Kompetenzentwicklung im Sinne der horizontalen Know-how-Karriere nach *Fuchs* ermöglicht werden sollte.[256] Weiterhin empfiehlt es sich, Mitarbeitern die Möglichkeit zu geben, unterschiedliche vertikale und horizontale Karriereformen zu kombinieren, was durch die postulierte Patchworkkarriere abgebildet werden kann.[257] Diese umfasst im weiteren Sinne auch die bewusste Integration von Work-Life-Balance-Maßnahmen in die Karriereplanung (z. B. Sabbaticals, temporäre Teilzeit), um den lebensphasenspezifischen Bedürfnissen – insbesondere auch von Frauen – nachzukommen.[258] Ferner wird den Unternehmen empfohlen, Aging-Karrieren eine stärkere Aufmerksamkeit zu schenken, berücksichtigt man, dass Karrieremöglichkeiten für Ältere von den Mit-

---

[251] Vgl. Mudra, P. (2004), S. 333.
[252] Nach Wagner, D. (2015), S. 471 enden Fach- und Projektkarrieren meist im mittleren Management.
[253] Vgl. Wohlfart, L./ Moll, K./ Wilke, J. (2011), S. 10 und 18f.
[254] Vgl. Trost, A. (2014), S. 40.
[255] Vgl. Wagner, D. (2015), S. 471.
[256] Vgl. Fuchs, J./ Stolarz, C. (2001), S. 129f.
[257] Vgl. Zaugg, R. J. (2008), S. 27.
[258] Vgl. Rump, J./ Eilers, S. (2014a), S. 140; Zaugg, R. J. (2008), S. 27.

arbeitern explizit nachgefragt werden, in den Unternehmen jedoch bislang weitestgehend keinen Widerhall finden. So bietet es sich an, Wissensträgern im Ruhestand eine Beraterfunktion zu übertragen, was nicht nur der Bedürfnisbefriedigung karriereambitionierter älterer Mitarbeiter, sondern auch der Erfahrungsweitergabe in den Unternehmen dient.[259] Etwaigen Bedenken hinsichtlich rechtlicher Restriktionen kann durch die Gründung einer „Seniorenfirma", die den rechtlichen Rahmen bildet, begegnet werden. Das Unternehmen Bosch nimmt hierzu durch Gründung der „Bosch Management Support GmbH" eine Vorreiterrolle ein.[260] Eine weitere empfehlenswerte Ausgestaltungsform von Aging-Karrieren stellt die Option zum Karriererückschritt dar, die im nächsten Abschnitt aufgrund kritischer Vorbehalte gesondert aufgegriffen werden soll. Eine Conditio sine qua non für die postulierte Karriere-Diversity ist die Einbettung der vielfältigen Karrierewege und -muster in einen systematischen Gesamtzusammenhang, die durch die intendierte Durchlässigkeit und Gleichstellung der Karrierewege realisiert werden kann. Insbesondere die zunehmende Globalisierung und Interkulturalität lassen die von den Mitarbeitern in die Unternehmen hineingetragenen Karrierevorstellungen zukünftig noch vielfältiger ausfallen.[261] Dies erfordert einerseits ein hohes Maß an Flexibilität und andererseits eine gewisse Stabilität durch eine fokussierte bzw. systemisch relevante und dennoch transparente Vielfalt.[262]

6.2.2.2 Downward Movement: „Hoffähigkeit" eines Karriererückschritts

Die Gestaltungsanregung hinsichtlich eines Karriererückschritts bzw. eines Downward Movement im Sinne eines Wechsels auf eine Position mit weniger Verantwortung ist für Unternehmen insofern von Relevanz, als den nach wie vor leistungsstarken, jedoch leistungsgewandelten Mitarbeitern im Einzelfall insbesondere in Zeiten des demografischen Wandels realistische berufliche Perspektiven geboten werden müssen.[263] Auch für die betroffenen Mitarbeiter birgt ein solcher Karriererückschritt erhebliches Nutzenpotenzial: Neben einer Verminderung von Stress und gesundheitlicher Beeinträchtigung kann ein Karriererückschritt zu einer besseren Work-Life-Balance beitragen und eine angemessene leistungsorientierte Beschäftigung bis zum Berufsausstieg garantieren.[264] Nichtsdestotrotz dürfen die praxisseitigen Bedenken hinsichtlich einer Unvereinbarkeit des systematischen Karriererückschritts mit der landes- und / oder unternehmensspezifischen Kultur nicht unberücksichtigt bleiben. So führte eines der befragten Unternehmen an, dass ein Karriererückschritt einen großen Ansehensverlust nach sich ziehen würde und eine Anpassung des einmal erreichten Gehaltsstatus de facto nicht umsetzbar wäre, was die freiwillige Abgabe von Verantwortung eher illusorisch erscheinen lässt. Nach *Becker* und *Kurtz* umfasst das

---

[259] Vgl. Ahlers, F./ Gülke, N. (2013), S. 133.
[260] Vgl. Bosch (2016), http://www.bosch-presse.de..., abgerufen am 22.04.2016.
[261] Vgl. Hesse, G. et al. (2015), S. 89.
[262] Vgl. Wycisk, C. (2009), S. 60f.
[263] Vgl. Ahlers, F./ Gülke, N. (2013), S. 125ff.
[264] Vgl. Brehm, M. (1999), S. 143 und 145; Arthur, D. (2001), S. 66.

Downward Movement nämlich „jede Veränderung der Arbeitsbedingung (Arbeitsinhalt, Kompetenz, Hierarchie, Gehalt usw.)"[265], die von dem betroffenen Mitarbeiter eigeninitiiert angestoßen werden sollte, um ihre Wirkung entfalten zu können. Hier muss ein Umdenken in den Unternehmen stattfinden, um das Downward Movement aus diesem „Tabuisierungsstadium" herauszuführen und die Nutzenpotenziale für ältere Erwerbstätige zu entfalten. Ein offener kommunikativer Umgang seitens des Unternehmens und des betroffenen Mitarbeiters ist hierfür unabdingbar.[266] Eines der befragten Unternehmen nimmt diesbezüglich bereits eine Vorreiterrolle ein und bietet den betroffenen Mitarbeitern in offen kommunizierter Form einen durch die Führungskraft begleiteten Rückschritt an. Trotz dieses Paradebeispiels ist das kulturell verankerte Problem des Gesichtsverlusts – welches womöglich sogar in der landesspezifischen Kultur verwurzelt ist – nicht wegzudiskutieren. Entsprechend lässt sich die Gestaltungsanregung nicht durch kurzfristige punktuelle Maßnahmen umsetzen, wohl aber durch eine langfristige kulturelle Verankerung auf Gesamtunternehmensebene.[267]

6.2.2.3 Integriertes Unternehmens- und Personalentwicklungssystem mit Karrierefokus

Angesichts der Erkenntnis, dass das Literaturpostulat nach einem vollständig integrierten Karrieresystem den Idealvorstellungen der Personalberatungen und tendenziell den Karrierevorstellungen der Mitarbeiter entspricht, in der Praxis jedoch noch weitestgehend nicht umgesetzt wird, erscheint eine entsprechende Gestaltungsanregung für Unternehmen probat zu sein (siehe Abschnitt 5.4).

Dem entwickelten idealtypischen Konzept folgend ist eine vertikale Integration im Sinne einer Verzahnung mit dem normativen Wertegerüst und der Unternehmensstrategie vorzunehmen (siehe Abschnitt 3.6.1), wobei ersteres Integrationselement bereits durch eine der vorangegangenen Gestaltungsanregungen aufgegriffen wurde. Im Hinblick auf die strategische Verankerung bestätigten nahezu alle befragten Unternehmen die Kopplung ihres Karrieresystems an die strategische Nachfolgeplanung. Allerdings blieben weitere in der Literatur postulierte Integrationsaspekte wie die strategische Legitimation der Karrierelaufbahnen und deren strategisch relevante Ausgestaltung weitestgehend unerwähnt. Auch die befragten Personalberatungen bestätigten in diesem Zusammenhang mehrheitlich einen großen Handlungsbedarf. Den Unternehmen wird vor diesem Hintergrund empfohlen, grundsätzliche Entscheidungen wie das Angebot von Karrieremodellen und deren (internationale) Ausgestaltung intensiver im Bereich des strategischen Human Resource Managements zu verankern.[268] Das heißt, die aus der Unternehmensstrategie abgeleitete HRM-Strategie ist als legitimierender

---

[265] Becker, J./ Kurtz, H.-J. (1991), S. 36.
[266] Vgl. Ahlers, F./ Gülke, N. (2013), S. 132.
[267] Vgl. Ahlers, F./ Gülke, N. (2013), S. 132f.
[268] Vgl. Friedli, V. (2002), S. 84.

Wegweiser zu verstehen[269] oder in anderen Worten: Die alternativen Laufbahnen haben ihre Berechtigung, wenn sie einen Beitrag zur Besetzung der strategisch relevanten Schlüsselpositionen leisten.[270] Dies impliziert im Falle einer internationalen Unternehmensausrichtung eine dementsprechende Ausgestaltung der Karrierewege (z. B. durch integrierte Auslandseinsätze), um die Kandidaten adäquat zu qualifizieren.[271] Eng damit verbunden ist die im idealtypischen Konzept postulierte horizontale Integration des Karrieresystems, die neben der bereits angesprochenen Verzahnung der elementaren Karrierewege – im Sinne einer Gleichstellung und Durchlässigkeit – u. a. das flankierende Personalentwicklungssystem tangiert (siehe Abschnitt 3.6.1). So bedarf es zur Besetzung der strategisch relevanten Führungs-, Fach- und Projektpositionen eines Talentmanagements, welches auch explizit die alternativen Karrierewege ins Kalkül zieht.[272] Eine entsprechende Gestaltungsempfehlung erscheint opportun, berücksichtigt man, dass der Fokus des Talentmanagements in praxi häufig nur auf die Führungskarriere gerichtet ist. Auch ist nach Angabe einer der befragten Personalberatungen eine stärkere Berücksichtigung des mitarbeiterseitigen Forderungskanons nach individuellen Entwicklungsmöglichkeiten ratsam, der durch die Online-Befragung der Mitarbeiter bestätigt werden konnte. Für die Unternehmen empfiehlt es sich konkret, dem zumeist seminarlastigen allgemeinen Qualifizierungsangebot eine stärkere individuelle Akzentuierung mit Karrierefokus zu verleihen (z. B. durch Mentoring, Coaching, laufbahnspezifische Maßnahmen) und den Karriereaspiranten generell eine weitestgehend individuelle Karriereentwicklung zu ermöglichen (z. B. durch Wahlmodule in den Talententwicklungsprogrammen). Insbesondere hinsichtlich der neuen Karrieremuster ist ein solch „buntes" und bedarfsorientiertes Qualifizierungsangebot von Relevanz, um die Mitarbeiter in ihren individuellen Laufbahn- und Tätigkeitswechseln zu begleiten. *Friedli* betont in diesem Zusammenhang explizit die Bedeutung von Arbeitsstrukturierungsmaßnahmen (z. B. Job Rotation) für die – vom Aufstiegsgedanken losgelösten – Karriereverläufe wie die Know-how-Karriere.[273]

6.2.3 Operative Ebene: Umsetzung neuer Karrierekonzepte

6.2.3.1 Überzeugung der Führungskräfte

Die auf der operativen Ebene erforderliche Umsetzung neuer Karrierekonzepte bzw. die „Einführung alternativer Laufbahnvarianten wie der Fachlaufbahn stellt ein überaus komplexes Veränderungsprojekt dar, das nur (...) unter Einbeziehung aller Interessengruppen Aussicht auf Erfolg hat."[274] Diesem Denkmuster

---

[269] Vgl. Ringlstetter, M./ Kaiser, S. (2008), S. 70; Ringlstetter, M. (2002), S. 24.
[270] Vgl. SKope (2009), http://www.skope.de/files/im_skope_26_10_09_1.pdf, abgerufen am 29.02.2016.
[271] Vgl. Friedli, V. (2008), S. 254.
[272] Vgl. Werner, F./ Wengert, S. (2007), S. 29f.
[273] Vgl. Friedli, V. (2008), S. 254.
[274] SKope (2009), http://www.skope.de/files/im_skope_26_10_09_1.pdf, abgerufen am 29.02.2016.

folgt auch eine der befragten Personalberatungen, die in der Implementierung der neuen Karrierewege und -muster eine zentrale Herausforderung sieht und den Unternehmen zu einem ausgereiften Change Management rät, um inhärente Widerstände zu vermeiden und Akzeptanz für das neue – durch Vielfalt geprägte – Karriereverständnis zu schaffen.

Der Interessengruppe der Führungskräfte ist dabei besondere Aufmerksamkeit zu schenken: „Sie müssen als ‚Change Manager' den Wandel umsetzen, sind aber auch selbst betroffen und vertreten naturgemäß eigene Interessen."[275] Die Umsetzung der neuen Karrierekonzepte liegt insofern maßgeblich in den Händen der Führungskräfte, als diese verantwortlich für die Entwicklungs- bzw. Karrieregespräche ihrer Mitarbeiter sind und diesen je nach Potenzial geeignete (neue) Karrierekonzepte vermitteln müssen.[276] Infolgedessen können die Führungskräfte sowohl eine Barriere für die individuelle Entwicklung der Mitarbeiter als auch für den Erfolg des Karrieresystems darstellen, sofern sie das neue Karriereverständnis fernab vom alleinigen Anspruch der Führungskarriere nicht mittragen. So können z. B. Widerstände seitens der Führungskräfte aufgrund eines befürchteten Machtverlusts wegen der gleichgestellten Projektspezialisten eine große Herausforderung darstellen.[277] Problematisch kann dies insbesondere bei älteren Führungskräften sein, da der jahrelang geltende Wert – die Führungskarriere als Inbegriff von Karriere – plötzlich an „Wert" verliert.[278] Den Unternehmen wird vor diesem Hintergrund empfohlen, umfangreiche Überzeugungsarbeit zu leisten. Dazu ist eine frühzeitige Einbeziehung der Führungskräfte in die Neugestaltung des Karrieresystems ebenso wichtig wie eine transparente Kommunikation über das geplante Vorgehen, dessen Ziele, Nutzen und Konsequenzen.[279] Nur so kann ein Unternehmen von überzeugten Führungskräften profitieren, die als Multiplikatoren die neue Karrierephilosophie mittragen und somit zur unternehmensweiten Umsetzung der neuen Karrierekonzepte beitragen.

6.2.3.2 Evolutorische Einsteuerung und Neujustierung

Zur erfolgreichen Umsetzung der neuen Karrierekonzepte ist den Unternehmen neben der Überzeugung der Führungskräfte eine evolutorische Einsteuerung und bei Bedarf eine gezielte Neujustierung des Karrieresystems zu empfehlen. So raten *Berthel* und *Koch* zu einer evolutionären Vorgehensweise, die nach der Vorbereitung bzw. Überzeugung der Führungskräfte zunächst eine probeweise Einführung der neuen Karrierekonzepte vorsieht (z. B. in einem dafür besonders geeigneten Unternehmensbereich), um Schwachpunkte aufzudecken und entsprechende Optimierungen vor der unternehmensweiten endgültigen Einführung vornehmen zu können.[280]

---

[275] Rettberg, B. (2001), S. 220.
[276] Vgl. Rabe von Pappenheim, J. (2009), S. 132.
[277] Vgl. Hansel, J./ Lomnitz, G. (2003), S. 126.
[278] Vgl. Bruggmann, M. (2000), S. 150.
[279] Vgl. Hölzle, K. (2009), S. 157.
[280] Vgl. Berthel, J./ Koch, H.-E. (1985), S. 169f.

Auch nach der unternehmensweiten Implementierung des neuausgestalteten Karrieresystems ist eine evolutorische Einsteuerung und Neujustierung zu empfehlen, berücksichtigt man den illusionären Charakter eines vorab festlegbaren „endgültigen" Systemzustands: So wird „die Entwicklung von Unternehmen und ihren Sub-Systemen (...) nur teilweise von Gestaltungs- und Lenkungsprozessen ‚von oben' bestimmt. Diese werden ergänzt durch die eigenständige evolutorische Entwicklung der Einheiten durch Lernen von Wissen, Können und Einstellungen ‚von unten'."[281] Beispielsweise stößt die Generation Y durch ihre veränderten Karriereeinstellungen eine Neujustierung der betrieblichen Karrieresysteme „von unten" an. Vor diesem Hintergrund wird Unternehmen geraten, die einmal implementierten Karrieresysteme nicht als Endzustand, sondern als Ausgangsbasis für die sich – auch z. B. im Hinblick auf die Generation Z – weiter wandelnden gesellschaftlichen Karriereeinstellungen und -werte zu verstehen.[282] Dies impliziert ein betriebliches Karrieresystem, das zwar dem Postulat nach einer nachhaltigen Verankerung im Unternehmensgesamtsystem entspricht, aber auch die Voraussetzungen für eine gewisse Vitalität erfüllt: „Damit verbunden ist die bewusste Inkaufnahme eines sinnvollen Maßes *(Masses im Original, Anm. der Verfasser)* an Instabilität und struktureller Offenheit"[283]. Weiterhin bedarf es zur Zielerreichung und Neujustierung des Karrieresystems einer Erfolgsmessung, die nach Angabe der befragten Personalberatungen in praxi Handlungsbedarf aufzeigt und durch die Definition zielorientierter Kennzahlen (z. B. interne Besetzungsquote) stärker fokussiert werden sollte. Dabei erscheint insbesondere eine Zufriedenheitsmessung via Mitarbeiterbefragungen ratsam, um (veränderte) individuelle Karrierevorstellungen zu erfassen und in die Neujustierung des Karrieresystems einfließen zu lassen.[284]

6.2.4 Ebenen-Verzahnung: Durchgängiges Gestaltungskonzept

Betrachtet man die hohe Relevanz des integrierten Karrieresystems und folgt den Ausführungen *Bleichers*, so ist es evident, die normative, strategische und operative Ebene nicht unabhängig voneinander zu betrachten, sondern aufgrund der vielfältigen Vor- und Rückkopplungsprozesse sinnvoll miteinander zu verzahnen.[285] Auch in der Praxis hat sich implizit der Handlungsbedarf einer Ebenen-Verzahnung bzw. eines durchgängigen Gestaltungskonzepts herauskristallisiert. So wird nach Angabe eines der befragten Unternehmen die angebotene Option zur horizontalen Karriere von den Mitarbeitern kaum in Anspruch genommen, was im Hinblick auf die gesellschaftliche Nachfrage alternativer Karrieremuster eher paradox erscheint. Dies kann womöglich auf das in den Köpfen der Mitarbeiter nach wie vor vorherrschende tradierte hierarchische Karriereverständnis zurückgeführt werden, da dem Karrieresystem des besagten Unternehmens

---

[281] Schmid, B. F./ Lyczek, B. (2006), S. 37.
[282] Vgl. Hesse, G. et al. (2015), S. 89ff.
[283] Schmid, B. F./ Lyczek, B. (2006), S. 37.
[284] Vgl. Bösch, W. (2011), S. 14f.
[285] Vgl. Bleicher, K. (2011), S. 88.

keine bewusste Karrierephilosophie zugrunde liegt. Grundsätzlich gilt: Das Fehlen einer expliziten Karrierephilosophie erschwert die mentale Legitimation bzw. Enttabuisierung hierarchieunabhängiger Karrieremöglichkeiten (siehe Abschnitt 6.2.1).

Den Unternehmen wird vor diesem Hintergrund empfohlen, die Gestaltungsvorgaben auf der normativen und strategischen Ebene als wegweisend für die Dispositionen auf der operativen Ebene zu verstehen und vice versa.[286] Um die Relevanz der Ebenen-Verzahnung bzw. -Durchgängigkeit für den Erfolg des Karrieresystems aufzuzeigen, können viele Einzelbeispiele angeführt werden. Das auf der strategischen Ebene verankerte Downward Movement eignet sich hierfür besonders gut, da ein systematischer Karriererückschritt zunächst auf der normativen Ebene durch korrespondierende Wertvorstellungen seine Legitimation finden muss, um auf der operativen Ebene in gezieltes Handeln transformiert werden zu können (z. B. in Form eines offenen kommunikativen Umgangs mit der Rückschrittsituation seitens der Führungskräfte und Mitarbeiter).[287] Insofern muss eine Diffusion der normativen Karrierephilosophie über die strategische Ebene bis hin zur operativen Ebene erfolgen. Nur so kann sichergestellt werden, dass die definierten zukunftsfähigen Karriere- bzw. Wertvorstellungen über die Führungskräfte als Mittler des Karrieresystems in ein für die Mitarbeiter erlebbares Handeln umgewandelt werden.[288]

6.3 Gesamtreflexion: Integrierte Karrieresysteme zwischen Realismus und Zukunftsvorstellung

Gesamtreflektierend lässt sich anführen, dass das theoriegeleitete Postulat nach einem vollständig integrierten Karrieresystem einer anspruchsvollen Idealvorstellung gleicht, die zumindest bei den befragten Personalberatungen schon als intendierte Zukunftsvorstellung angekommen ist (siehe Abschnitt 5.4). In die betriebliche Realität hat diese Zukunfts- bzw. Idealvorstellung jedoch noch weitestgehend keinen Eingang gefunden, was nicht zuletzt an dem mehrheitlich noch nicht etablierten Dreiklang aus Führungs-, Fach- und Projektkarriere sowie der fehlenden kulturellen Gleichstellung der angebotenen Karrierewege festgemacht werden kann. Demnach kann nicht davon ausgegangen werden, dass sich Realismus und Zukunftsvorstellung in naher Zukunft annähern werden, da dem postulierten integrierten Karrieresystem zunächst ein zeitintensiver Kulturwandel vorausgehen muss (siehe Abschnitt 6.2.1).

Gleichwohl erscheint es aus pragmatischer Sicht sinnvoll, ein Stück weit von der Maximalforderung eines vollständig integrierten Karrieresystems abzurücken, möchte man den Unternehmen realistische Gestaltungsempfehlungen geben.

---

[286] Vgl. Bleicher, K. (2011), S. 88.
[287] Nach Ahlers, F./ Gülke, N. (2013), S. 132f. ist eine kulturelle Verankerung korrespondierender Wertvorstellungen unabdingbar für ein gelebtes Downward Movement.
[288] Vgl. Wagner, H. (1998), S. 94 mit Bezug auf die Unternehmens- bzw. Marketingphilosophie.

Unternehmen sind als heterogene Agglomerationseinheiten aufzufassen, was nach dem situativen Denkansatz eine Anpassung der Gestaltungsanregungen an die unternehmensspezifischen Situationsfaktoren erforderlich macht.[289] So gelten die Erfolgsfaktoren zur Implementierung der Fachlaufbahn je nach Unternehmensgröße nicht für jedes Unternehmen.[290] Auch erweist sich die Definition eines für alle Unternehmen geltenden idealtypischen Integrationsgrads als schwierig. *Deeg u. a.* weisen in diesem Zusammenhang auf die ressourcenzehrende Gefahr eines Übermaßes an Integralität im Sinne einer Integration um der Integration willen hin („Integrationsrigorismus") und plädieren für die unternehmensspezifische Bestimmung eines sinnvollen Integrationsgrads („Gebrauchsintegralität").[291] Legt man solch einen praktikablen Integrationsgrad zugrunde, so können integrierte Karrieresysteme in der Realität durchaus – zumindest in Ansätzen – konstatiert werden, was an dem differierenden und dabei vernetzten Karriereangebot (z. B. mit dem Personalentwicklungssystem) in praxi festzumachen ist. Das Postulat nach einem vollständig integrierten Karrieresystem wird allerdings immer ein Stück weit eine Zukunftsvorstellung bleiben, berücksichtigt man die evolutorischen Anpassungsmechanismen, die einem Karrieresystem inhärent sind.[292]

7. Fazit und Ausblick

7.1 Zentrale Erkenntnisse des Beitrags

Das Thema der (Neu-)Gestaltung von integrierten Karrieresystemen mit der Konsequenz, dass Karriere „neu gedacht" werden muss, ist theoretisch hergeleitet und empirisch validiert von hoher Aktualität und Relevanz. So spiegeln die Idealvorstellungen bzw. Karriereanforderungen der befragten Personalberatungen und Mitarbeiter das Literaturpostulat nach einem vollständig integrierten Karrieresystem weitestgehend wider. Dieses findet in den befragten Unternehmen jedoch – abgesehen von einzelnen punktuell betrachteten Integrationselementen – allenfalls ansatzweise Widerhall. Die wohl markanteste Diskrepanz zwischen Literaturpostulat und Praxis stellt die nicht explizit vorhandene Karrierephilosophie dar, die konstituierend für die Verzahnung der Integrationselemente sowie das neue – vom Aufstiegsgedanken losgelöste – Karrieredenken ist. Dies spiegelt sich z. B. darin wider, dass der tradierten Führungskarriere in den befragten Unternehmen nach wie vor der größte Stellenwert beigemessen wird. Allgemein stellt die fehlende normative Verankerung eine Hürde für die gesellschaftlich nachgefragte Karriere-Diversity dar. Als Herausforderung ergibt sich daraus, dass betriebliche Karrieresysteme die vielfältigen gesellschaftlichen Karrierevorstellungen – gekennzeichnet durch den Individualitäts- und Flexibilitätsanspruch

---

[289] Vgl. Kieser, A./ Kubicek, H. (1992), S. 47 und 199.
[290] Vgl. Ladwig, D. H. (2014), S. 121.
[291] Vgl. Deeg, J./ Küpers, W./ Weibler, J. (2010), S. 217ff.
[292] Vgl. Schmid, B. F./ Lyczek, B. (2006), S. 37 mit generellem Bezug auf ein System.

der Generation Y – im Sinne eines differenzierten Karrieresystems abbilden müssen, um eine nachhaltige Anreizwirkung entfalten zu können. Die einleitende Karrieremetapher des „Klettergerüsts" (vgl. Abschnitt 1.1), das sowohl Aufwärts-, Abwärts-, als auch Seitwärtsbewegungen zulässt, kann somit als erfolgsrelevantes Leitbild eines zukunftsfähigen Karrieresystems im „War for Talents" hervorgehoben werden.

Grundsätzlich haben sich im Rahmen der Befragungen zwei zentrale Ursachen für die Divergenz zwischen Theorie und Praxis herauskristallisiert: Der Ressourcenaufwand als Restriktion vorwiegend kleinerer Unternehmen und der dem Karrieresystem zugrunde liegende Standardisierungsgrad als mögliche Limitation vorwiegend größerer Unternehmen im Hinblick auf den Individualitäts- und Flexibilitätsanspruch. Diese mit der Unternehmensgröße korrelierenden Gestaltungsdeterminanten unterstreichen die Erkenntnis, dass es nicht das „eine" integrierte Karrieresystem für alle Unternehmen gibt. Vielmehr ist eine unternehmensspezifische Karrieresystemgestaltung mit idealtypischer Orientierung vorzunehmen. Oder in anderen – metaphorischen – Worten ausgedrückt: Das mehrdimensionale Klettergerüst wird zukünftig zweifelsohne der eindimensionalen Karriereleiter den Rang ablaufen. Die konkrete Ausgestaltung des „Klettergerüsts" ist allerdings je nach Unternehmenssituation spezifisch vorzunehmen.

7.2 Ausblick: Vitale Karrieresysteme und weiterer Forschungsbedarf

Neben dem intendierten situativen Denkansatz, der eine Anpassung des postulierten integrierten Karrieresystems an die spezifische Unternehmenssituation fordert, ist der Gestaltung integrierter Karrieresysteme mit Blick in die Zukunft ein „vitaler Denkansatz" zugrunde zu legen. Demnach müssen das Karrieresystem und seine Gestalter über die Fähigkeit verfügen, sich an verändernde Umweltanforderungen anzupassen, um Anreizwirkungen und Erfolgspotenziale nachhaltig zu etablieren. Dies impliziert eine Abkehr von der Vorstellung, dass ein einmal implementiertes erfolgreiches Karrieresystem dauerhaft auf Erfolgskurs bleibt, ohne sich dabei vital bzw. lebendig weiterzuentwickeln.[293] Die in diesem Zusammenhang bereits angesprochene evolutorische Entwicklung des Karrieresystems – angestoßen durch die sich wandelnden Wertvorstellungen der Mitarbeiter – unterstreicht diese Erkenntnis.[294] Betriebliche Karrieresysteme werden sich somit zum Erhalt ihrer Zukunftsfähigkeit lebendig weiterentwickeln (müssen), was einen gezielten Ausbalancierungsakt zwischen Flexibilität und Stabilität erfordert.[295]

Eng damit verbunden ist der Wertewandel im Zuge des nächsten Generationswechsels, dessen Auswirkungen auf die betrieblichen Karrieresysteme es weiterführend zu erforschen gilt. So weisen *Hesse et al.* auf die neuakzentuierten Wert-

---

[293] Vgl. Steinle, C. (2005), S. 787 mit generellem Bezug auf die „vitale Unternehmung".
[294] Vgl. Schmid, B. F./ Lyczek, B. (2006), S. 37.
[295] Vgl. Wycisk, C. (2009), S. 60f.

vorstellungen der Generation Z hin, die u. a. durch die zunehmende Globalisierung beeinflusst werden und Unternehmen zu einem erneuten Umdenken veranlassen.[296] Allgemein besteht im Hinblick auf die Besonderheiten und Divergenzen internationaler Karrieresysteme noch weiterer Forschungsbedarf, berücksichtigt man, dass „sich unterschiedliche, länderspezifische Bildungs- und Karrieremuster erkennen"[297] lassen. Im Rahmen der durchgeführten empirischen Untersuchung konnten bereits erste Erkenntnisse zu kulturellen Länderspezifika extrahiert werden, die es jedoch angesichts der fast ausschließlich deutsch verwurzelten befragten Unternehmen und Personalberatungen auf eine breitere Forschungsbasis zu stellen gilt. Grundsätzlich zeichnet sich der hier zugrunde gelegte Untersuchungsansatz durch eine stark eingeschränkte Repräsentativität aus, was weiterführende Forschungsarbeiten auf Basis einer definierten Grundgesamtheit und einer hinreichend großen Stichprobe sinnvoll erscheinen lässt.[298]

---

[296] Vgl. Hesse, G. et al. (2015), S. 89.
[297] Opitz, C. (2005), S. 138.
[298] Vgl. Möhring, W./ Schlütz, D. (2003), S. 40.

Literatur

Abrell, B. (2015): Führen in Teilzeit: Voraussetzungen, Herausforderungen und Praxisbeispiele, Wiesbaden 2015.

Achenbach, W. (2003): Personalmanagement für Führungs- und Fachkräfte: Theoretische Grundlagen und Strategieentwicklung, Wiesbaden 2003.

Adjouri, N. (2014): Alles was Sie über Marken wissen müssen: Leitfaden für das erfolgreiche Management von Marken, 2. Aufl., Wiesbaden 2014.

Ahlers, F. (2007): Betriebswirtschaftslehre als spezieller Rahmen, in: Steinle, C./ Daum, A. (Hrsg.): Controlling: Kompendium für Ausbildung und Praxis, 4. Aufl., Stuttgart 2007, S. 94-124.

Ahlers, F./ Gülke, N. (2013): Aging-Karrieren: Demografiebedingter Paradigmenwechsel im Karriereverständnis, in: Behrens-Potratz, A. et al. (Hrsg.): Demografischer Wandel: Vielfältige Herausforderungen für Unternehmen und Gesellschaft, Göttingen 2013, S. 125-140.

Appel, W. (2013): Personaler und Digital Natives, in: Appel, W./ Michel-Dittgen, B. (Hrsg.): Digital Natives: Was Personaler über die Generation Y wissen sollten, Wiesbaden 2013, S. 3-7.

Armstrong, M. (2016): Armstrong's Handbook of Strategic Human Resource Management, 6th ed., Philadelphia 2016.

Arthur, D. (2001): The Employee Recruitment and Retention Handbook, New York u. a. 2001.

Atteslander, P. (2010): Methoden der empirischen Sozialforschung, 13. Aufl., Berlin 2010.

Bächle, M. (1996): Qualitätsmanagement der Softwareentwicklung: Das QEG-Verfahren als Instrument des Total Quality Managements, Wiesbaden 1996.

Barney, J. B. (1991): Firm Resources and Sustained Competitive Advantage, in: Journal of Management, Vol. 17, 1991, No. 1, pp. 99-120.

Baurschmid, M. (2010): Karriereentwicklung des Chief Information Officers (CIO) aus systemischkonstruktivistischer Perspektive, 2. Aufl., Berlin 2010.

Becker, J./ Kurtz, H.-J. (1991): Karriere und Wertewandel: Downward-movement als Instrument der Personalpolitik, in: Zeitschrift Führung und Organisation, 60. Jg., 1991, H. 1, S. 35-41.

Becker, M. (2013): Personalentwicklung: Bildung, Förderung und Organisationsentwicklung in Theorie und Praxis, 6. Aufl., Stuttgart 2013.

Berger, D. (2010): Wissenschaftliches Arbeiten in den Wirtschafts- und Sozialwissenschaften: Hilfreiche Tipps und praktische Beispiele, Wiesbaden 2010.

Bergmann, L./ Crespo, I./ Hermann, C. (2009): Konzepte zur Modernisierung, in: Dombrowski, U. et al. (Hrsg.): Modernisierung kleiner und mittlerer Unternehmen: Ein ganzheitliches Konzept, Berlin u. a. 2009, S. 34-45.

Berthel, J./ Becker, F. G. (2013): Personal-Management: Grundzüge für Konzeptionen betrieblicher Personalarbeit, 10. Aufl., Stuttgart 2013.

Berthel, J./ Koch, H.-E. (1985): Karriereplanung und Mitarbeiterförderung, Sindelfingen 1985.

Bleicher, K. (2011): Das Konzept Integriertes Management: Visionen – Missionen – Programme, 8. Aufl., Frankfurt am Main 2011.

Bortz, J./ Döring, N. (2006): Forschungsmethoden und Evaluation für Human- und Sozialwissenschaftler, 4. Aufl., Heidelberg 2006.

Bosch (2016): Personal- und Sozialthemen, http://www.bosch-presse.de/presseforum/details.htm?txtID=6873&tk_id=191&locale=de, abgerufen am 22.04.2016.

Bösch, W. (2011): Praxishandbuch Mitarbeiterbefragung: Konzepte, Methoden und Vorgehensweisen für ergiebige und erfolgreiche Mitarbeiterbefragungen. Mit Mustervorlagen, Fragenkatalogen und zahlreichen übernehmbaren Mitarbeiterbefragungsbögen, Zürich 2011.

Boxall, P. F. (1996): The Strategic HRM Debate and the Resource-based View of the Firm, in: Human Resource Management Journal, Vol. 6, 1996, No. 3, pp. 59-75.

Bracher, M. (2009): Das operative Management von Produktionsunternehmungen: Entwicklung eines Prozessmodells, Wiesbaden 2009.

Brauchlin, E. (1984): Schaffen auch Sie ein Unternehmensleitbild, in: Management-Zeitschrift industrielle Organisation, 53. Jg., 1984, H. 7, S. 313-317.

Brauchlin, E. (1985): Die Rolle von Unternehmungen in der Gesellschaft, in: Probst, G. J. B./ Siegwart, H. (Hrsg.): Integriertes Management: Bausteine des systemorientierten Managements, Bern u. a. 1985, S. 419-444.

Brehm, M. (1999): Downward Movement. Verminderte Kompetenz und Verantwortung in verhaltenswissenschaftlicher Perspektive, in: Zeitschrift für Personalforschung, 13. Jg., 1999, H. 2, S. 139-161.

Brown, S./ Blackmon, K./ Cousins, P./ Maylor, H. (2001): Operations Management: Policy, Practice and Performance Improvement, Oxford u. a. 2001.

Bruggmann, M. (2000): Die Erfahrung älterer Mitarbeiter als Ressource, Wiesbaden 2000.

Brühl, R./ Horch, N./ Orth, M. (2008): Der Resource-based View als Theorie des strategischen Managements – Empirische Befunde und methodologische Anmerkungen, Berlin 2008.

Bruns, J. (2008): Datengewinnung mittels Befragung, in: Pepels, W. (Hrsg.): Marktforschung: Verfahren, Datenauswertung, Ergebnisdarstellung, 2. Aufl., Düsseldorf 2008, S. 121-156.

Bund, K. (2014): Glück schlägt Geld. Generation Y: Was wir wirklich wollen, Hamburg 2014.

Chmielewicz, K. (1994): Forschungskonzeption der Wirtschaftswissenschaft, 3. Aufl., Stuttgart 1994.

Crameri, M./ Heck, U. (2010): Erfolgreiches IT-Management in der Praxis: Ein CIO-Leitfaden, Wiesbaden 2010.

Deeg, J./ Küpers, W./ Weibler, J. (2010): Integrale Steuerung von Organisationen, München 2010.

Deuter, A./ Stockhausen, A. (2009): Expertenpfade zeigen Wirkung, in: Personalwirtschaft, 36. Jg., 2009, H. 11, S. 23-25.

Domsch, M. E./ Ladwig, D. H. (2011): Über dieses Buch, in: Domsch, M. E./ Ladwig, D. H. (Hrsg.): Fachlaufbahnen: Alternative Karrierewege für Spezialisten schaffen, Köln 2011, S. 5-9.

Döring, N./ Bortz, J. (2016): Forschungsmethoden und Evaluation in den Human- und Sozialwissenschaften, 5. Aufl., Berlin u. a. 2016.

Drosten, R. (2015): Familienzentren – von der Idee zum Konzept: Ganzheitliche Unterstützungsstrukturen für Familien entwickeln, Hamburg 2015.

Durai, P. (2010): Human Resource Management, Chennai u. a. 2010.

Eggers, B. (2006): Integratives Medienmanagement: Konzepte, Instrumente und Publisher Value Scorecard, Wiesbaden 2006.

Enaux, C./ Henrich, F. (2011): Strategisches Talent-Management: Talente systematisch finden, entwickeln und binden, Freiburg 2011.

Engelmeyer, E. (1998): Identitätsorientierte interkulturelle Personalführung aus gesellschaftstheoretischer Perspektive, in: Schoppe, S. G. (Hrsg.): Kompendium der Internationalen Betriebswirtschaftslehre, 4. Aufl., München 1998, S. 365-408.

Fargel, Y. M. (2006): Mitarbeiter-Placement: Eine fit-orientierte Perspektive, Wiesbaden 2006.

Feams, H. (2004): Entstehung von Kernkompetenzen: Eine evolutionstheoretische Betrachtung, Wiesbaden 2004.

Fletcher, C. (2013): Appraisal, Feedback and Development: Making Performance Review Work, 4th ed., London u. a. 2013.

Friedli, V. (2002): Die betriebliche Karriereplanung: Konzeptionelle Grundlagen und empirische Studien aus der Unternehmensperspektive, Bern u. a. 2002.

Friedli, V. (2008): Betriebliche Karriereplanung, in: Thom, N./ Zaugg, R. J. (Hrsg.): Moderne Personalentwicklung: Mitarbeiterpotenziale erkennen, entwickeln und fördern, 3. Aufl., Wiesbaden 2008, S. 247-264.

Fuchs, J. (1999): Wege zum vitalen Unternehmen: Die Renaissance der Persönlichkeit, 2. Aufl., Wiesbaden 1999.

Fuchs, J./ Stolarz, C. (2001): Produktionsfaktor Intelligenz: Warum intelligente Unternehmen so erfolgreich sind, Wiesbaden 2001.

Geisler, K. (2009): Karriere – ein Zusammenspiel aus Individualität und organisationaler Struktur: Eine Studie über die Beziehung zwischen Karriereorientierung und organisationalen Sozialisationserfahrungen, München 2009.

Giereth, S. (2013): Innovationsblockaden in kleinen und mittelständischen Unternehmen: Einflussfaktoren und Lösungsansätze, Hamburg 2013.

Grant, R. M. (1991): The Resource-based Theory of Competitive Advantage, in: California Management Review, Vol. 33, 1991, No. 3, pp. 114-135.

Grauer, F. (1998): Personalmanagement für ältere Mitarbeiter, Wiesbaden 1998.

Greenhaus, J. H./ Callanan, G. A./ Godshalk, V. M. (2010): Career Management, 4th ed., Los Angeles u. a. 2010.

Grüner, T./ Werner, A.-C./ Frerichs, F./ Schorn, N. K. (2016): Fachlaufbahnen in der Altenpflege als soziale Innovation, in: Becke, G. et al. (Hrsg.): Zusammen – Arbeit – Gestalten: Soziale Innovationen in sozialen und gesundheitsbezogenen Dienstleistungen, Wiesbaden 2016, S. 145-162.

Hackl, B./ Gerpott, F. (2015): HR 2020 – Personalmanagement der Zukunft: Strategien umsetzen, Individualität unterstützen, Agilität ermöglichen, München 2015.

Hadamitzky, M. C. (1995): Analyse und Erfolgsbeurteilung logistischer Reorganisationen, Wiesbaden 1995.

Häder, M. (2015): Empirische Sozialforschung: Eine Einführung, 3. Aufl., Wiesbaden 2015.

Hansel, J./ Lomnitz, G. (2003): Projektleiter-Praxis: Optimale Kommunikation und Kooperation in der Projektarbeit, 4. Aufl., Berlin u. a. 2003.

Heinrich, L. J./ Heinzl, A./ Riedl, R. (2011): Wirtschaftsinformatik: Einführung und Grundlegung, 4. Aufl., Berlin u. a. 2011.

Helfrich, H. (2016): Wissenschaftstheorie für Betriebswirtschaftler, Wiesbaden 2016.

Hermann, M. A./ Pifko, C. (2009): Personalmanagement: Theorie und zahlreiche Beispiele aus der Praxis, 2. Aufl., Zürich 2009.

Hesse, G./ Mayer, K./ Rose, N./ Fellinger, C. (2015): Herausforderungen für das Employer Branding und deren Kompetenzen, in: Hesse, G./ Mattmüller, R. (Hrsg.): Perspektivwechsel im Employer Branding: Neue Ansätze für die Generationen Y und Z, Wiesbaden 2015, S. 53-104.

Hilb, M. (2011): Integriertes Personalmanagement: Ziele – Strategien – Instrumente, 20. Aufl., Köln 2011.

Hodapp, M./ Peußer, M. (2014): Der Berufs-Lebensbaum: Ein strategischer Ansatz zur lebensphasenorientierten Personalpolitik und ein ganzheitliches Modell der individuellen Karriere- und Lebenslaufbahn im demografischen Wandel, in: Rump, J./ Eilers, S. (Hrsg.): Lebensphasenorientierte Personalpolitik: Strategien, Konzepte und Praxisbeispiele zur Fachkräftesicherung, Berlin u. a. 2014, S. 191-202.

Hölzle, K. (2009): Die Projektleiterlaufbahn: Organisatorische Voraussetzungen und Instrumente für die Motivation und Bindung von Projektleitern, Wiesbaden 2009.

Hopf, C. (1995): Qualitative Interviews in der Sozialforschung: Ein Überblick, in: Flick, U. et al. (Hrsg.): Handbuch Qualitative Sozialforschung: Grundlagen, Konzepte, Methoden und Anwendungen, 3. Aufl., Weinheim 1995, S. 177-182.

Hummel, H. (1972): Probleme der Mehrebenenanalyse, Stuttgart 1972.

Hüsselmann, C. (2015): Projektmanagementkarriere – Wege aus dem Kästchendenken, in: Hüsselmann, C./ Seidl, J. (Hrsg.): Multiprojektmanagement: Herausforderungen und Best Practices, Düsseldorf 2015, S. 127-144.

Hussy, W./ Schreier, M./ Echterhoff, G. (2013): Forschungsmethoden in Psychologie und Sozialwissenschaften für Bachelor, 2. Aufl., Berlin u. a. 2013.

Hyll, M. (2014): Karrierereformen im Wandel: Herausforderungen für Individuen und Organisationen, München u. a. 2014.

Jacob, R./ Heinz, A./ Décieux, J. P. (2013): Umfrage: Einführung in die Methoden der Umfrageforschung, 3. Aufl., München 2013.

Janke, K. (2015): Kommunikation von Unternehmenswerten: Modell, Konzept und Praxisbeispiel Bayer AG, Wiesbaden 2015.

Jöns, I./ Müller, K. (2007): Vorbereitung, Planung und Organisation von Mitarbeiterbefragungen, in: Bungard, W./ Müller, K./ Niethammer, C. (Hrsg.): Mitarbeiterbefragung – was dann...? MAB und Folgeprozesse erfolgreich gestalten, Heidelberg 2007, S. 13-26.

Jung, H. (2011): Personalwirtschaft, 9. Aufl., München 2011.

Kaiser, S./ Hochfeld, K./ Gertje, E./ Schraudner, M. (2012): Unternehmenskulturen verändern – Karrierebrüche vermeiden, Stuttgart 2012.

Kallwitz, S. (2015): Arbeitsmodell Topsharing: Ein Fall für zwei, in: managerSeminare, 27. Jg., 2015, H. 212, S. 30-37.

Karazman, R. (2015): Human Quality Management: Menschengerechte Unternehmensführung, Berlin u. a. 2015.

Kels, P./ Clerc, I./ Artho, S. (2015): Karrieremanagement in wissensbasierten Unternehmen: Innovative Ansätze zur Karriereentwicklung und Personalbindung, Wiesbaden 2015.

Kienbaum Institut @ ISM (2015): Absolventen 2015 unter die Lupe genommen: Ziele, Wertvorstellungen und Karriereorientierung der Generation Y, http://www.kienbauminstitut-ism.de/fileadmin/user_data/veroeffentlichungen/kienbaum_institut_ism_studie_absolventen_08_2015.pdf, abgerufen am 12.01.2016.

Kieser, A./ Kubicek, H. (1992): Organisation, 3. Aufl., Berlin 1992.

Kipper, J. (2014): Die lernende Organisation? Personalentwicklung und Qualitätsmanagement – pädagogische Wissensformen und Technologien in Großunternehmen, Berlin 2014.

Kirchler, E./ Hölzl, E. (2002): Arbeitsgestaltung in Organisationen, Wien 2002.

Kirsch, W. (1971): Entscheidungsprozesse. Dritter Band: Entscheidungen in Organisationen, Wiesbaden 1971.

Kirsch, W. (1981): Über den Sinn der empirischen Forschung in der angewandten Betriebswirtschaftslehre, in: Witte, E. (Hrsg.): Der praktische Nutzen empirischer Forschung, Tübingen 1981, S. 189-229.

Klaffke, M. (2014): Erfolgsfaktor Generationen-Management – Handlungsansätze für das Personalmanagement, in: Klaffke, M. (Hrsg.): Generationen-Management: Konzepte, Instrumente, Good-Practice-Ansätze, Wiesbaden 2014, S. 3-26.

Klaffke, M./ Parment, A. (2011): Herausforderungen und Handlungsansätze für das Personalmanagement von Millenials, in: Klaffke, M./ Parment, A. (Hrsg.): Personalmanagement von Millenials: Konzepte, Instrumente und Best-Practice-Ansätze, Wiesbaden 2011, S. 3-22.

Klopp, M./ Gruber, T./ Krämer, J. (2004): Fallbeispiel 3: Brose Fahrzeugteile GmbH & Co. KG – Mit Methode zum Erfolg – Die Brose Hypertextorganisation spart Kosten, in: Schnauffer, H.-G./ Stieler-Lorenz, B./ Peters, S. (Hrsg.): Wissen vernetzen: Wissensmanagement in der Produktentwicklung, Berlin u. a. 2004, S. 141-158.

Kobas, T. (2008): Personalentwicklung als Aufgabe der strategischen Unternehmensführung: Eine Untersuchung auf der Grundlage ressourcenbasierter und agencytheoretischer Ansätze, München u. a. 2008.

Kölbl, S. (2008): Entwicklung eines Konzepts für das Management hoch qualifizierter Humanressourcen am Beispiel der Dual Career Couples, Kassel 2008.

Kosiol, E. (1964): Betriebswirtschaftslehre und Unternehmensforschung: Eine Untersuchung ihrer Standorte und Beziehungen auf wissenschaftstheoretischer Grundlage, in: Zeitschrift für Betriebswirtschaft, 34. Jg., 1964, H. 12, S. 743-762.

Krause, L. (2015): Die Generation Y – ihre Wünsche und Erwartungen an die Arbeitswelt, München u. a. 2015.

Krcal, H.-C. (2003): Nachhaltige Unternehmensführung: Systemperspektiven, Wiesbaden 2003.

Kres, M. (2006): Ältere Arbeitnehmende: Von Japan lernen, in: Die Volkswirtschaft, 79. Jg., 2006, H. 4, S. 24-25.

Kromrey, H. (2009): Empirische Sozialforschung, 12. Aufl., Stuttgart 2009.

Kühn, T./ Koschel, K.-V. (2011): Gruppendiskussionen: Ein Praxis-Handbuch, Wiesbaden 2011.

Ladwig, D. H. (2014): Fachlaufbahnen: Karriere in der Projekt- und Wissensarbeit, in: Weßels, D. (Hrsg.): Zukunft der Wissens- und Projektarbeit: Neue Organisationsformen in vernetzten Welten, Düsseldorf 2014, S. 113-126.

Lang, K. (2014): Personalmanagement 3.0: 22 Kernkonzepte aus der aktuellen Führungspraxis, Wien 2014.

Lang, K./ Rattay, G. (2005): Leben in Projekten: Projektorientierte Karriere- und Laufbahnmodelle, Wien 2005.

Lattmann, C. (1998): Wissenschaftstheoretische Grundlagen der Personallehre, Bern u. a. 1998.

Laukmann, T. (1992): Strategisches Management von Human-Ressourcen, in: Riekhof, H.-C. (Hrsg.): Strategien der Personalentwicklung: Beiersdorf, Bertelsmann, BMW, Dräger, Esso, Gore, Hewlett-Packard, IBM, Matsushita, Nixdorf, Opel, Otto Versand, Philips, VW, 3. Aufl., Wiesbaden 1992, S. 77-113.

Lepak, D. P./ Snell, S. A. (1999): The Human Resource Architecture: Toward a Theory of Human Capital Allocation and Development, in: Academy of Management Review, Vol. 24, 1999, No. 1, pp. 31-48.

Lindner-Lohmann, D./ Lohmann, F./ Schirmer, U. (2012): Personalmanagement, 2. Aufl., Berlin u. a. 2012.

Lippold, D. (2015): Die Marketing-Gleichung: Einführung in das prozess- und wertorientierte Marketingmanagement, 2. Aufl., Berlin u. a. 2015.

Litz, S. (2012): Karrieremanagement: Dynamik, Ansätze, Beispiele, Wiesbaden 2012.

Lucht, T. (2007): Strategisches Human Resource Management: Ein Beitrag zur Revision des Michigan-Ansatzes unter besonderer Berücksichtigung der Leistungsbeurteilung, München u. a. 2007.

Lücke, J. (2013): Innerbetriebliche Abwärtsschritte: Eine empirische Analyse von Ursachen, Formen und Folgen aus personalwirtschaftlicher Perspektive, München u. a. 2013.

Lüdemann, C./ Lüdemann, H. (2009): Karrierestrategien für Studenten: Die Grundsteine für Ihren Berufseinstieg, München 2009.

Luhmann, N. (1995): Funktionen und Folgen formaler Organisation, 4. Aufl., Berlin 1995.

Malik, F. (2007): Management: Das A und O des Handwerks, Frankfurt u. a. 2007.

Mangelsdorf, M. (2015): Von Babyboomer bis Generation Z: Der richtige Umgang mit unterschiedlichen Generationen im Unternehmen, Offenbach 2015.

Mayerhofer, H./ Michelitsch-Riedl, G. (2009): Personalentwicklung, in: Kasper, H./ Mayrhofer, W. (Hrsg.): Personalmanagement, Führung, Organisation, 4. Aufl., Wien 2009, S. 405-462.

Misoch, S. (2015): Qualitative Interviews, Berlin u. a. 2015.

Mittag, H.-J. (2012): Statistik: Eine interaktive Einführung, 2. Aufl., Berlin u. a. 2012.

Möhring, W./ Schlütz, D. (2003): Die Befragung in der Medien- und Kommunikationswissenschaft: Eine praxisorientierte Einführung, Wiesbaden 2003.

Moog, T. (2009): Strategisches Ressourcen- und Kompetenzmanagement industrieller Dienstleistungsunternehmen: Ein theoretischer und praktischer Erklärungsansatz, Wiesbaden 2009.

Mudra, P. (2004): Personalentwicklung: Integrative Gestaltung betrieblicher Lern- und Veränderungsprozesse, München 2004.

Müller, M. (2007): Die Identifikation kultureller Erfolgsfaktoren bei grenzüberschreitenden Fusionen: Eine Analyse am Beispiel der DaimlerChrysler AG, Wiesbaden 2007.

Münch, J. (1995): Personalentwicklung als Mittel und Aufgabe moderner Unternehmensführung, Bielefeld 1995.

North, K./ Reinhardt, K. (2005): Kompetenzmanagement in der Praxis: Mitarbeiterkompetenzen systematisch identifizieren, nutzen und entwickeln. Mit vielen Fallbeispielen, Wiesbaden 2005.

Opitz, C. (2005): Hochschulen als Filter für Humankapital: Bildung und Karriere von High Potentials in den USA, Frankreich und Deutschland, Wiesbaden 2005.

Parment, A. (2009): Die Generation Y – Mitarbeiter der Zukunft: Herausforderung und Erfolgsfaktor für das Personalmanagement, Wiesbaden 2009.

Parment, A. (2013): Die Generation Y: Mitarbeiter der Zukunft motivieren, integrieren, führen, 2. Aufl., Wiesbaden 2013.

Patton, W./ McMahon, M. (2014): Career Development and Systems Theory: Connecting Theory and Practice, 3rd ed., Rotterdam 2014.

Penrose, E. T. (1959): The Theory of the Growth of the Firm, New York 1959.

Petry, T. (2006): Netzwerkstrategie: Kern eines integrierten Managements von Unternehmungsnetzwerken, Wiesbaden 2006.

Pifko, C./ Reber, M./ Züger, R.-M. (2012): Betriebswirtschaftslehre für technische Kaufleute und HWD: Grundlagen mit Beispielen, Repetitionsfragen und Antworten sowie Übungen, 4. Aufl., Zürich 2012.

Porter, M. E. (1979): How Competitive Forces Shape Strategy, in: Harvard Business Review, Vol. 57, 1979, No. 2, pp. 137-156.

Pospolit, N./ Weiher, J. (2016): Performance der Generation Y: Management der Generationenkonflikte, in: Künzel, H. (Hrsg.): Erfolgsfaktor Performance Management: Leistungsbereitschaft einer aufgeklärten Generation, Berlin u. a. 2016, S. 155-178.

Prahalad, C. K./ Hamel, G. (1990): The Core Competence of the Corporation, in: Harvard Business Review, Vol. 68, 1990, No. 3, pp. 79-91.

Rabbe, S. (2010): Strategisches Nachhaltigkeitsmanagement in der deutschen Stahlindustrie: Der Entwurf eines Nachhaltigkeitsmanagementsystems zur Professionalisierung des strategischen Nachhaltigkeitsmanagements. Eine Fallstudie bei der ThyssenKrupp Steel AG Duisburg, Frankfurt am Main 2010.

Rabe von Pappenheim, J. (2009): Das Prinzip Verantwortung: Die 9 Bausteine nachhaltiger Unternehmensführung, Wiesbaden 2009.

Reichel, O. (2005): Strategische Neupositionierung von Unternehmungen: Erklärung eines erfolgreichen Wechsels in neue strategische Geschäftsfelder am Beispiel Preussag/TUI und Mannesmann, Köln 2005.

Rettberg, B. (2001): Operative Führungskräfteentwicklung als Erfolgsfaktor für Post-Merger am Beispiel der Bank Austria/Creditanstalt, in: Gattermeyer, W./ Al-Ani, A. (Hrsg.): Change Management und Unternehmenserfolg: Grundlagen – Methoden – Praxisbeispiele, 2. Aufl., Wiesbaden 2001, S. 219-236.

Ridder, H.-G. (2015): Personalwirtschaftslehre, 5. Aufl., Stuttgart 2015.

Ridder, H.-G./ Bruns, H.-J./ Hoon, C. (2005): Innovation, Innovationsbereitschaft und Innovationskompetenz: Entwicklungslinien, Forschungsfelder und ein Prozessmodell, in: Arbeitsgemeinschaft betriebliche Weiterbildungsforschung (Hrsg.): Kompetenzentwicklung 2005: Kompetente Menschen – Voraussetzung für Innovationen, Münster 2005, S. 13-68.

Ringlstetter, M. (2002): Strategische Perspektiven des Humanressourcen-Managements, Wiesbaden 2002.

Ringlstetter, M./ Kaiser, S. (2008): Humanressourcen-Management, München 2008.

Rowold, J. (2015): Human Resource Management: Lehrbuch für Bachelor und Master, 2. Aufl., Berlin u. a. 2015.

Rüegg-Stürm, J. (2003): Das neue St. Galler Management-Modell, 2. Aufl., Bern u. a. 2003.

Rüegg-Stürm, J./ Grand, S. (2015): Das St. Galler Management-Modell, 2. Aufl., Bern 2015.

Rump, J./ Eilers, S. (2006): Managing Employability, in: Rump, J./ Sattelberger, T./ Fischer, H. (Hrsg.): Employability Management: Grundlagen, Konzepte, Perspektiven, Wiesbaden 2006, S. 13-76.

Rump, J./ Eilers, S. (2014a): Weibliche Talente gewinnen, fördern und binden: Herausforderungen und lebensphasenorientierte Gestaltungswege für mehr Frauen in Fach- und Führungspositionen, in: Rump, J./ Eilers, S. (Hrsg.): Lebensphasenorientierte Personalpolitik: Strategien, Konzepte und Praxisbeispiele zur Fachkräftesicherung, Berlin u. a. 2014, S. 121-148.

Rump, J./ Eilers, S. (2014b): Mehr Zeit für Familie auch für Väter: Einflussfaktoren, lebensphasenorientierte Handlungsansätze und Beispiele guter Praxis, in: Rump, J./ Eilers, S. (Hrsg.): Lebensphasenorientierte Personalpolitik: Strategien, Konzepte und Praxisbeispiele zur Fachkräftesicherung, Berlin u. a. 2014, S. 72-119.

Runzheimer, C. (1999): Planung und Kontrolle integrativer Produktentwicklungen: Ein konzeptioneller Ansatz auf entscheidungsorientierter Basis, Wiesbaden 1999.

Rutus, J. (2013): Employer of Choice der Generation Y: Herausforderungen und Erfolgsfaktoren zur Steigerung der Arbeitgeberattraktivität, Wiesbaden 2013.

Ryschka, J./ Tietze, K.-O. (2011): Beratungs- und betreuungsorientierte Personalentwicklungsansätze, in: Ryschka, J./ Solga, M./ Mattenklott, A. (Hrsg.): Praxishandbuch Personalentwicklung: Instrumente, Konzepte, Beispiele, 3. Aufl., Wiesbaden 2011, S. 95-136.

Sandberg, S. (2013): Lean In: Frauen und der Wille zum Erfolg, Berlin 2013.

Schanz, G. (1992): Verhaltenswissenschaftliche Aspekte der Personalentwicklung, in: Riekhof, H.-C. (Hrsg.): Strategien der Personalentwicklung: Beiersdorf, Bertelsmann, BMW, Dräger, Esso, Gore, Hewlett-Packard, IBM, Matsushita, Nixdorf, Opel, Otto Versand, Philips, VW, 3. Aufl., Wiesbaden 1992, S. 3-21.

Scherer, E. K./ Eichenberg, T./ Rudat, A. (2013): Einführung einer Projektmanagement-Laufbahn: Voraussetzungen und Erfolgsfaktoren, in: Lau, C./ Dechange, A./ Flegel, T. (Hrsg.): Projektmanagement im Energiebereich, Wiesbaden 2013, S. 225-238.

Schmid, B. F./ Lyczek, B. (2006): Unternehmenskommunikation: Kommunikationsmanagement aus Sicht der Unternehmensführung, Wiesbaden 2006.

Schmidt-Dorrenbach, H. (1989): Laufbahnplanung, internationale, in: Macharzina, K./ Welge, M. K. (Hrsg.): Handwörterbuch Export und internationale Unternehmung, Stuttgart 1989, Sp. 1276-1288.

Schnell, R./ Hill, P. B./ Esser, E. (2013): Methoden der empirischen Sozialforschung, 10. Aufl., München 2013.

Schurz, G. (2008): Einführung in die Wissenschaftstheorie, 3. Aufl., Darmstadt 2008.

Schwierz, C./ Rump, J. (2016): Marktplatz für Karrieren: Zukunftsorientiertes Matching von Bedarf und Angebot von Talenten, http://www.rundstedt.de/fileadmin/media/Downloads/Whitepaper/ 2014_vR_Whitepaper_Marktplatz_fuer_Karrieren.pdf, abgerufen am 07.03.2016.

Seghezzi, H. D. (1994): Qualitätsmanagement: Ansatz eines St. Galler Konzepts Integriertes Qualitätsmanagement, Stuttgart 1994.

Seghezzi, H. D. (1997): Notwendigkeit und Realität ganzheitlicher Unternehmensführung, in: Seghezzi, H. D. (Hrsg.): Ganzheitliche Unternehmensführung: Gestaltung, Konzepte und Instrumente, Stuttgart 1997, S. 3-24.

Seghezzi, H. D./ Fahrni, F./ Friedli, T. (2013): Integriertes Qualitätsmanagement: Der St. Galler Ansatz, 4. Aufl., München 2013.

Seiffert, H. (1989): Deduktion als Forschungsmethodik, in: Andersson, G. (Hrsg.): Handwörterbuch der Wissenstheorie, München 1989, S. 22-24.

Selznick, P. (1957): Leadership in Administration: A Sociological Interpretation, New York u. a. 1957.

Sims, R. R. (2006): Human Resource Development: Today and Tomorrow, Greenwich 2006.

SKope (2009): Fachlaufbahn: Vom Regen in die Traufe?, http://www.skope.de/files/im_skope_26_10_09_1.pdf, abgerufen am 29.02.2016.

Stangel-Meseke, M. (2015): Innovative Personalmanagement-Konzepte: Eine Analyse ihres Gleichstellungspotenzials, Wiesbaden 2015.

Stangel-Meseke, M./ Hahn, P./ Steuer, L. (2015): Diversity Management und Individualisierung: Maßnahmen und Handlungsempfehlungen für den Unternehmenserfolg, Wiesbaden 2015.

Steinle, C. (1985): Organisation und Wandel: Konzepte – Mehr-Ebenen-Analyse (MEA) – Anwendungen, Berlin u. a. 1985.

Steinle, C. (1998): Unternehmensführung – ein grundlegender Überblick, in: Steinle, C./ Bruch, H. (Hrsg.): Controlling: Ein Kompendium für Controller/innen und ihre Ausbildung, Stuttgart 1998, S. 152-202.

Steinle, C. (2005): Ganzheitliches Management: Eine mehrdimensionale Sichtweise integrierter Unternehmungsführung, Wiesbaden 2005.

Stetter, F. S. (1999): Karriere im Management: Ansätze zur Professionalisierung des Humanressourcen-Managements, Wiesbaden 1999.

Strina, G./ Hartmann, E. A. (1992): Komplexitätsdimensionierung bei der Gestaltung soziotechnischer Systeme, in: Henning, K./ Harendt, B. (Hrsg.): Methodik und Praxis der Komplexitätsbewältigung, Berlin 1992, S. 169-182.

Thom, N./ Hubschmid, E. (2012): Intergenerationeller Wissenstransfer: Besonderheiten jüngerer und älterer Mitarbeitenden, in: Perrig-Chiello, P./ Dubach, M. (Hrsg.): Brüchiger Generationenkitt? Generationenbeziehungen im Umbau, Zürich 2012, S. 81-94.

Thoma, C. (2014): Generationensensible Personal- und Karriereentwicklung – Lebenslanges Lernen fördern, in: Klaffke, M. (Hrsg.): Generationen-Management: Konzepte, Instrumente, Good-Practice-Ansätze, Wiesbaden 2014, S. 159-174.

Trost, A. (2014): Fachkarrieren auf kleiner Flamme, in: Personalwirtschaft, 41. Jg., 2014, H. 1, S. 38-40.

Ulrich, H. (1975): Der allgemeine Systembegriff, in: Baetge, J. (Hrsg.): Grundlagen der Wirtschafts- und Sozialkybernetik: Betriebswirtschaftliche Kontrolltheorie, Opladen 1975, S. 33-39.

Ulrich, H. (1984): Management, Bern 1984.

Ulrich, H. (2001): Systemorientiertes Management: Das Werk von Hans Ulrich, Bern u. a. 2001.

Ulrich, H./ Krieg, W. (1974): St. Galler Management-Modell, 3. Aufl., Bern 1974.

Umbeck, T. (2009): Musterbrüche in Geschäftsmodellen: Ein Bezugsrahmen für innovative Strategie-Konzepte, Wiesbaden 2009.

von Kardorff, E. (1995): Qualitative Sozialforschung – Versuch einer Standortbestimmung, in: Flick, U. et al. (Hrsg.): Handbuch Qualitative Sozialforschung: Grundlagen, Konzepte, Methoden und Anwendungen, 3. Aufl., Weinheim 1995, S. 3-8.

Wagner, D. (2015): Praxishandbuch Personalmanagement, Freiburg 2015.

Wagner, H. (1998): Marktorientierte Unternehmensführung versus Orientierung an Mitarbeiterinteressen, Shareholder-Value und Gemeinwohlverpflichtung, in: Bruhn, M./ Steffenhagen, H. (Hrsg.): Marktorientierte Unternehmensführung: Reflexionen – Denkanstöße – Perspektiven, 2. Aufl., Wiesbaden 1998, S. 87-102.

Walter, C. (1983): Personalentwicklung, Stuttgart 1983.

Walther, H.-G. (2011): Integriertes Personalmanagement bei den VGH Versicherungen, in: Eggers, B./ Ahlers, F./ Eichenberg, T. (Hrsg.): Integrierte Unternehmungsführung: Festschrift zum 65. Geburtstag von Prof. Dr. Claus Steinle, Wiesbaden 2011, S. 161-174.

Walther-Klaus, E. (2010): Keine Frage – Deutschland wird MINT!, in: Gesellschaft zur Förderung des Forschungstransfers (Hrsg.): Berufs- und Karriereplaner MINT: Mathematik, Informatik, Naturwissenschaften, Technik, Wiesbaden 2010, S. 11-14.

Weatherly, J. N. (2009): Handbuch systemisches Management: Eine Anleitung für Praktiker, Berlin 2009.

Weber, W. et al. (2001): Internationales Personalmanagement, 2. Aufl., Wiesbaden 2001.

Werner, F./ Wengert, S. (2007): Gutes Arbeitgeberimage durch gute Personalprodukte – Commerzbank AG und das Projekt NewCom, in: Schelenz, B. (Hrsg.): Personalkommunikation: Recruiting! Mitarbeiterinnen und Mitarbeiter gewinnen und halten, Erlangen 2007, S. 25-43.

Werner, J. M./ DeSimone, R. L. (2009): Human Resource Development, 5th ed., Mason 2009.

Wernerfelt, B. (1984): A Resource-based View of the Firm, in: Strategic Management Journal, Vol. 5, 1984, No. 2, pp. 171-180.

Wiedmann, K.-P./ Kreutzer, R. (1985): Strategische Marketingplanung – ein Überblick, in: Raffée, H./ Wiedmann, K.-P. (Hrsg.): Strategisches Marketing, Stuttgart 1985, S. 61-141.

Wien, A./ Franzke, N. (2013): Systematische Personalentwicklung: 18 Strategien zur Implementierung eines erfolgreichen Personalentwicklungskonzepts, Wiesbaden 2013.

Wild, J. (1995): Betriebswirtschaftliche Führungslehre, in: Wunderer, R. (Hrsg.): BWL als Management- und Führungslehre, 3. Aufl., Stuttgart 1995, S. 309-334.

Wilson, J. P. (2005): Human Resource Development: Learning & Training for Individuals & Organizations, 2nd ed., London u. a. 2005.

Witt-Bartsch, A./ Becker, T. (2010): Coaching im Unternehmen: Die individuellste und nachhaltigste Form der Personalentwicklung und Mitarbeiterführung, Freiburg 2010.

Witten, E. (2004): Ansätze zur Optimierung der betrieblichen Personalvermögensbildung: Optimierungskalküle auf Basis der Ermittlung des personalwirtschaftlichen Erfolgs gesamtheitlicher Weiterbildung, Münster 2004.

Wohlfart, L./ Moll, K./ Wilke, J. (2011): Karriere- und Anreizsysteme für die Forschung und Entwicklung: Aktuelle Erkenntnisse und zukunftsweisende Konzepte aus Wissenschaft und betrieblicher Praxis, Stuttgart 2011.

Wright, P. M./ McMahan, G. C./ McWilliams, A. (1994): Human Resources and Sustained Competitive Advantage: A Resource-based Perspective, in: International Journal of Human Resource Management, Vol. 5, 1994, No. 2, pp. 301-326.

Wycisk, C. (2009): Flexibilität durch Selbststeuerung in logistischen Systemen: Entwicklung eines realoptionsbasierten Bewertungsmodells, Wiesbaden 2009.

Zaugg, R. J. (2008): Nachhaltige Personalentwicklung, in: Thom, N./ Zaugg, R. J. (Hrsg.): Moderne Personalentwicklung: Mitarbeiterpotenziale erkennen, entwickeln und fördern, 3. Aufl., Wiesbaden 2008, S. 19-40.

Züger, R.-M. (2008): Betriebswirtschaft – Management – Basiskompetenz: Theoretische Grundlagen und Methoden mit Beispielen, Repetitionsfragen und Antworten, 3. Aufl., Zürich 2008.

D. Schlussbemerkungen: Integrierte Personalkonzepte als Zukunftsoption

Integrierte Personalkonzepte als Zukunftsoption

Friedel Ahlers / Norbert Gülke / Viktoria Wagner

1. Handlungsherausforderung in Unternehmen

Die beiden exemplarisch behandelten Referenzbereiche für ein integriertes Personalkonzept, die IT-gestützte Personaldiagnostik und das integrierte Karrieresystem, weisen schon darauf hin, dass der Umsetzungsgrad integrierter Überlegungen im anspruchsvollen Sinne in der Praxis oft noch als „rudimentär" einzustufen ist. So hat die Befragung zur Ausprägung eines integrierten Karrierekonzeptes ergeben, dass ein solches Konzept bisher kaum vorhanden ist, zumindest wenn anspruchsvolle Maßstäbe angelegt werden. Allenfalls ist der Status quo der Praxisaufnahme mit dem Leitgedanken „Auf dem Weg zu einem ‚integrierten Personalmanagement'" (Fraunhofer 2014, S. 6) zu umschreiben, was grundsätzlich schon als Fortschritt zu werten ist.

Daraus leitet sich die berechtigte Frage ab, ob sich aufgrund des begrenzten Ausprägungsstandes integrativer Personalkonzepte in der Praxis für diese überhaupt eine Berechtigung herleiten lassen kann, sich also nicht das Integrationspostulat als eine – zugespitzt formuliert – rein wissenschaftsgetriebene „Phantomdiskussion" ohne praktische Widerspiegelung erweist. Sicherlich ist die Einordnung als „wissenschaftsgetriebene Diskussion" nicht ganz von der Hand zu weisen. Dies ist aber weniger als Vorwurf, vielmehr als eine Feststellung zu werten. Zudem kann gerade der Titel der Veröffentlichung der eher praxisorientiert auftretenden und agierenden Deutschen Gesellschaft für Personalführung e.V. „Integriertes Personalmanagement in der Praxis" von 2012 als erstes Indiz dafür gewertet werden, dass zumindest die Diskussion um integrierte Personalkonzepte über die Wissenschafts-Community hinaus auch die Unternehmen erreicht hat, wenn auch eher in einer praxisvorgeprägten und weniger abstrakt-akademischen Ausprägung. Insofern kann festgehalten werden, dass integrierte Personalkonzepte nicht fernab einer Praxisperspektive sind, sie diese bislang allerdings nur bedingt durchdrungen zu haben scheinen. Bezogen auf die – sicherlich weitab einer repräsentativen Untersuchung – durchgeführte Personalberaterbefragung hat sich bezogen auf Karrieresysteme ein eruierter Handlungsbedarf gezeigt, der durchaus begründet den Schluss zulässt, dass der Integrationsgedanke stärker Einzug in die Praxis erhalten sollte.

Ein Hemmnis für die zu konstatierende fehlende bzw. unzureichende Rezeption integrierter Überlegungen in der Praxis könnte der dortige Argwohn sein, dass solche wohlklingenden Konzepte ein Schönwetterideal sind mit stark theoretisch-abstrakter Verankerung, die operative Personalarbeit jedoch nicht wirklich voranbringen. Bezogen auf die horizontale Integration auf Subsystemebene zeigt aber gerade der Beitrag zur IT-gestützten Personaldiagnostik ein konkretes Umsetzungs- und Nutzenpotenzial. Zudem ist anzunehmen, dass viele größere Unternehmen mutmaßlich einen systematischen Auswahlprozess mit bewusst integrierten diagnostischen Elementen haben, ohne ihn aber mit dem Begriff „integrativ" zu titulieren.

Insofern kann angenommen werden, dass in sich schlüssige personalbezogene Teilkonzepte, ob als integrativ bezeichnet bzw. bezeichnenbar oder nicht, durchaus in vielen Unternehmen Realität sind. Entscheidend ist dabei also nicht die grundlegende Existenzfrage integrativer Ansätze, sondern der ausgebaute bzw. ausbaufähige Integrationsgrad solcher (Teil-)Konzepte im Personalbereich unter Nutzung aller (technischen) Möglichkeiten. Bezogen auf den denkbaren Integrationsgrad ist das Potenzial solcher Konzepte offensichtlich noch nicht „ausgereizt".

Obgleich der Existenz schon vorhandener integrierter bzw. ansatzweise integrierter Personalansätze – wenn auch nicht unter einer solchen Bezeichnung in der Praxis – bleibt insofern sicherlich ein weiterer Handlungsbedarf. Denn der Integrationsgrad ist vielfach noch steigerbar. Sowohl was die strategische Anbindung angeht also auch was den Differenzierungsgrad der Teilaktivitäten betrifft. Letzteres wird belegt durch den im Beitrag von Gülke und Ahlers angeführten sehr weit ausdifferenzierten IT-gestützten Personaldiagnostikprozess.

Integrierte Personalkonzepte werden sich nur in enger Verbindung mit einer (stärkeren) strategischen Ausrichtung des Personalmanagements umsetzen lassen. Nicht von ungefähr spricht Drumm (2008, S. 565) von „… einer Konzeption eines integrierten strategischen Personalmanagements." Denn die strategische Akzentuierung der Personalarbeit bereitet und öffnet erst dem integrativen Gedankengut sein Anwendungsfeld z. B. in Form des angestrebten vertikalen Strategiefits.

Die verstärkte Handlungsherausforderung zu einem integrierten Personalmanagement lässt sich auch anhand von vielfältigen intra- und interorganisationalen Ansprüchen an die zukunftsorientierte Personalpolitik begründen. Intraorganisational soll hier exemplarisch die Bedeutungszunahme individueller und differentieller Konzepte (zur differentiellen Personalwirtschaft näher Morick 2002) zur Entsprechung z. B. generationsspezifischer Arbeitgebererwartungen oder weitergehend den Ansprüchen eines Diversitätsmanagements (näher dazu z. B. Bendl et al. (Hrsg.) (2012)) genannt werden, die gleichzeitig das Integrationserfordernis auf die Agenda rufen. Interorganisational stellt z. B. die Internationalisierung von Unternehmen spezielle kulturelle und systembedingte Herausforderungen an das International Human Resource Management (IHRM) mit Integrationsbezug (näher z. B. Evans et al. 2011, S. 125 ff. und 550 ff.). So betonen z. B. Wilkinson et al. (2017, S. 263): „One of the key roles of IHRM in a transnational (corporation) is further integration through creating and sustaining a strong and shared culture." Ein spezielles Integrationserfordernis an das Human Resource Management stellen dabei 'global merger and acquisition' dar (vgl. dazu näher z. B. Aklamanu et al. 2016, S. 2790 ff.).

Integriertes Denken und Handeln im Rahmen integrierter Managementkonzepte ist „zuallererst eine personalisierte Herausforderung" (Eggers et al. 2011, S. 214). Hintergrund ist die allgemeine Aufforderung: „Führungskräfte müssen lernen, mit Komplexität umzugehen ..." (Güttel/Müller 2012, S. 17), was integratives Denken und Handeln impliziert. Die Schlüsselrolle zum Hineintragen ganzheitlicher Denk- und Handlungsprozesse in die Unternehmensebene generell wie in den Personalbereich speziell „lastet" somit maßgeblich auf den Schultern der Führungskräfte. Obwohl in nahezu allen Kompetenzauflistungen für Führungskräfte vertreten, erscheint ganzheitliches Denken und Handeln weitab einer Selbstverständlichkeit. Bereichsübergreifende und selbst bereichsspezifische Prozesse, wo ein integriertes Vorgehen eigentlich vorgezeichnet ist, sehen sich mit vielfältig vorgeprägten dysfunktionalen Phänomenen wie Bereichsegoismen und mikropolitischen Interessenvertretungen in der Praxis konfrontiert. Hierin liegt eine markante Herausforderung, die insbesondere kulturellen und strategischen Rahmenbedingungen für integrierte Denk- und Handlungsprozesse zu schaffen. Zielbild ist dabei eine ausgeprägte Vertrauens- und Lernkultur im Unternehmen (auch Hilb 2011, S. 32 ff.), die bewusst auf Mitarbeiter als Mitunternehmer rekurriert und ein dezentrales Integrationsdenken und -handeln in den Subsystemeinheiten fördert. Dieses fordert in besonderer Weise das Top-Management als wegweisende Entscheidungsinstanz heraus: „Ganzheitliches Denken und Handeln beginnt (oder endet) damit beim Top-Management, das dafür aufgrund seiner führungs- und steuerungszentrierten Cockpit-Perspektive in einer besonderen Verantwortung steht" (Eggers et al. 2011, S. 215).

2. Zukunftsfähigkeit von Personalkonzepten: Integration als ein Rahmenelement

Die selbstauferlegte Intention integrierter Managementkonzepte, als „Leerstellengerüst für Sinnvolles" zu dienen, ist für den Personalbereich als sehr zutreffende Handlungsherausforderung gerade in komplexen und dynamischen Zeiten zu verstehen. Denn die Zukunftsfähigkeit von Personalkonzepten ist von einem Kranz an unterschiedlichen, sich dynamisch entwickelnden Faktoren abhängig. Beispielsweise werden technologische Optionen wie die vielfältigen 4.0 Konzepte und deren Nachfolgeansätze neue Anforderungen an die Personalfunktionen stellen, die heute erst in ihren Konturen abzusehen sind. „Die Verschmelzung von physikalischer und virtueller Welt wird auch für die HR-Arbeit weitreichende Bedeutung haben – sowohl in Bezug auf die Auswahl und Entwicklung von Mitarbeitern mit den künftig benötigten Kompetenzen als auch auf die Gestaltung von Arbeitsmodellen in einer durch die Interaktion mit intelligenten Maschinen geprägten Arbeitswelt" (Hackl/Gerpott 2015, S. 21). Die sich in facettenreichen Formen zeigende digitale Unternehmensentwicklung, wofür das Konzept „Industrie 4.0" nur an prominenter Stelle steht, ist demnach als „ganzheitlicher Lernprozess" (Eberl-Steinhübel 2016, S. 84) mit vielfältigen personalwirtschaftlichen Implikationen zu verstehen. Das Beispiel der 4.0 Konzepte, insbesondere der Industrie 4.0, zeigt generell eine stärkere „Verwobenheit" des Personalbereichs mit anderen Unternehmensfunktionen auf, was wiederum über die damit verbundene Komplexität den Integrationsgedanken gewissermaßen „hofiert".

Der Integrationsgedanke greift weniger bei der inhaltlichen Detailgestaltung als bei der Rahmenkonstellation zukunftsfähiger Personalkonzepte ein. Vereinfacht und praxisnah formuliert ist er als Aufforderung zu verstehen, bei der personalbezogenen Einzelelementgestaltung darauf zu achten, dass ein stimmiges Gesamtkonzept unter Anbindung an die strategische Ausrichtung des Unternehmens entsteht bzw. gewahrt bleibt. Aus systemischer Perspektive bildet gewissermaßen den Rahmen des (strategischen) Rahmens das normative Werte- und Handlungsgerüst des Unternehmens. Insofern sind zukunftsfähige Personalkonzepte im besonderen Maße in das strategische und spezielle normative Denk- und Handlungsgerüst eines Unternehmens derart integriert, dass sie es auch aktiv mitprägen. Stichwörter wie Personalphilosophie, die derzeit noch eher stark akademisch vorgeprägt erscheinen, müssen stärker auch in die Praxis der Personalarbeit Einzug erhalten. Über den geforderten vertikalen Fit setzen hier Integrationsüberlegungen entsprechende Akzente. Diese müssen aber auch explizit über die Unternehmensgrenzen hinausgehen und in gesellschaftspolitische Verantwortungsfelder hineinragen. So postulieren Eggers et al. (2011, S. 214): „Ganzheitliches Denken und Handeln hört damit an den Unternehmensgrenzen nicht auf, sondern fordert gerade eine verantwortungsvolle Position der Unternehmung im übergeordneten gesellschaftlichen Rahmen ein." Integrierte Personalkonzepte sind hier besonders gefordert, da wertehaltige gesellschaftliche Strömungen wie etwa die bessere Vereinbarkeit von Familie und Beruf in das Unternehmen in Form einer familienfreundlichen Personalpolitik integriert werden sollten.

Hilb (2011, S. 19) hat mit seinem Kreislaufkonzept des „visionsorientierten und integrierten Personalmanagements" und damit der bewussten Akzentuierung des Visionsaspektes als handlungsleitende Orientierung des Integrationsgedankens eine entsprechende Zukunftsorientierung vorgesehen. Die vielfach in Unternehmenspublikationen zu lesenden Postulate wie „Die Mitarbeiter sind unser wertvollstes Kapital" müssen ihre authentische Widerspiegelung in der Unternehmenspolitik finden, was in dieser Stringenz – vorsichtig formuliert – sicherlich noch nicht überall in der betrieblichen Realität der Fall ist. Dazu einen wichtigen Beitrag leisten könnte eine Weiterentwicklung von Human Resource Accounting-Ansätzen, die den Wertaspekt des Personals aus z. B. einer personalinvestitionsbezogenen Perspektive fokussieren (dazu näher Gülke/Ahlers 2015). Gerade in Zeiten eines starken Zuspruchs zu einer wertorientierten Unternehmensführung erscheint dieses substanziell, um den hohen Stellenwert der Human Resources gegenüber den anderen Value-Faktoren herauskristallisieren zu können. Und dies nicht rein auf verbaler Ebene, sondern mit konkreten Zahlen hinterlegt. Mit dem Konzept des Personalrisikomanagements liegen hier querschnittsfunktionale Überlegungen vor, z. B. wie dem Fluktuationsrisiko durch ein konzertiertes (integratives) Maßnahmenbündel auf Personal- und Unternehmensebene begegnet werden kann. In eine ähnliche Richtung mit querschnittsfunktionalem Charakter zielt das Personalcontrolling „... als planungsgestütztes, integratives Evaluationsdenken und -rechnen zur Abschätzung von Entscheidungen zum Personalmanagement, insbesondere zu deren ökonomischen und sozialen Folgen ..." (Jung 2017, S. 957).

Neben dieser wichtigen quantitativen Orientierung gewinnen gleichsam qualitative Aspekte in zukunftsorientierten Personalkonzepten an Bedeutung. Der „menschelnde Personaler" (Claßen 2017, S. 26) ist demnach nicht allein das Leitbild praxisentrückter Sozialromantiker, sondern hat durchaus seine Berechtigung auch in einem wertorientierten Unternehmenskalkül. Ein Beispiel dafür ist die Etablierung einer leistungs- und ideenstimulierenden Wertschätzungskultur in Unternehmen mit markanten Zufriedenheits- und Bindungseffekten (näher zu Wertschätzung in Unternehmen z. B. Schlipat/Martin 2017, S. 40 ff.). Diese kontrastreichen Überlegungen führen hin auf ein „hybrides Personalmanagement" mit der Herausforderung der „... Kombination von gegensätzlichen, kontrastreichen, extrem heterogenen, mitunter sogar widersprüchlichen Komponenten" (Reiß 2017, S. 64). Diese geforderte Kombinationsleistung stellt einerseits hohe Anforderungen an ein integriertes Personalkonzept, begründet andererseits aber dessen Notwendigkeit in hohem Maße. Insofern zeigen sich Ansatzpunkte für integrierte Personalkonzepte auf unterschiedlichen Systemebenen auf vielfältige Weise in Unternehmen. Zukunftsfähigkeit wird auch dadurch gezeigt, dass Bereiche wie Personal und Technik nicht als Antipoden gesehen werden oder in einer abhängigen Beziehung derart stehen, dass die technischen Weiterentwicklungen durch Personalkonzepte lediglich „flankiert" werden. Vielmehr sind zwei andere Perspektiven handlungsleitend: Zum einen sind personalpolitische Akzente mitentscheidend für innovative Impulse in Unternehmen, z. B. durch eine anreizbezogene Freiraumgestaltung. Zum anderen können viele technische Neuerungen selbst für die Personalprozessgestaltung genutzt werden, z. B. die hier in einem Beitrag skizzierte Nutzung von IT-Optionen für den auswahlorientierten Diagnostikprozess.

Der hier propagierte Begriff „Rahmen" in Bezug auf Integration steht einer notwendigen Offenheit von Personalsystemen nicht entgegen. Wenn überhaupt stellt er nur zeitpunktbezogen eine gedankliche Grenzziehung und notwendige Konturenbestimmung für ein erfassbares System wie z. B. das Karrierekonzept dar, das sich aber immer offen für Veränderungen zeigt. Zukunftsfähigkeit heißt damit in hohem Maße „Offenheit" als konstitutives Merkmal integrierter Personalsysteme, welche sich intra- und intersystemischen Veränderungen proaktiv stellen. Wegweisend spricht Hilb (2011, S. 253) in Analogie zur Terminologie der integrierten Managementkonzepte mit Begriffen wie „Ordnungsrahmen" und „Leitplanken" auch von „Gummi-Leitplanken", was neben der Leitfunktion auch ein gewisses Maß an Veränderungsfähigkeit impliziert. Insgesamt handelt es sich um rahmengebende Integrationskonzepte mit einem eher Orientierungs- statt einem Determinierungscharakter (Eggers et al. 2011, S. 215), was ihre Offenheit durch eine situationsgerechte Auffüllung und ggf. Abänderung von Inhalten betont. Die vielfach geforderte „Agilität" findet hier seine Ausdrucksform im Personalbereich. Sie sollte auf die „Herausbildung einer dynamischen HR-Integrationsfähigkeit" (Heckmann 2014, S. 81) hinführen.

Im Rahmen der zunehmend komplexer wahrzunehmenden In- und Umwelt des Unternehmens und den damit verbundenen Folgen für die Personalpolitik ist auch über das bewährte klassische vertikale und horizontale Fit-Denken integrierter Ansätze hinaus zu gehen. Die Prozessabstimmungen auf horizontaler Ebene sind z. B. auch von strategischer Relevanz und vice versa. Insofern ist ein Denken über sicherlich begründete etablierte Denkmuster hinaus angezeigt, um den Integrationsanspruch im Lichte neuer Herausforderungen fortzudenken. Ein umfassendes Netzwerkmanagement von Seiten des Personalbereichs mit intra- und interorganisationaler Ausrichtung kann hier entsprechende Impulse setzen.

Ein zukunftsfähiges Personalkonzept mit integriertem Anspruch sollte sich auch wieder verstärkt dem interdisziplinären Grundverständnis des Human Resource Managements zuwenden, indem z. B. Forschungsergebnisse aus affinen Nachbardisziplinen wie z. B. der Psychologie rezipiert werden. Diese forschungszentrierte Interpretation führt auf einen „Multilevel"-Ansatz in der Human Resource Management Research hin (vgl. dazu näher Shen 2016, S. 951 ff.).

3. Situationsspezifischer Integrationszuschnitt

Wenn Integration an sich auch notwendig ist, so ist ihre Ausgestaltung von Unternehmen zu Unternehmen, von Personalbereich zu Personalbereich und von Personalfunktion zu Personalfunktion unterschiedlich. „Das Personalmanagement muss eingepasst in die spezifische Situation des Unternehmens sein, damit es Wirksamkeit entfalten kann" (DGFP 2012, S. 37). Insofern ist die Erarbeitung eines integrierten Personalkonzeptes bzw. entsprechender Subkonzepte eine konkrete Gestaltungsaufgabe vor Ort in den Unternehmen, die Übertragung einer „Blaupause" ist nicht möglich. Eine wie auch immer geartetes „Einheitsmanagementsystem" (Koubek/Pölz 2014, S. 2) kann es also nicht geben. Was aber nicht bedeutet, dass man sich von anderen Unternehmen nichts „abschauen" kann. Weniger situationsspezifisch ist auch die integrationsfördernde Wirkung von übergreifenden Konzeptvorstellungen wie der Lernenden Organisation. Diese sind nicht mehr ein besonderes Aushängeschild, sondern mittlerweile existenziell für Unternehmen in einer „rapidly changing environment" (Ahmadi et al. 2017, S. 209). Diese ist durch Termini wie „flow, flux and change" (Tsoukas 2017, S. 148) gekennzeichnet.

Als Regulativ ist bei der Implementierung integrierter Personalkonzeptelemente und Personalkonzepte als Ganzes immer zu bedenken: Integration um der Integrationswillen im Sinne einer „Überintegralität" bzw. eines wie auch immer gearteten „Integrationsrigorismus" (Deeg et al. 2010, S. 217 ff.), um vermeintlich „up to date" zu sein, ist dabei sicherlich der falsche Weg. „Integrative Sandkastenspiele" mögen einen hohen Abstraktionswert und -nutzen haben, sind aber nur sehr bedingt in das Kalkül wirtschaftlich handelnder Betriebe einzuordnen. Integration muss insofern ökonomisch legitimierbar sein, also einen erkenn- und ermittelbaren Wertschöpfungsbeitrag erbringen. Entsprechend muss mittel- bis langfristig der Integrationsnutzen die anfallenden Integrationskosten (Zeitaufwendungen etc.) übersteigen, wenn speziell der Nutzen auch nicht immer klar und erst Recht nicht im Vorfeld eindeutig bestimmbar ist. Bezogen auf den skizzierten ausdifferenzierten integrierten Personaldiagnostikprozess wäre das z. B. eine hohe Auswahlerfolgsquote, die sich allerdings erst langfristig validieren lässt. Anzustreben ist insgesamt eine Art „Gebrauchs-Integralität", die auf die jeweilige Situation zugeschnitten, nicht überdimensioniert und ökonomisch legitimierbar ist. Insofern sind die Entscheider und Gestalter vor Ort gefragt, Personalprozesse mit Augenmaß und mit realistischem und nicht überhöhtem (wissenschaftlichen) Anspruch „integriert" zu gestalten. Dies betont wieder die personale Komponente des integrativen Ansatzes, wonach es letztlich die Entscheidungsträger in Betrieben und nicht vorgegebene Systeme sind, die Integration zum Praxisobjekt „machen" (oder auch nicht machen).

Die Existenz von Integration im Personalbereich ist auch nicht ausschließlich an der expliziten begrifflichen Verwendung im Betrieb festzumachen. In einem Kleinbetrieb ist z. B. oft der Inhaber eine quasi „natürlicher Integrator", da bei ihm „die Fäden zusammenlaufen" und er auch alle personalwirtschaftlichen Funktionen wahrnimmt. Er kennt die Zusammenhänge und handelt integrativ, ohne es wohl als solches bezeichnen zu wollen. Grundlegend anders ist die Situation in stark arbeitsteilig agierenden Großunternehmen mit vielen Schnittstellen. Die Involvierung vieler Personen in Personalaufgaben macht vielfältige Abstimmungsprozesse erforderlich, um den Gesamtzusammenhang zu wahren. Hier ist die Notwendigkeit integrierter Prozesse und Personalkonzepte besonders evident.

Die markanten IT-getriebenen Veränderungen in Richtung Industrie 4.0 und Nachfolge-Konzepten, die nahezu alle in Richtung intelligenter und vernetzter Systemelemente zielen, werden auch den Personalbereich in hohem Maße tangieren. Die dahinterstehende technische Systemvernetzung wird auch vom Personalbereich ein stärkeres Denken in Zusammenhängen einfordern, um personalseitig die Voraussetzungen für die Umsetzung der neuen Konzepte zu schaffen. Durch die damit verbundene Neu-Orchestrierung der Wertschöpfungsketten im Betrieb wird das Personal – im Idealfall – zu einem vordenkenden Systembestandteil, dass die Stellschrauben des Gesamtsystems zielbezogen fokussiert und dazu quasi technologiegetrieben systemisch-integrativ denken muss. Die Feststellung im Vorwort von Hilb (2011, S. X), wonach „... bei den erfolgreichen Unternehmen eine integrierte ... Personalstrategie nachgewiesen werden" kann, gilt damit im Besonderen für die zukünftige Entwicklung. Oder noch prägnanter formuliert: „Entsprechend ist ein integriertes Personalmanagement gelebte Zukunftssicherung" (Walther 2011, S. 172).

Gerade die sich markant ändernde Technologielandschaft, wofür Konzepte wie Industrie 4.0 nur als Beispiel stehen, sensibilisiert dafür, dass Unternehmen und deren Prozesse in absehbarer Zukunft „neu zu denken" sind. Vorstellungen von Unternehmen als klar abgrenz- und damit konturierbare Einheiten müssen zumindest durch neuere Vorstellungen in Richtung Virtualität etc. ergänzt werden. Personalbezogen ist die zu beobachtende Entgrenzung klassischer Arbeits- und Beschäftigungsstrukturen, z. B. durch Zunahme von Freelancer-Engagements, ein Ausdruck der Auflösung traditioneller Unternehmensgrenzen (Goldner 2003, S. 346). Netzwerkstrukturelle Konstellationen mit quasi eingebautem Integrationserfordernis werden daher weiter an Bedeutung gewinnen. Entsprechend sind auch hier besondere (personalbezogene) Integrationsleistungen mit „neuem Füllstoff" erforderlich, um als gewissermaßen „neu aufgestelltes Orchester" wieder handlungsfähig zu sein. Dabei zeigt sich, dass sich das integrative Konzept und die dahinterstehenden Denkvorstellungen aufgrund seiner methodischen Orientierung als Konzept mit „langer Halbwertzeit" in einer dynamischen Zeit erweisen dürfte (Eggers et al. 2011, S. 217 ff.). Evident wird damit auch der enge Bezug von integrativem und nachhaltigem Personalmanagement, wie auch von Armutat (2011, S. 40) betont: „Die Zusammenhänge eines nachhaltigen Personalmanagements sind also eng verbunden mit den grundlegenden Überlegungen eines professionellen, integrierten Personalmanagements …". Insofern stellt es ein zentrales methodisches Gerüst eines anzustrebenden nachhaltigen Personalmanagements dar. Ein integriertes Personalkonzept steht insofern für ein gestaltendes zukunftsfähiges Personalmanagement entsprechend der Devise: „HRM schafft Zukunft" (Güttel/Müller 2012, S. 19).

Final erscheint daher als These nicht besonders gewagt: Integrierte Personalkonzepte, welchen unternehmensspezifischen Zuschnitts auch immer, werden vermehrt Ausdruck von zukunftsfähig aufgestellten Unternehmen sein. Und dies nicht als nur schmückende Elemente, sondern als substantielle Konzepte.

Literatur

Ahmadi, S./ Khanagha, S./ Berchicci, L./Jansen, J. (2017): Are Managers Motivated to Explore in the Face of a New Technological Change? The Role of Regulatory Focus, Fit and Complexity of Decision Making; in: Journal of Management Studies, Vol. 54, 2017, No. 2, pp. 209-237.

Aklamanu, A./Degbey, W. Y./Tarba, S. Y. (2016): The role of HRM and social capital configuration for knowledge sharing in post-M&A integration: a framework for future empirical investigation; in: The International Journal of Human Resource Management, Vol. 27, 2016, No. 22, pp. 2790-2822.

Armutat, S. (2011): Konzeptionelle Eckpunkte eines nachhaltigen Personalmanagements; in: DGFP e. V. (Hrsg.), Personalmanagement nachhaltig gestalten, Bielefeld 2011, S. 37-48.

Bendl, R./Hanappi-Egger, E./Hofmann, R. (Hrsg.) (2012): Diversität und Diversitätsmanagement, Wien 2012.

Claßen, M. (2017): „HR steckt in langwierigen Transformationsprozessen"; in: Personalführung, 50. Jg., 2017, H. 2, S. 20-26.

Deeg, J./Küpers, W./Weibler, J. (2010): Integrale Steuerung von Organisationen, München 2010.

DGFP (e.V.) (Hrsg.) (2012): Integriertes Personalmanagement in der Praxis, 2. Aufl., Bielefeld 2012.

Drumm, H. J. (2008): Personalwirtschaft, 6. Aufl., Berlin/Heidelberg 2008.

Ebert-Steinhübel, A. (2016): Organisation und Führung in der digitalen Transformation – Ein Lernprozess; in: IM + IO, Magazin für Innovation, Organisation und Management, 2016, H. 4, S. 82-87.

Eggers, B./ Ahlers, F./Eichenberg, T. (2011): Integrierte Unternehmungsführung quo vadis?; in: Eggers, B./Ahlers, F./Eichenberg, T. (Hrsg.), Integrierte Unternehmungsführung, Wiesbaden 2011, S. 213-221.

Evans, P./Pucik, V./Björkman, I. (2011): The Global Challenge: International Human Resource Management, 2. Aufl., New York 2011.

Fraunhofer (2014): Integriertes Personalmanagement: Aktuelle Ergebnisse, München 2014.

Goldner, D. (2003): Intra- und interorganisationales Personalmanagement, Aachen 2003.

Gülke, N./Ahlers, F. (2015): Ressource Mitarbeiter als Wertschöpfungsfaktor in Kreditinstituten: eine personalinvestitionsbezogene Perspektive; in: Butzer-Strothmann, K./Marzuillo, A. (Hrsg.), Finanzdienstleistungen im Umbruch, Göttingen 2015, S. 31-40.

Güttel, W. H./Müller, B. (2012): Komplexes Kontextmanagement – der „neue" Weg des Personalmanagements?! In: Stein, V./Müller, S. (Hrsg.), Aufbruch des strategischen Personalmanagements in die Dynamisierung, Baden-Baden 2012, S. 15-23.

Hackl, B./Gerpott, F. (2015): HR 2020 – Personalmanagement der Zukunft, München 2015.

Heckmann, M. (2014): Dynamische Fähigkeiten im Strategischen HRM: Zugrunde liegende HR-Prozesse und Wirkungen, Hamburg 2014.

Hilb, M. (2011): Integriertes Personalmanagement, 20. Aufl., Köln 2011.

Jung, H. (2017): Personalwirtschaft, 10. Aufl., Berlin/Boston 2017.

Koubek, A./Pölz, W. (2014): Integrierte Managementsysteme, München 2014.

Morick, H. (2002): Differentielle Personalwirtschaft, München 2002.

Reiß, M. (2017): Vom intuitiven Handling zur kompetenzbasierten Gestaltung: Grundzüge und Entwicklungschancen eines hybriden Personalmanagements; in: Personalführung, 50. Jg., 2017, H. 2, S. 62-67.

Schlipat, H./Martin, M. (2017): Die Wertschätzung macht's; in: Personalmagazin, 19. Jg., 2017, H. 2, S. 40-43.

Shen, J. (2016): Principles and applications of multilevel modelling in Human resource management research; in: Human Resource Management, Vol. 55, 2016, No. 6, pp. 951-965.

Tsoukas, H. (2017): Don't Simplify, Complexify: From Disjunctive to Conjunctive Theorizing in Organization and Management Studies; in: Journal of Management Studies, Vol. 54, 2017, No. 2, pp. 132-153.

Walther, H.-G. (2011): Integriertes Personalmanagement bei den VGH Versicherungen; in: Eggers, B./Ahlers, F./Eichenberg, T. (Hrsg.), Integrierte Unternehmungsführung, Wiesbaden 2011, S. 161-172.

Wilkinson, A./Redman, T./Dundon, T. (2017): Contemporary Human Resource Management, 5. Ed., Harlow 2017.

Die Autorin und Autoren

Friedel Ahlers ist seit 2011 Professor für ABWL mit Schwerpunkten Unternehmensführung und Personalwirtschaft an der Leibniz-Fachhochschule in Hannover. Zuvor war er Dozent an der Leibniz-Akademie, davor einige Jahre Mitarbeiter einer Unternehmensberatung. Die Jahre zuvor arbeitete er als Wissenschaftlicher Mitarbeiter und Assistent an der Leibniz Universität Hannover (Institut für Unternehmensführung und Organisation). Die Promotion zum Dr. rer. pol. erfolgte 1993. Das wirtschaftswissenschaftliche Studium wurde in Hamburg und Oldenburg absolviert.

E-mail: ahlers@leibniz-fh.de

Prof. Dr. Norbert Gülke war seit 2010 Dozent an der Leibniz-Akademie und ist seit 2011 Professor für Wirtschaftsinformatik an der Leibniz-Fachhochschule mit einem Schwerpunkt im Bereich Projektmanagement. Das Studium mit Abschluss als Dipl.-Informatiker an der Fernuniversität Hagen sowie die Promotion zum Dr. rer. nat. an der Universität Hildesheim erfolgte berufsbegleitend während seiner Tätigkeiten in verschiedenen Maschinenbauunternehmen. Schwerpunkte seiner dortigen Aufgaben waren internationale Projektabwicklung in der Verfahrenstechnik, Leitung Sensor- und Steuerungsentwicklung, Leitung Konstruktion sowie Geschäftsführung. Vor dem Wechsel an die Leibniz-Fachhochschule war er CTO der MAN Nutzfahrzeuge AG im Werk Ankara, Türkei.

E-Mail: guelke@leibniz-fh.de

Viktoria Wagner begann 2010 ihr duales Bachelorstudium „Betriebswirtschaftslehre" (B.A.) mit den Schwerpunkten Personal / Organisation / Führung an der Welfenakademie in Braunschweig in Kooperation mit der New Yorker Group-Services International GmbH & Co. KG. Nach erfolgreichem Abschluss des Bachelorstudiums im Jahr 2013 stieg sie in ihrem Kooperationsunternehmen zunächst in der Abteilung Aus- und Weiterbildung ein, wechselte im Jahr 2014 ins Projektmanagement für Vorstandsprojekte (Schwerpunkt Personalentwicklung), bis sie Anfang 2016 die Möglichkeit erhielt, als Stabstelle der Konzernpersonalleitung tätig zu werden. Parallel dazu absolvierte sie von Januar 2014 bis August 2016 das berufsbegleitende Masterstudium „Integrierte Unternehmensführung" (M.A.) an der Leibniz FH in Hannover, welches ihr nicht zuletzt als Basis für ihren nächsten Schritt, die Tätigkeit als HR Managerin bei Hornetsecurity in Hannover seit 2017, diente.

E-mail: Vicky-Wagner90@gmx.de